下淡水溪風雲

羅景川 著

KMH
KAOHSIUNG MUSEUM OF HISTORY
行政法人高雄市立歷史博物館

人間本像舞台戲
善惡忠奸演眾前
觀者喜歡看最後
騙徒終結受刑煎

開啟高雄文史工作的另一新頁

文化是人類求生存過程中所創造發明的一切積累，歷史則是這段過程記載。每個地方所處的環境及其面對的問題皆不相同，也必然會形成各自不同的文化與歷史，因此文史工作強調地方性，這是它與國史、世界史的差異所在。

高雄市早期在文獻會的主導下，有部分學者與民間專家投入地方文史的調查研究，也累積不少成果。唯較可惜的是，這項文史工作並非有計畫的推動，以致缺乏連貫性與全面性；調查研究成果也未有系統地集結出版，以致難以保存、推廣與再深化。

二〇一〇年高雄縣市合併後，各個行政區的地理、族群、產業、信仰、風俗等差異更大，全面性的文史工作有必要盡速展開，也因此高雄市政府文化局與歷史博物館策劃「高雄文史采風」叢書，希望結合更多的學者專家與文史工作者，有計畫地依主題與地區進行調查研究與書寫出版，以使高雄的文史工作更具成效。

「高雄文史采風」叢書不是地方志書的撰寫，也不等同於地方史的研究，它具有以下幾個特徵：

其一、文史采風不在書寫上層政治的「大歷史」，而在關注下層社的「小歷史」，無論是一個小村落、小地景、小行業、小人物的故事，或是常民生活的風俗習慣、信仰儀式、休閒娛樂等小傳統文化，只要具有傳統性、地方性與文化性，能夠感動人心，都是書寫的範圍。

其二、文史采風不是少數學者的工作，只要對地方文史充滿熱情與使命感，願意用心學習與實際調查，都可以投身其中。尤其文史工作具有地方性，在地人士最瞭解其風土民情與逸聞掌故，也最適合從事當地的文史采風，這是外來學者所難以取代的。

其三、文史采風不等同於學術研究，書寫方式也與一般論文不同，它不需要引經據典，追求「字字有來歷」；而是著重到田野現場進行實際的觀察、採訪與體驗，再將所見所聞詳實而完整的記錄下來。

如今，這本《下淡水溪風雲》專書出版，為高雄的文史工作開啟另一新頁。期待後續有更多有志者加入我們的行列，讓這項文史工作能穩健而長遠的走下去。

「高雄文史采風」叢書總編輯 謝貴文

自序

我喜歡聽故事，也喜歡說故事。我尤其愛聽故鄉的故事，說故鄉的故事。聽故鄉的故事，使我生活充滿一股親切；聽鄉賢的事跡，使我心中感覺無比驕傲。

有人說：「歷史像一面鏡子，我們可以由它而鑑往知今。」我還要再加上一句：「歷史就像一張放大的身分證，從它可以知道自己是誰。」因此歷史必須實實在在，否則就像拿了一張假身分證，人人不知道自己是誰了。

每個人的故鄉都有聽不完的故事，聽不完的先人事跡。有很多人物是蠻好玩的、蠻可愛的，也蠻值得加以表揚的。就以我們大樹區來說，這些好玩的、可愛的事物，就算三天三夜也說不完。只可惜這麼多好的故事，現代的年輕人都不知道。所以他們大多數表現的生活空虛、沒有信心，甚至不知道將來要如何？

我喜歡看歷史小說，尤其是章回歷史小說。因為藉著它，我可以輕鬆的了解前人的事跡；藉著它，我可以舒暢的活在文學氣氛中。為什麼？因為章回小說離不開美好的對聯和絕句、律詩。我認為那是文學的美化最佳表現。有了它，我們的生活才不枯燥、才不俗氣。不相信的話，我在這裡舉一實例，便可以立刻分明：

悠悠淡水涵新月，隱隱飛車過鐵橋。
最是更闌人靜後，枕邊如聽浙江潮。

這是鄉賢鄭坤五所作〈下淡水風景〉詩。今天我們如果親臨鐵橋下，想著一百年前的夜間景象，心中必定會覺得那是何等的令人心情舒服的夜晚！

當時鄭坤五家居九曲堂，對於火車過鐵橋，深感美景異常，所以留下這首美妙七絕。經過百年後的今天，鐵橋已經功成退休，主政者把它列為古蹟保存，同時對它善加利用，把橋上軌道改成可以供遊客散步的步道，名為「天空步道」，真的是巧妙的設計。為此筆者不禁也感染附庸風雅之念，特以鄭先生的原韻，和了一首以讚美這段盛事：

淡溪水闊人難越，幸賴車行有鐵橋。
遊客如今天道踱，百年古蹟追新潮。

《三國演義》是中國偉大的文學作品；《鯤島逸史》是臺灣有名的臺灣史小說。這兩部書之所以造成轟動，除了故事內容精采之外，還有一大原因要歸功於它的每一章節前頭的標題對仗句，及其文中不時披露的詩作。有了它們，故事才更美麗；境界才更加深遠；閱讀才更加舒暢，以致造成百讀而不厭的效果。

現在的年輕人，有閱讀習慣的已經很少了。他們把休閒時間，大部分放在電子遊戲上，這真是不好的現象。我覺得文學是人生少不了的東西，有了它生活才能達到美化的境界。

聽故事是生活中的一種享受，現時的年輕人之所以不愛閱讀，我覺得是暫時性的。只要我們的作品具有真實性、文學性，我想還是會有洛陽紙貴的時候。所以本書的寫作方向，除了求真之外，特別使用對聯和絕句、律詩來當做每一章節的標題。這樣便可以讓讀者利於了解大綱，並添增一份時下已經少見的韻律文學之美。

對聯是華文社會的特有產物，它之所以能夠源遠流傳至今，自然有它的理由存在。最主要的原因，不外乎它不只是美的，更是實用的。在臺灣它比其他地區都受到喜愛，每到過年或各家遇有結婚喜慶，以及工廠開張、商店營運……無不張貼對聯以表慶祝。它早已融入臺灣人的社會，無法和生活分離。但是每當新年一到，家家門口貼上對聯，頓時使人覺得戶戶充滿文學氣息之時，有時也會回頭細想：到底有幾家人了解門上貼的意思？幾家人能夠自己作對子？甚至於有幾家人能夠把買來的對聯左、右句貼得正確？想到這裡，不禁覺得我們的生活似乎和許多事物脫節了！更讓我心驚的是：現代的每一個人都受過學校教育，然而為什麼有那麼多人不懂？難道我們的教育發生了問題？

我喜歡到處看別人家的對聯，我覺得它們使我的生活添增許多趣味。好的對聯只要一讀就會銘記心頭，現在就舉數對和大家共享：

聽靜夜鐘聲驚醒夢中夢
觀澄湖月影闚見身外身

這是日月潭玄奘寺大門的對聯，它不但平仄正確、屬對工整，而且意境深遠，讓人身歷其境吟詠之餘，塵念全消、心情平靜。

此吳地也不為周郎立廟
今帝號矣何需曹氏封侯

這是江蘇一座關帝廟的對聯。讀了它立刻令人對關公肅然起敬，心中想追求名利的穢氣，立刻煙消雲散。

何必急急忙忙做多少歹事
落得乾乾淨淨為一個好人

這是聽一位老作家說的。他說他從前帶領一隊紅衛兵，在大陸各地拆寺廟。有一次到達一座廟，正準備動手拆除時，看到門柱寫了這對聯，他讀後立刻叫大家後退，不但廟不拆，而且從此洗手不幹紅衛兵了。

酒債尋常隨處有
人生七十古來稀

這是詩聖杜甫一首詩作中的對子，這對聯妙在「尋常」和「七十」的對仗。尋是八尺，常是十六尺，和「七十」恰成數目對。後人於嘆其妙對之餘，便把下聯當成掛在口中的名言了。

百里尋親何獨家貧生孝子
一門死節方知亂世出忠臣

這是鄭坤五《鯤島逸史》下冊第四十九回的開頭題綱對聯。它言簡意賅，而且以行雲流水般的自然排比修辭，呈現讀者面前，使人將閱讀主文時，先有一簡要大綱做說明，彷彿遊人將進一片美麗境地之前，還有美妙的天籟音樂在前面引導一般。

床前明月光，疑是地上霜。
舉頭望明月，低頭思故鄉。

這首五言絕句，大概人人在學校都讀過。可是卻很少人知道它好在那裡？它的絕妙之處在所押的韻腳上。光、霜、鄉三個押韻字是ㄤ韻。ㄤ是響亮的聲音，使得這首詩吟起來，就是如同鍋、盆落地，一片鏗鏗鏘鏘的叫人睡不著，以致徹底達到描寫遊子羈留他鄉，思鄉心切無法成眠的境況。同樣的，好的詩人也會善用韻律來寫甜睡不醒的詩：

春眠不覺曉，處處聞啼鳥。
夜來風雨聲，花落知多少。

韻腳曉、鳥、少都是ㄠ韻，發聲時會有鼻音，而令人頭部震動，產生頭暈現象，導致貪睡不起的感覺。

記得三十多年前，臺北輪到主辦世界詩人大集合。有一位法國詩人莫洛先生在會中說：「漢語詩是世界上最美的，它具有代表『意義』之美，又有『聲音』之美，這些都是其他語文做不到的。」

華語文既然具備外語文少有的優點，作者們如果不善加利用，那不就是一項很大的損失嗎？

對聯既然離不開我們的生活，照理大家應該對它很熟悉才對。可是許多人卻又對寫作格式不懂，以致寫錯誤的情況百出。最要不得的是學校和政府機關所犯錯誤竟然屢見不鮮。我的個性好管閒事，見了都會向主事者提出改善，一般都會獲得接受。遺憾的是十七年前××鄉公所的一處綜合體育館掛了一副對聯，至今尚未接受改善。那副聯是這樣寫的：

大將臨門精英聚
樹立典範龍鳳齊

字體是以銅片精美製作而成的，應該花費不少。可惜得很，它不但平仄應用錯誤，對仗也錯誤，甚至連語意在說什麼也沒有人知道，這樣的對聯怎麼會出現在政府部門？據說是當時的鄉長委由一名老師作的。我曾經多次提出建議修正，然而歷經三任鄉、區長一直未受採納。至今該體育館已交由××國中使用，可是該副對聯還是一直和全校師生共處而「屹立不搖」。這種事使我想到：

「我們的國文教育到底患了什麼毛病？現代人的觀念到底又是怎樣了？」

這本《下淡水溪風雲》，主要描寫的是發生在臺灣南部，下淡水溪兩岸，以及附近地域民眾的活動經過。時間約從四百年前直到今天，歷經荷蘭、鄭氏、清國、日本、中華民國等五個統治國家和政權。至於寫這本書的主要動機，除了前述希望年輕一代們能記住自己的歷史、重視傳統的韻文美之外，更希望因本書的出版，能夠留給我羅家子孫們一本「尋根」的參考書，也希望他們都能藉由讀了本書，因而做到勤儉持家，行事合理以保自身尊嚴，最後達到不忘記自己是誰的地步。

羅景川　謹誌

一〇三、一、一

目錄

第一章

宅設九曲堂陋巷
家藏百子集全書

詞說：　臨江仙

日月高高照大地，淡溪夏雨成洪，待秋來復返晴空；
自然定律在，氣象古今同。
隱老茶亭白髮客，愛觀岸上雲風，一壺龍井知音逢；
從前人事演，盡入戲談中。

我是羅景川，家住九曲堂。依據臺灣最早的戶政記事，日本明治年間的族長羅香（我的曾祖），就已經定居此地。又根據小時候族中長輩們所述，羅家先人很早就在這裡生活，從來沒有聽過有開基祖由福建移來的傳說。這種現象，同村其他姓氏人，也都相同。

我從小就愛聽族中長輩們說故事，他們說的大致是村中過去所發生的戰役、奇人事跡……。我尤其愛跟隨他們在每年三日節（農曆三月三日）去墓仔埔培墓。因為長輩們經常會在每門墓前講述墓中人的英勇事跡。例如：「這門墓裡埋的是兩名沒頭的兄弟。他們在一場戰役中，小弟為了要救處境危急的阿哥，最後雙雙被殺，兩粒頭殼都被敵人取走……。」

無論是族人的墳，還是村中他族人的墳墓，他們的背後都充滿了故事。這些故事，使得原本令人望而生畏的墓仔埔，反而給我產生興趣，以致對它們留連忘返。

祖先們的行徑，沒有文字加以記錄。只有一些比較重要的事件，在縣誌上有大略性的記載。這些記載都是官方的記事，幾乎不能讓人深入了解內容。因此必須依靠民間的口述流傳，像接力賽一樣的一代代保留下來。以前的人沒有電視可看，這種流傳方式解決了不少事跡斷訊問題。現在的小孩子們，由於遊樂器材多，已經少有機會聆聽大人們說鄉土故事了。這樣一來，我們的賢人事跡、我們的鄉土歷史，必定產生斷層；我們的祖先遺德、我們的家鄉風采，必定遭人淡忘。想到這裡，不禁令人惶恐！

多年以來就在心中計畫著，要把這些鄉間的歷史故事寫出來。但是一直為了「要以什麼方式寫？」而苦悶在心。因為如果要用論文方法寫的話，怕讀者嫌其枯燥，導致沒人讀。況且這些故事資料，大致取自前人代代的口述，不便於當做論文書寫。但是如果單用傳聞所得書寫，卻又缺少文獻的依據，那就與「民間傳說故事」無異了。

在我進入初中就讀以後，開始閱讀歷史故事書、小說。在眾多讀物中，印象最深的幾本書是：《史記》、《三國演義》、《基度山恩仇記》、《莫泊桑短篇小說選》。十二年前在我任教的學校中，撿拾了一套將被當做廢紙賣掉的《百子全書》。使得我有機會仔細讀完這部兩千多年前，中原地區的史料。我終於體會出，從前的作家們，也是根據文獻、民間傳聞、口述傳誦、推理等等，才將文章記錄起來的。我因此決定不再躊躇不前了，我想從前寫書的人，如果太過於顧慮而不提筆，今天我們就沒有那些作品可讀了！

書要有人讀才能產生作用，如果內容再好，一旦沒人讀，那就毫無價值了。為了要引起大眾的喜愛，所以本書採用敘述和對話交叉寫作方式。作者不敢奢求讀者做到「不忍釋卷」，但求達到「有始有終」看完它就心滿意足了。

臺灣自從明國的學者陳第發表一篇〈東番記〉以後，原本神秘不為人知的面貌，頓時揭開了面紗。隨後外來政權相繼統治至今，又因為四百多年前，臺灣人沒有自己使用的文字，所以要求一本以臺灣人立場、臺灣人角度書寫的歷史書，根本不可能。近年來不乏臺灣人從事書寫有關的史書，也有不少人名列學校教科書的編輯人員。然而也許他們對於真正歷史缺乏認識；也許他們背後有一股壓力，使他們不敢太過於直言，以致寫出了許多「謊言史料」。真是令人嘆息！令人傷心！

大約在距今五十年前，有一天我在報紙上看到一則新聞。那則新聞的大標題寫了幾個大字：「我發現了義大利」。標題的旁邊，有一張穿著美洲印第安傳統服裝的土著照片。他手持長矛，一下飛機便高聲歡呼上述那句話。新聞記者訪問他時，他說：「你們的哥倫布可以踏上我們的土地說：『我發現新大陸』，為什麼我不能夠在你們的土地上說我發現了義大利？」

歷史如果由征服者來寫，往往容易流於政治化、謊言化。

兩千多年前的中原地區，由於各國爭相擴大國力，各國君求才若渴，導致人才輩出。他們各施才學，以求功名。其結果造成社會各學派興起，百家爭鳴。我在《百子全書》中並未發現記錄著：某人或某國是壞人、壞國等話語。這種現象比起兩千年後的今天，我們小學時代受教的「蘇俄大鼻子！日本鬼子！」的情況開明許多了。

我的居家位處一條小巷盡頭，後院是一片竹林。退休十年來，一直在這片竹林休閒、看書、喝茶。我覺得這本《百子全書》給我很大的啟示，因而決定開始動筆，將我所知家族和故鄉的歷史寫下來，以備百年後留給子孫和家鄉後代們知道。因為有生之年我可以用說的，等到不能說時，就只能留文字給人家看了。

閒來算一算自己年紀，早已越過「古來稀」之年。我把平日無事閒居的既老又簡陋的休憩亭子，命名為「隱老亭」。另外在旁邊再新蓋一棟四坪大的小屋子，做為讀書、寫稿兼招待鄉土文友喝茶的處所。同時也給它一個名字叫「天然居」。每次遇有同好來訪，便海闊天空的談論往事、批評是非。覺得這段老年的日子，才是人生最快樂的時候！正是：

客上天然居居然天上客
人閒隱老亭亭老隱閒人

第二章

開圳道民生臻富足　興農耕社會轉祥和

下淡水溪的水，在阿猴林蘭坡嶺東邊山腳，滙合巴六溪、荖濃溪、隘寮溪以後，水量增加。浩大水勢繼往南流，到了九腳桶庄東，被一條橫隔的長堤阻擋，形成一片寬廣的湖面，那就是聞名的曹公圳外溪圍砂埤肚。在埤肚的西岸，有一片佔地一甲五分的土地。部分地上種植穀物、雜糧、果樹，部分地上蔓生茅草以及相思林、刺竹林。這塊土地是羅家歷代族人賴以生存的地方。他們在這裡耕種、收穫，死後也在這裡埋葬。由於沿溪岸是一片刺竹林，所以族人都稱呼它叫做「竹坑」。

時序正當清國光緒十年的春天某日，十歲的羅福亮站在溪岸相思林下，他遠望岸下埤肚溪水，然後和站立身邊的大姊羅得、大哥羅將、小弟羅辦說道：

「我看明年埤肚若動工，我要下溪底學做師仔工。」

「你嫌這陣做人的苦勞艱苦？」大姊羅得問道。

「不是！實在講，若做苦勞一世人無出脫！」

羅家姊弟四人，自從母親病故以後，一年前又逢父親羅香，因為本庄和外庄發生了戰役陣亡後，便成了孤兒，當時最年幼的小弟才七歲。大姊頓時變成了小家長，帶領弟弟們一起生活。二弟福亮覺得單靠耕種維生不足以吃飽一家四口，因此自願投靠庄內富戶人家為小苦勞。這一天姊弟四人，正值父親逝世滿周年。他們在墳前祭拜完畢，大家在溪岸邊休息。

「阿姊！實在講，我也不忍心離開頭家那家人。我在遐，不但頭家、頭家娘對我親像親生子看待，而且頭家的後生『紅毛仔』對我也真好，將我當做家己的小弟看待，和我做伙做穡、做伙牽牛去草埔仔吃草，晚時做伙蓋一領被……。」

「聽起來，你雖然給人做苦勞，不過親像住在家己厝內同款！」

「是啊！不過這總不是久長的頭路，人攏愛找家己的出路才對！」

九腳桶庄和鄰近的村落一般，自古以來就不平靜，常常和外界發生戰役。除了和官府有關的戰役以外，因各部落間的利害糾紛而發生的私下戰役，官府幾乎都是不加聞問的。九腳桶庄因為乾隆年間，參加莊大田陣營，合力攻打官府，和鄰近如磚仔窯、無水寮等村庄結怨。又因道光年間，曹公圳成後，為了爭奪水權利益，與圳尾村庄也會發生械鬥，死傷壯丁頗眾，造成許多孤兒。慶幸的是庄內的人都會彼此照顧，凡父兄因征戰亡故的孤兒，都有富戶收留養育。羅香由於為部落捐軀，本來就受庄中人敬佩，再加上次子福亮伶俐勤快，因而很得頭家鐘家人喜愛。尤其是小頭家「紅毛仔」正值青少年時期，對於善於照顧小弟的羅家大姊，更加喜愛在心頭。這種情景，看在鐘紅毛的父母眼裡，便決定把她選為媳婦了。父母倆經徵求羅家長輩們同意後，過了一年待羅得年滿十七歲以後，便迎娶入鐘家門了。

距羅家姊弟在竹坑自家園地，經次子福亮決定投入曹公圳外溪圍砂堤防的工作以後，很快的過了一年半，那正是中秋時節之後。羅福亮在溪底天天在師傅的帶領下，一路工作、學習。看著他每天努力的做事，大哥羅將、小弟羅辦也跟著加入「學藝」的行列。這一年正好他們的大姊出嫁，一家變成三兄弟相依為命。白天他們自行炊飯，遇到每年中秋至過年這段時間，就是曹公圳外溪圍砂工程動工時期。這時候每天中午他們的用餐，都由工程包工提供。大姊平時除了料理夫家三餐炊飯、洗衣等家務，勤快頗受好評之外，也會天天抽空回娘家洗濯三個小弟的衣物，以便讓他們都能夠專心的在溪底做圍堤工作。

平靜的日子，時間過得特別快，一下子三年過去了。福亮在最短的時間內，從學藝的身分變成師傅了。他的手下包括徒弟在內，共有七名男丁。其中羅花、羅居、羅將、羅辦都是自家堂弟和同父母兄弟。福亮每天一方面勤奮工作，另一方面嚴厲指導徒弟學藝。工作效率很高，以致變成每年工程包商們必定爭取延聘的「師傅」。

「要看乎好！每一枝竹箍欲釘落砂底，一定要倒頭栽。」福亮向徒弟們指導時說。

竹柱倒釘入地是曹公圳埤肚工程的特色，平常竹子不論用於造屋或搭瓜棚，一定是頭下尾上，唯獨曹公圳埤肚圍堤的竹子是相反的。因為竹子插入砂中，必須最底部是較細的末端才會穩固。所以至今在九曲堂地區諺語中，譏笑別人做事反其道而行叫做「做大志（事）無照規矩，親像插倒頭柱」。

各位別小看插「倒頭柱」這個小動作，它可是決定曹公圳埤肚不被溪水沖垮的關鍵。它的決定使用原則，也是經過幾次圍堤失敗後，才得到的秘訣。它是道光十九年（一八三九年），鳳山知縣曹謹的築圳總工頭楊號和九腳桶庄的埤肚「師傅」群共同研究出來的成果。自從清國滅了明國，統治江山將近三百年來，總計的縣令無數，其中受到史學家們讚美最多的，竟然是出現在道光年的鳳山縣知曹謹。因為他有能力將原本「盜賊横行」的鳳山縣，於兩年的執政後，一躍變成「臺灣穀倉」。百姓豐衣足食，安居樂業，盜賊消失。

曹公圳名列清國統治臺灣期間三大水圳之一，與瑠公圳、八堡圳齊名。其實曹公圳有許多特色、傳奇是其他兩圳所沒有的。首先是曹公圳的入水口，它位在下淡水溪的下游，而不同於其他兩圳，入水口皆處於山區。因而曹公圳必須在下淡水溪廣大河面上攔截溪水，然後再引導入圳，這個工程是整條圳渠最浩大的。所以每當工事進行期間，溪底集合上千工作人員。他們有的駛牛車載運大石、載運蘆葦；挑工則挑砂堆堤，「師傅」群則釘栓、

▲ 在下淡水溪曹公圳頭外溪水堤（埤肚）的合影。埤肚是世界最大的砂堤水庫，由清代本土水利工程師楊號所設計。
照片提供：羅景川。

丈量河床。上游水面則有人站立滿載刺竹的竹筏上，把遠從山區運來的材料，順水漂流到工地。溪面砂洲上則有各家婦女、孩童們忙著在臨時搭蓋的草屋前炊飯，以及堆放挑來準備夜晚給牛吃的草料。他們都是遠從中北部，隨主人而來的「北路工」家屬。

這條砂堤高七丈，底部寬三丈，全長約五百丈，是全世界最長的砂堤水壩。一年建築一次，每年中秋節後開始動工，舊曆過年前完工。完工後立即儲滿溪水，引入圳道進行農家們的「四月冬」灌溉、耕田、插秧工作。等舊曆四月稻穀收割以後，颱風一到，洪水氾濫，砂堤崩潰，溪面再度回復原來面貌。

曹公圳入水口，設有五孔涵洞，地方人俗稱呼「五空頷」。砂堤則位在臨近入水口下方，它往東延伸，一直至快達東岸的前七十丈處即轉彎再向北延長而去。每當砂堤完工，埤肚滿水，便會集合北方遠來過冬的候鳥，加上傍晚水面魚群爭躍，組成了一幅「夕照鳥飛魚躍」的圖畫。月夜時刻，臨溪賞景更為怡人。日治大正元年，下淡水溪鐵橋完工，成為亞洲最長橋梁。它的位置正好在埤肚北上方，夜間月光將橋影倒映在水中，更添美色。到了昭和十年，埤肚下方又造了一條「人道橋」，長度再勝鐵橋，晚上水中有了雙倒橋影。民國四十四年，高雄縣第三任民選縣長陳皆興寫了一首〈淡溪秋月〉的讚美五律：

我愛淡溪月　清輝自不同
秋光明遠浦　皓影掛長空
一鏡天垂鍊　雙橋波臥虹
臨流頻寄慨　治績愧曹公

道光十七年（一八三七年），曹謹上任鳳山縣知的時候，他首先前往臺南向臺灣道最高長官熊一本報到。熊一本告訴他「要拼經濟」。這一句話深植他的心裡。所以他一到任，立即召集身邊要員，進行縣境巡視。一天一行人走到「五空頷」上方的位置，看到岸下滔滔不絕的溪水，高興得歡呼道：

「這是上天賜給人類，等待有心人來加以開發的！」

由於圳道有些地方會經過墳場，引起民間的反抗。他們甚至不惜生命，臥躺圳底阻礙開圳：

「反正祖公的風水乎人破壞去啦，全家族就欲斷子絕孫，我擱活在世間也無路用了。」

曹謹覺得民間對於迷信太過深重，圳渠絕對無法開成。因此特地商得頗受眾人敬重的士紳，鄭蘭生、鄭宜治叔侄兩人出面開導，排除障礙。在工程方面聘請技師楊號負責技術指導，以及丈量地面高低。前述曹公圳整體工程中，最困難的是外溪圍砂工程，楊號終究解決了種種困難。至於圳道工事方面，他也展現了才智。首先是他從「五空頷」前的河床上，測出標高和鳳山龍山寺屋頂最高點翹角處是同一水平。因此他肯定的宣布：

「從這裡挖圳溝，可以灌溉溪西的大片平野。」

有關曹公圳的文獻記錄很多，但唯獨缺乏楊號的資料。筆者曾經在拙作《我的家鄉大樹鄉》介紹他的大略事跡，但是遭到研究地方史人士的反駁：

「文獻查不到這個人，所以你的說法不可信。」

「我是根據庄內前輩『埤肚師傅』們代代口傳所得。又因為大清律令規定凡犯叛國罪者，史書一律不錄其功勞。楊號曾經在圳渠完成不久，被圖謀叛亂者脅迫，做出關閉水門的舉動，被官府列為共謀治罪處死。」

近年來政府提倡鄉土教育，有許多研究所在校生，為了寫有關曹公圳的論文，經常找我提供資料。有一位女學生，筆者忘了她名字了。我當時要求她到楊號的故鄉，鳳山「埤腹內」尋找訪問其後代。過了一段時間，她語氣喜悅的來電說：

「羅老師！我找到了楊號後代子孫了！事情就如你說的一般……。」

阿猴林從北向南一直傾斜，到了九腳桶瓦厝仔接近平地。由於山有山脊，也有山谷，當接近平地時，也會有高低不平的現象。所以曹公圳的前段約二公里，都是沿著山腳彎曲的。為了順應大自然，所以絕對沒有「截彎取直」的現象，這是楊號聰明過人之處。再者，外溪圍砂築堤每年只有維持四、五個月的時間，另外七、八個月的時間溪流還是上、下游相通的。從這點看，就足見楊號在當時已經有「重環保不破壞生態」的觀念了。

當道光十九年（一八三九年）春，外溪圍砂堤壩和圳道完工通水時刻，熊一本受邀到圳頭看到圳道通水的情況時，大感驚訝：

「沒想到你竟然在兩年內就做出這麼偉大事業！真是太神奇了！」

熊一本高興之餘，立刻給圳渠命名「曹公圳」。這是縣誌上記錄的，只不過文獻並沒詳細說明在五空頷入水口嵌入一塊圳名的石碑，也沒說明熊一本親自書寫碑上的字體。直到一百六十年後，筆者連續投文《臺灣時報》，介紹大樹鄉風土民情時，一篇〈曹公圳頭的埤肚〉，被任職高雄農田水利會掌管文獻的主管讀到。他約了前任文獻主管，特地造訪寒舍，要我告訴他們「五空頷」和石碑的所在地。

「唉呀！這個廢棄的水門和石碑，離我們上班『九曲堂水利工作站』不到三百公尺，為什麼我們都不知道？」

「這都是水利會的寶貝文化財產，可惜多年來任由民間濫墾、破壞……。」我半感嘆，半責難說道。

隨後他們拿了一大疊熊一本和曹謹手寫的毛筆字跡原稿給我看。我如獲至寶，仔細對照兩人的筆跡。他們的字都寫得漂亮極了，真不輸給任何字帖。曹謹的字體瘦而有力，有如柳公權的風格。熊一本的字是肥而穩健，如同顏真卿再世。從那些文書中，我對照出了石碑字體的寫作者是——熊一本。

自從發現五空頷入水門上的石碑字跡，就是熊一本所寫以後，我一直沒有做過文字報導，怕的是古蹟被不肖者盜取。翌年筆者因為受邀高雄縣文化中心補訂《鯤島逸史》完成，赴東海大學，應「臺灣古典文學研究會」做報告。我發現與會人員有從事研究臺灣石碑學者在座，他們並且曾經對曹公史事的石碑做過發表。那些石碑大致都是現存鳳山曹公廟裡的。筆者不禁在臺上直呼：

「今天政府好不容易開放鄉土教育，鼓勵出書，可惜許多學者只一味在現有的文獻上，跟著別人抄寫，很少做田野調查。結果別人如果寫錯了，大家也跟著抄錯。例如有人寫過這樣的記事：『曹公圳成，使原本的看天田，一夕變成一年兩收的允水田』。這是天大的錯誤。因為曹公圳一直到開圳八十一年後的一九二〇年（大正九年），才有十月冬（二期稻作）的灌溉，真正達到一年兩收。因為外溪堤壩，每年到了颱風季節，洪水一到便自然會潰堤，導致圳道斷水半年之久，所以沒有十月冬的種稻動作。直到日本時代，在新圳入水門內側安裝兩部燃燒煤成動力的『水龍』以後，才有了二期稻作的灌溉。又例如有很多學者只一味的到曹公廟看石碑林的記事，卻不知有關曹謹的最早石碑，是在九曲堂的圳道入水口……。」

「羅老師！請你帶我去看圳口石碑好嗎？」下了講臺以後，某校的名師何博士向我說。

「曹公廟」是最近二十年的稱呼，它原本叫做曹公祠。清國時代侷促在鳳儀書院的一角落。日本時代總督兒玉源太郎，有一天巡視到鳳山，看到偉人的祠堂那麼寒酸，因此選定現址，建造中國式的莊嚴祠堂，隆重定期祭祀。並且鼓勵來臺任職的所有公務員，都要效法曹謹的奉公精神。

從《鳳山縣誌》的記事得知，曹謹未上任之前，縣境是盜賊橫行，民不聊生。到了曹公圳成，鳳山縣立刻變成全島穀倉。勤政愛民的縣令也因此廣受農民愛戴。當他榮調北部淡水的那一天，受惠民眾都一手傳送親作飯包，要讓他在旅途中食用，卻又人人以另外一隻手拉住對方不讓他離開，情景令人感動，至今依然傳為佳話。每當遊歷曹公廟，想起哲人離別農民的一幕，不禁令人懷念萬分：

老木蒼天蔭四周，曹公廟景引人遊。
祠堂遠對淡溪望，圳水長圍鳳邑流。
四載縣知遺德政，千秋黎首沐鴻猷。
哲人固早隨風逝，浩蕩功勳萬古留。

小時候，有一天聽長年顧守脾肚堤防的通興伯說：

「你敢知影三空頜（新圳口）和五空頜（舊圳口）最大的奇妙功能是什麼？」

「圳口有二個，圳水就充足，田就免煩惱無水！」

「不是！開二條圳的目的是遇著梅雨季節，連日落雨不停的時陣，要利用舊圳水門洩水，以免砂堤崩潰的。」

當時年紀小，不懂通興伯的語意。長大後才理解其含意，也同時對於曹謹團隊的智慧徹底的衷心佩服。難怪當代鳳山文人謝苹香詠一首〈竹枝詞〉詞說：

新陂水與舊陂通，終歲無憂旱潦逢。
灌得水田三百頃，家家雞黍拜曹公。

曹公圳這種巧妙的設計是北部瑠公圳和中部八堡圳所沒有的獨特設施。由於曹公圳的入水處不同於上述兩圳，它的水門所在地是在下淡水溪的下游，周圍是一片廣大平原，所以必須在寬闊的河面築堤圍水入圳。築水庫是近代先進國家的產物，一般都是以水泥為建材。曹公圳築於道光十九年（一八三九年），當時沒有水泥，因此楊號就地取材，以河砂、大石、刺竹、蘆葦、相思樹尾等為材料，築成橫跨河面一千六百公尺長的水堤，集水入圳。它的堤高約二十公尺，寬五公尺，鄉賢鄭坤五說：

「這是萬國最大的砂築水壩。」

現代先進國家的水庫，都是永久性的水泥建物。它最大的缺點是破壞了魚類的生態。曹公圳的堤壩是一年一築，每年中秋節後動工，過年前完工集水入圳。到了七月洪水季節一定崩堤，河川再度恢復原貌，所以水中魚類生存和繁殖不受影響。想到這裡，不禁令我們佩服楊號不但是一位偉大工程師，而且是一位具有遠見的生態保護家，以及注重萬物生存權利的博愛家！正是：

才聽世界提環保
早見曹公護眾生

第三章

固守家園眾族人皆合力
直衝敵陣雙兄弟盡捐軀

時序來到日本時代，明治三十一年的某一天。羅福亮偕妻子黃瓦在竹坑園工作。妻子把大哥才八個月大的獨子羅球放在園邊龍眼樹下的一個大竹籠中，然後隨丈夫做農事。那是因為幾個月前，一群土匪要入侵庄內，守護東門的大哥羅將與對方發生戰鬥，中彈身亡。孩子的母親見丈夫已死，不久也離家不知去向。二弟福亮便把姪兒帶在身邊撫養。羅球雖然自幼沒有父母，可是叔父母把他細心照顧，視同己出。直到八歲那一年，叔母生下堂弟「羅安心」，才感到所受關愛稍淡了一些。安心出世那一年是明治三十九年，福亮結婚後的第十年。本來之前黃瓦已經生產過二次，都是男胎。但都不到幾個月就夭折。當安心甫出娘胎，接生的產婆便依照鄰居長輩的指示，把孩子從預先挖好的牆洞，偷偷傳給牆外迎接的黃家老太太抱走了。因為村中人迷信前兩次生兒都養不活，是由於太過張揚，引發地府使者的注意，才把他們又帶走的。所以到了第三胎，便低調的把小孩藏到別家養了。

羅福亮的兒子安心自從被帶到鄰居撫養以後，健康良好。很快的過了四個月，生母黃瓦便接回親自照顧。父親福亮覺得好不容易有了一個健康的兒子，很擔心再有意外，所以才給他取了這樣一個吉祥的名字——安心。

羅福亮對於工作非常勤奮，所以才得到黃瓦的喜歡，而決心嫁給他。本來黃瓦是大坪頂富貴人家的女兒，原先娘家族人住的是三落大瓦厝。先祖黃世宗是清國武舉人，但是傳了幾代以後，家道中落。到了黃瓦出世的時候，家已經變成貧民戶了。由於弟妹眾多，生活困難，所以黃瓦幼小便被父母送到九腳桶庄做林家的媳婦仔（童養媳）。這位準備將來當黃瓦丈夫的林家少年林棟，懶惰成性，整天遊戲，喜歡喝酒。黃瓦是一位精明的女孩子，她想到日後自己的丈夫是這樣的一副德性，時常煩惱在心。還好！林棟個性溫和講理，黃瓦為了自己的一生著想，便利用一次適當機會找林棟商量：

「阿兄！我看你每日攏不做工作，將來我就無依靠。前幾日隔壁玉蓮嬸婆，想欲給我做乎頂頭福亮仔。我看人伊做工作骨力……。」

「咱自細漢就做伙，親像一家人，我一再將你當做親小妹。實在講，我知影家己貧彈骨，你若嫁我會害你一世人，我誠心贊成你去嫁福亮仔。」

羅福亮自從娶黃瓦以後，工作更加賣力。由於農事以外，每年溪底有四個月固定的築堤「師傅工」可做，所以存錢很快。幾年下來，他們已經使自己的田園增加為三甲地了。

「我看咱就請一個長工了，若無只靠咱二個人工作做不完。」黃瓦向丈夫提出建言。

「是啊！我早就有這個想法。」福亮回應著。

福亮不但雇用了一名長工，同時特地遠赴大目降（臺南新化）選購一頭優良的水牛。他是辨別牛隻優劣的高手，和同村周旺兩人同時被大家公認為「選牛師傅」。他選擇了一個吉辰良日，單身前往目的地。當他選到了一頭如意水牛之後，立即牽牛回家。從打狗到大目降，乘火車再加步行一日可達。但是牛不能乘車，回程必須依靠步行，因此他牽著牛走，途中還在野地停宿，足足走了三天才到達家裡。

「福亮仔！給你講牛去鳳山牛墟買就好，偏偏阿你就盤山過嶺去到大目降買，舞到整個人這呢艱苦！」黃瓦半憐半責備說道。

「你查某人不知啦！咱這邊的水牛，含慢爬上崎兼不會擋落崎。乾單會當犁田，不適合掛牛車駛山路！」

古代缺欠機器動力拉車，完全依靠獸力。獸力拉車是馬、驢快於牛。牛類中的黃牛又快於水牛。水牛的拉車，雖然是最慢的，但是牠有一個獨特的優點，就是——剎車的本能。

當水牛拉車行走在上坡路段時，牠會發揮強有力的爬坡力。到了下坡時，牠會以兩支長角卡住「牛擔」，使牛車緩慢下坡，避免暴衝。這種能力是馬、驢和黃牛所沒有的。穿行在大樹丘陵山路的水牛車，大部分是利用雙牛拉車運搬貨物。它的方式是牛隻一前一後，不同於馬車多馬並列的。牠們的職稱是：前牛叫做「頭丑」，後牛叫做「內腹」。前牛的牛擔兩端各繫大繩綁連於「內腹」的牛擔處。「內腹」的牛擔固定在兩支長車軾前端。當牛車行走在下坡路段時，「內腹」便會負起剎車任務。這時候「頭丑」可落得輕鬆，只有無事散步下山而已，因為掛在身邊的是兩條軟繩，只能供拉車，毫無剎車功能。

羅福亮自從遠地買入水牛以後，家中變成雙牛農家，也是除了鐘紅毛家以外，村中第二具有兩頭牛的農戶。所耕種的土地，由於兩頭牛的耕作，土地充分的利用。農閒之餘，以兩隻牛拉運紅瓦上山坡的庄社賺取運費。有時候載運水缸、甕等陶器遠到鳳山、打狗。就這樣一整年的時間都在耕種、當水圳師傅和駛牛車運貨中度過，從來沒有休息的時候。當一個人有了生活目標，一心向前以後，成就是無可限量的。羅福亮家中有了賢妻，又增添了兒子，做事情更加順利。倆夫妻又崇尚節儉，存了錢以後就買田地，所以過了幾年後又增購了兩甲地。連同原來的三甲地，合計達到五甲。面積超越了鐘家，成為村中土地最多的農戶。正是：一元一角積成富，一點一滴匯成湖。

「幺ˋ！」這一天羅福亮催促著雙牛拉一滿載紅瓦的牛車爬登姑婆寮山坡。當牛車爬上山頂以後，在一片濃蔭的龍眼樹下暫停休息。跟在車後的兒子，立即拿取竹筒下山溝取水。福亮接過兒子提來的竹筒，分別在兩頭牛背上淋下清涼的水。這是趕牛車運貨的人常有的動作，用以讓辛苦的牛隻消暑。這時候福亮父子也順便坐在樹蔭下休息。

「安心仔！你看！頭前的大溪，由這看過去清清楚楚。這邊的山崙青綠綠，樹頂到這陣攏會垂落無限的樣仔、龍眼。山坪不時都會看到骨力的人在做穡。這款的景緻就是我愛看的景色。」

「阿爸！聽你安呢講佫有影咧！」安心仔認真的觀察四周環境。他覺得自己生長的家鄉有山有水，民風又勤奮，真是好地方。難怪有人提詩讚賞道：

淡溪沿境流，景色古來幽。
夏果垂山徑，秋光媚水洲。
先民勤範在，後嗣樸風留。
大樹年年綠，繁榮永不休。

安心仔七歲入公學校求學，當時大樹地區還沒設立學校，想讀書的兒童必須遠赴八公里外的鳳山。又因那時候鐵道尚未鋪設到九曲堂，所以只有經濟好的家庭，才能乘坐馬車天天通學。安心仔是村中少數幸運的小孩，他就是這樣子上學的。

學校的生活讓安心仔過得相當快樂。老師是日本人，姓名叫藤本堅，剛從臺北師範學校畢業。安心仔很喜歡這位老師，老師也特別喜愛這個學生。這一點關係是造成安心仔成績良好的主因。

遇到假日，安心仔都會隨父親出外工作。例如一起下田做穡、一起下溪床撿拾大石上牛車，然後由父親車載到外溪築堤工地，以及搬運貨物賺取運費等等。這些工作本來是由安心仔的娘擔任的。但是不幸在他六歲那一年，母親得了瘧疾突然去世。從此這項幫手的工作，便由安心仔替代。他們父子兩人相依為命。在工作上福亮倒也順心，因為田園工作還有姪兒羅球和長工負責。每當進行下淡水溪載運大石的時候，安心仔是一名最好幫手。因為他手腳靈活，撿拾石頭的速度特快，因此載運的車數都比別家來得快。

「福亮仔！你加一個猴腳猴手的少年仔子，什麼人拼會贏你們？」福亮的姊夫鐘紅毛半羨慕的說。

有了兒子，福亮總是歡喜在心。這一天福亮父子來到竹坑羅家墓地，他們正在進行羅明和羅漢雙兄弟遺骨的遷葬工作。

「阿爸！這兩副骨頭怎麼都無頭殼？」

「他們兩人攏是戰死的，頭殼乎人斬去，所以收屍的時候只剩身軀。」

「聽講他們兩兄弟都武藝高強，又足有力，汲鼓井水的時陣，都是用大水桶直接綁繩，垂落五丈深的井底，拉水出井的，應該不可能隨便被殺的。」

「平常的戰役，兩兄弟如果遇到敵人多數包圍的時候，都會採取兩人背部相貼，以防腦後受襲。然後各人右手持刀，左手持盾應戰。聽說他們所用的盾是銅鑄的，重量將近百斤。戰鬥起來所向無敵，常使對手聞名而喪膽。」

福亮興致高昂的述說著，隨即情緒轉成低落說道：

「不幸的是那一次他們誤中陷阱，追敵進入一間空屋，敵軍見他們入了屋內，立刻關起門窗，迅速將石灰放入風鼓內，向屋內吹噴。結果大哥羅明首先眼睛中灰失明，小弟羅漢本來已經衝開房門要走出外，發現大哥不便跑出，所以再度回頭入內想要救大哥，不料自己又雙眼中灰，然後雙雙被殺。」

「這個故事是幾年前發生的。」安心仔更加好奇問道。

這時候福亮乾脆就坐下來，詳細的述說下列故事：

這是乾隆末年的大誌，當時北路林爽文和南路莊大田的起義攏失敗了後，官廳興兵開始向支援莊大田的庄社清庄。凡是有參加造反的人全部捕殺。庄內加入起義的人有十人，羅明、羅漢是其中二人。武術師傅是陳良，他平時負責訓練徒弟功夫，戰時做他們的首領。那一次事件，首先是臺南府官廳得到莊大田要配合林爽文，起兵打鳳山、臺南的消息。在臺南做官的武舉人許仰仁趕回到故鄉萬丹廣安，他很快的在附近各庄社召集一千名壯丁，以三日夜的時間到臺南。加入的壯丁分別來自下淡水溪東的社皮、崙仔頂、廣安和溪西的磚仔窯、翁公園、無水寮。當時許仰仁進行召集壯丁的消息，被四處行乞的乞丐傳到莊大田陣營。莊大田為了官府增加救兵，不知如何應付而煩惱的時候，在身邊的陳良向他提出了一個計策：

「這一千壯丁若乎加入官兵陣營，咱就不能戰贏了！」

「老兄弟啊！你看這欲安怎才好？」莊大田以滿臉無可奈何的神情說道。

陳良這時候將口靠近莊大田的耳朵，「如此！如此；這般！這般！」的說道。莊大田聽完立刻展開笑容說：

「足好！即時緊做！」

莊大田依計，假冒廣安父老寫了一封求救的信件給許舉人，表明「自從庄內壯丁遠征以後，防務空虛，全庄正被莊大田兵士包圍，情況危急。」

當許仰仁接到信件時，一千名救兵才到達臺南不久，這時候許仰仁立刻叫那一千人急速返回。他們差不多都是用快速奔跑的方式趕路的，所以只有花費一天時間，隊伍就趕到下淡水溪的西岸了。後來就留下這句諺語：「三日到府，一日到厝」，來形容行事緊張急迫的狀況。

許仰仁的救兵大隊，形成一路縱隊，一直奔跑到了田草埔、大腳腿山腳。這裡距下淡水溪岸只剩二公里路，原先就埋伏在山凹處的莊大田軍士，看看救援兵行列已經有半數即將離開正對線時，突然大喊殺聲一起衝出，迅速將敵軍後半部包圍撕殺起來。救援軍被這一突來的舉動弄得不知所措，加上人人長途奔跑疲勞，因此片刻間被殺了五十幾人。後來憑藉許舉人的武藝，才擋住了劣勢。此時莊大田才下令暫時停止纏鬥。

原來當救援軍的行列從中央被截成兩段，後半段被包圍的時候，前半部的兵員並未回頭替後半部兵解圍，只一味的向溪岸趕跑，一心只想要趕快回家救家人的命。當埋伏兵放鬆攻擊以後，許軍又向前趕路。莊大田軍則緊跟在後，一路跟到磚仔窯溪邊。許仰仁的士兵到了溪邊，大家就急著要渡溪。因為竹筏只有一艘，來來回回的渡人非常緩慢。就這樣在岸邊又被莊大田軍包圍，戰鬥的狀況激烈，雙方傷亡慘烈，以致屍橫遍野、溪水泛紅，驚動了附近各村落。出動救援軍部落的村民聞聲，立刻湧到了戰場，形成了另外一批救援軍。他們都是婦女，以及老少男性。他們人人手拿鎌刀、鋤頭揮舞，也有的拾取地上石頭丟擲，人數也陸續增加。莊大田見狀才下令收兵。這時候被殺的許軍，計有二百多人。這第二次戰役中，許仰仁見到來助戰的族人，才知道自己中了計。由於救援軍敗戰，鳳山、臺南等地官署很快的被莊大田攻陷。至於諸羅方面的林爽文，卻因為攻城時刻，受到外圍救援兵所牽制，經過長時間攻城，耗盡戰力，到了後來對岸大軍跨海而來，林、莊兩軍終被平定。

官兵清庄的時候，除了羅家雙兄弟陣亡之外，另外有七人被捕，一人脫逃。被捕七人紛紛就地行刑砍頭。行刑之前各人面前放一個木桶，它的用意是不讓人頭沾地，以免受污，這也是當時本地人尊重勇者的敬意。也因為共計有九個放人頭的木桶，所以咱庄內才叫做「九腳桶」。

清庄的事件造成真大的風浪，有很多的庄社人口流失，甚至有的庄社從此滅庄。例如坪仔頭庄本來是人數很多的庄，卻因為清庄，結果全庄不見人影，到今日只剩地圖上留名而已。

在萬丹的許仰仁方面，他在援軍被殺二百五十人之後，即著手典當、出售自家八十甲田地，所得金錢發放給死亡者家人當撫恤金，並將沒有家屬收葬的「羅漢腳仔」遺體埋葬在下淡水溪西岸，磚仔窯北二公里（即現在舊鐵橋南二百公尺）的所在。後來乾隆皇帝召見許仰仁，嘉其護國愛民的義行，加封他的爵祿。戰死的援軍賜封為「義民」。每年由無水寮等六庄社，輪流做「大公」祭拜義民爺。祭拜時由鳳山縣老爺當主祭人，數年後的縣令漸漸對事件淡忘，才改由各地元老當主祭。這款的義民爺祭祀，到今天還是沒有中斷。祭祀時期村民都會遵守古訓：「不給乞丐任何金錢或物品」。只不過一旦問起村民「為什麼？」他們都已經不知道事情的由來了。雖然事件至今已經久遠了，但是後世人對許舉人和陳良依然留下這樣的描述和評價：

武舉勤王招義士
陳良用計退援兵

福亮父子，一面清刷附在白骨的泥土，一面談論過去的故事。他們把清理完畢的骨骸裝入納骨甕內，然後以牛車搬運到瓦厝仔墓地重新安葬。遷葬工作完畢後，福亮繼續講述村中故事：

當官府進行清庄的時候，因為全庄民家全力協助，使得陳良得救。事件平靜以後，陳良繼續訓練庄內少年人武術。有一天派駐溪岸的哨兵，發現溪東有大隊土匪正在越溪，向西岸庄社而來。哨兵立刻放信號通知東門的衛兵，不久庄內就傳急促打鑼的備戰警報聲。全庄的人不分男女老少，立刻各就戰鬥位置。當時的戰爭一旦開始，除了帶武器上前線的戰士以外，還有一部分人是負責抬拎轎的。一般被抬出的神明是「二上帝」和「三太子」。祂們二尊都是戰神，兩頂神轎都會在戰場上，左衝右闖的發威。這時戰士們看到自家神明相助，自然鬥志高亢。大體上，九腳桶庄的外侵者都由溪東而來。一般情況是庄內戰士前赴溪流中迎敵。如果戰況激烈，都會殺得溪水變紅。說實在的，古早的下淡水溪，就是出名的戰場。至於庄內是很少有被入侵時候的。因為它整個部落四周都種滿刺竹，只留有東西南北四處出入口，每一出入口各配二名衛兵把守。衛兵除了施用刀槍之外，兼備弓箭射擊。庄內老幼婦女，在非常時期也都會武裝應戰。正是：

鬼神助陣庄民增勇
敵我交鋒溪水變紅

第四章

上帝公威能鎮眾鬼
李哪吒力足降群妖

說到民間所信仰的神祇，不得不討論一下時下各地方信眾，對於它們傳統態度的變化：

臺灣各地民間崇拜的神祇很多，無法勝數。它們有本土的，如：石頭公、阿立祖、地基主……。也有外來的，如：上帝公、媽祖、三太子……。信奉者大致以本身的需求而寄望神明給予護佑。如討海人拜媽祖，希望獲得航海平安。械鬥頻繁的聚落拜上帝公、二上帝、三太子，期待武運昌隆。雖然各地所崇拜的神明不同，但是共同目的都一樣：就是希望神明能夠帶給他們好運。

由於清國統治時代，島上各地械鬥不止，統治者又疏於管制，形成「戰國時代」。各部落為求自保，皆武裝自強。壯丁個個練習武術，時時備戰。為了達到戰無不勝，也加強精神教育。在這方面，他們都會藉用神明威力，以增加勇氣。因此各村落奉祀「戰神」成為潮流。民間奉祀的戰神，最具代表性的就是上帝公、二上帝、三太子。這三尊神祇都由唐山傳入。上帝公也就是玄天上帝，或稱真武大帝，傳說由北極星轉化而成。最初化成凡間一殺豬屠夫，後來放下屠刀，遠離殺生，繼又降伏惡魔蛇精和龜精。在民間專除民害，保護善良。又因其本來就是北極星，是航海者方向的指標，所以也是討海人崇拜的神祇。

聽說明太祖朱元璋在起義反蒙古人期間，有一次被元兵追逐，危急之間躲入一間真武廟內，他進廟時向神桌上的上帝公一拜說：

「請上帝公救命，如果得救，日後一定回報！」

言畢立即從滿佈蜘蛛網的神桌後面鑽入躲藏。神奇的事情竟然發生了！原來因朱元璋鑽入桌下時，被弄破的蜘蛛網，又被蜘蛛很快的補好了。元兵入廟以後，匆忙在廟內搜查。有一兵士說：

「神桌後面查查看！」

「桌下蜘蛛網完好，如有人進入，早就弄破了。」另一士兵說道。

朱元璋當上皇帝以後，將上帝公奉為皇室尊崇的神明，民間也跟隨信奉祭拜。福建鄭芝龍從事海上貿易，兼做海盜的時候，也是奉祀上帝公。當鄭成功的船隊集結在安平外海與荷蘭守軍對峙的時候，也是利用上帝公向軍士們做精神訓話的：

「你們看！上帝公的神像顯靈，已經高高立在岸頂空中護佑我們。軍士們！這一戰我們一定是勝利的！」

鄭成功應用天空雲朵的形象，適時的提高戰士們的士氣，不愧是一位名將。

住在南臺灣的打狗族人受唐山客的影響，也隨著崇祀上帝公、二上帝、三太子等神祇。後兩者都是《封神榜演義》小說中的猛將，很受民眾喜愛。特別是戰事頻繁的聚落，都以祂們當作精神支柱。祂們經常會伴隨在戰士身邊，發威在戰場。祂們屬於「戰神」，因此座轎是輕便的「拎轎」。這種轎的特性是可以行動敏捷、方便左衝右撞，施展爆發力，目的在引導作戰的戰士們也能發揮英勇的戰鬥力，以求勝戰。可惜目前各地卻爭相發展成奇怪現象，把三太子裝成笨重的偶像，行動也變成跳起新潮的舞蹈。主事者不了解鄉土意識，隨意顛覆傳統文化，真是令人嘆息！

話題再度轉回到從前：

當羅安心從鳳山公學校卒（畢）業以後，就全心和父親在鄉務農。農閒時刻和一群村中少年，共同在拳頭師傅門下習武。日子久了以後，也和幾位志氣相投的結成「結拜兄弟」。其中趙裕琳、林粒、鐘明開是莫逆之交。有時候也會抽空到母親的娘家找舅舅（其實是母親原先匹配未成的男子林棟）。舅舅唯一的嗜好工作是釀酒，當時私自釀酒是違法的。有一天他在舅舅家的時候，碰到警察上門把舅舅綁走了，他氣恨的跟在警察後面大罵：

「你腰邊掛的刀是鋀鋁片做的，不利我不驚啦！別日仔我佩一支利刀對付你！」

這一次是羅安心第二次和警察近身接觸，第一次是在就讀公學校前，當時警察強制男子必須剪除腦後長辮子（清國時代髮式），他因為不願剪除，警察追捕時，躲入甘蔗園。後來被抓到，剪除了髮辮，一時對警察恨到了極點，就一直大罵警察「三字經」，直到罵得無力才止。

和警察的兩次衝突，是種下羅安心日後報考師範學校的遠因。當初他那尚未成熟的心思，只想要還給警察厲害的顏色。他只知道他的恩師藤本先生是臺北師範出身，在任教時身穿文官服、佩長刀，外加金色肩章，頭戴金線官帽，一般警察及公務員，見了都要禮待三分。只是人的心志，有時會因環境和時間的改變而淡化。羅安心公學校畢業的時候，因為父親平日和長工耕耘廣闊農地，為了減低父親工作量，他覺得應該在家幫忙農務，父親也希望他能繼承父業。另一方面，平時交往密切的結拜兄弟，也沒有人要走讀書這條路。因此他便和大家一樣，成為一名少年農夫了。

父子兩人相依為命的日子，一直過了十年。終究勤奮的男人不會寂寞的，有人作媒為羅福亮牽紅線介紹老婆了。多年獨身者終又娶了內助，羅福亮當然珍惜這段姻緣。然而卻使兒子安心仔的內心有了很大的變化，首先是後母入門那天，她就命令前人子說道：

「安心仔！給我捧一面桶水來。」

後母為了將前人子「壓落底」，所以下了這樣的「口令」，從此打開了兩人日後關係不和之門。

後母入門後的第三年，有一天安心仔在田裡插秧，由於田地太長，以致插種秧苗到彼岸時，人已經腰部一時無法伸直。他將腰背靠在田埂，整個身子仰躺地面。他一時思潮泉湧：

「像這樣的日子、這樣的職業，如果要過一生，必定是辛苦的！」

於是他決定放棄種田、離開後母，重新追逐早日就已經編織的夢：「投考師範學校，在腰間佩上那把長劍」。

當時在臺灣的師範學校只有兩所，一是臺北師範學校，另一所是剛設立的臺南師範學校。想要考入這兩所學校，相當不容易。安心仔雖然公學校時代成績優秀，但是離開書本從事農作日久，想要再和高手競爭並非易事。他知道若要考取，一定得下決心，因此他特地遠赴鳳山東門外埤腹內，向昔日同級生借來書籍、參考書，發奮勤讀。

羅福亮見兒子一反常態的舉動，雖然沒有反對，但是他覺得安心仔絕對沒有錄取的希望：

「你若考得中，我甘願替你提卡ㄇㄤˋ（皮箱）到學校！」福亮仔說。

筆試結束後，羅安心接到了學校通知口試的消息，原來是筆試及格了。不料口試時，考官向他說：

「你的年紀太大了，不適合讀『普通科』。再過一個月，另外有『講習科』招考，你再來報考。」

「既然這樣！那麼我也不想再報考了！因為再怎麼考也考不上的！」

「因為普通科要讀六年，不招收像你這般年紀的。而講習科只讀三年，對你比較適合。你一定可以考中，因為我看你筆試的成績很好。」考官說道。

一個月後，羅安心再度和另外兩名同鄉同赴臺南師範應考。考完後，兩名同伴都說他們考得非常如意。

「我看只有我考不上了！」羅安心向同伴們說道。

最後放榜結果，三人中只有羅安心錄取了！接著他又順利通過口試。

入學報到那一天，羅福亮高高興興的替兒子提了一只藤箱，從九曲堂一路到達臺南的學校。

臺南師範學校的校址在桶盤淺，因為校舍尚未完工，所以學生暫借赤崁樓上課及住宿。學校的生活一切規律化，尤其高年級對低年級具有管訓的權威。羅安心入學之初，有一次在校園見到學長沒有行禮，立刻被對方叫住，被打了一耳光，並且訓示了一頓。校內各年級的學生人數都有兩班，分別有各種不同母語系的族群。以地區來分，則本島各地城市人數最多，其次分別是來自島內各村落、日本本土、臺灣偏鄉地區及高山地區。

學校的師資集合了各方人材，因此培育出許多人物。這些人各自在美術、音樂、書法、詩學……表現才華。羅安心與這些人物中的汪乃文、陳潮海、楊成裕等人交往最密切。師範生的生活充實了他的學識、改變了他的思想、建立了他的信心，同時轉換了他的子女們沿襲務農的生活方式。

師校畢業之前，慣例進行修業旅行，地點是內地（日本本土）旅行參訪。結束後回校，照例會找一名學生做代表，向全校學弟報告參觀經過。

「奇怪！一般情況都會找最優秀的學生做報告。結果沒找第一名的，居然找我這個第七名的上臺報告？」南師已畢業五十年後的某一天，父親與筆者談論往事的時候，這樣疑惑的說道。

「歐豆桑！理由足簡單啦！」筆者說。

「按怎講？」

「因為先生看你緣投啦！」

羅安心少年時代就是一位美男子，就讀南師時代，由於桶盤淺學舍完成，所以學生從赤崁樓搬到新校舍上課。但是學寮（學生宿舍）尚未完工，所以每天要在赤崁樓和桶盤淺間往返。每天傍晚當他從學校返回赤崁樓的時候，都會在半途中和數名長榮高女生相遇。那幾名高女生都會手牽手把路圍起來，不讓他經過。在初任教職期間，同校有一位女教師大川先生（日人稱老師為先生），她的班上有一名頑皮不聽話的學生，經常爬到樹上不下來。大川老師別的老師不找，偏偏都要求救羅安心到樹下，把頑皮生叫下來……。

大川先生是九曲堂公學校長的女兒，她因疼愛學生聞名。她也熱愛臺灣，戰後又回臺灣，擔任大使館職員，直到中日斷交才離去。

人的五官端正確實會引起異性喜愛，其結果自然會給人生增加一些光彩記錄。筆者因為沒有上一代的條件，所以在喜歡交異性時期，異常不得志。雖然歷盡千辛，以「百折不撓、前仆後繼」的精神奮鬥，欲求得一名伴侶，依然不能如願。經過一段思緒的沉澱，才終於開悟了一則道理，它就是俗話說的：

「什麼種生什麼子。」

考究人類和動物的基因，大致遺傳自母性的成分較大，根據這一道理，我心中有一決定：

「為了改良下一代，找老婆不可隨便！」

▲ 九曲堂公學校的教師和畢業生的合影（左二手持指揮刀者是羅安心，左四上唇留鬍子的是校長）。
照片提供：羅景川。

「己所不欲，勿施於人。」為了讓我的子女們將來的造形美好，不與其父「同蹈覆轍」之痛，反之要使他們同享昔日祖父的光彩，所以在三十五歲的年紀，總算找到了目標，和孩子的媽結成對，開始了心中「改良人種大計劃」。至於詳情不便在此細論，但筆者會留在書末再作說明。

九曲堂公學校，原本是大樹腳公學校分教場（分部），獨立以後，校務不彰，甚至發生師生桃色糾紛。本來師校畢業生都是任由學校分發各地任教的，羅安心則由九曲堂公學校校長親赴南師點名要人的。對於能夠在故鄉任教，羅安心也相當願意。就這樣他開始了人生的新旅程，也完成了他少年時代「身佩長刀」的願望。他的職業使得家族人人臉上有著光彩，特別是嫁到鐘家的大姑羅得最歡喜了。因為自從後母進入家庭，福亮仔和兒子間的關係變成疏遠以後，安心仔最親密的長輩，就由父親變成了大姑。所以當安心仔投考師校，接到錄取通知單時，他很自然的立刻跑到鐘家，向大姑報告好消息：

「當時阮大姑歡喜到攬著我，而且滿眼淚水，口中唸道『福亮真正有福氣！』」父親對我述說著。

羅安心開始任教的年紀正好二十歲，正值充滿活力、熱情的時候。他感覺當時臺灣人普遍不重視子弟的教育，尤其鄉下農人，總是希望小孩子能夠幫助家業最好。因此每到入學時刻，政府都會發動教師、警察深入民家訪察，尋找屆齡兒童，督促家長讓他們入學讀書。這件事情相當不容易做，因為他們常常會受到家長們的拒絕。拒絕的理由不外乎：

「阮田園欠人工。」

「阮需要一個囝仔工通牽牛吃草。」

小學時代的校長蔡清來先生，有一次向我說：

「小時候，有一天一名警察到了我家，向我母親說道：『你的兒子該入學了。』母親回答：『不啊！阮厝內欠囝仔工通鬥腳手咧。』當警察百般說服不成之後，把我母親帶到派出所裡。」

「然後呢？有沒有被關起來？」筆者追問。

「沒有。不過遭遇比被關還慘！」

「怎麼說呢？」

「警察把一截大竹管放置地面，叫我母親雙腳站在上面，規定要答應讓兒子上學，才可以下來。」

「結果站了多久？」

「才站三分鐘，母親就答應了。因為母親是綁腳的『三寸金蓮』，受不了站在竹管上的痛苦，所以投降了！」

「那個警察太可惡了！」

「我不但不那麼想，反而一生感謝那名警察。如果沒有他，我怎麼有機會讀臺南師範，又當校長？」

有一次筆者陪內人回臺南鄉下娘家，岳父告訴我：

「本村中，像我這一代人，書讀最高的就是隔壁仁德兄，他讀到高農卒業。」

「是不是伊的老爸較重教育？」筆者問道。

「無啊！」

「按怎講？」

「公學校的先生來找伊的老爸，叫伊就入學。伊的老爸向先生講：『阮欠一個牽牛囝仔咧！阮子不使去讀冊！』」

「結果呢？」

「先生講到家長攏不聽以後，就出手向仁德兄的老爸搧了一個嘴巴。」

岳父說到這裡，臉色忽然泛出笑容又說：

「到這陣仁德兄還不時講乎人聽：『阮老爸若無乎先生搧那個嘴巴，就無今仔日坐在糖廠總務座椅上的我啦！』」

九曲堂公學校的高年級生中，有一位成績優秀的學生，名叫陳清邦。他和羅安心同住一村，安心仔很欣賞他，時常鼓勵他畢業後要繼續深造。陳清邦畢業那一年，正好高雄第一中學校（即後來的高雄中學）創立。他在競爭激烈的入學考中錄取了，消息轟動了全大樹庄（即大樹鄉）。可惜他沒有入學就讀，因為他的父親捨不得失去一個農事幫手。

羅安心覺得民間對於子弟的教育太過冷漠，以致失去許多人材的培養，同時難以掙脫貧困生活的機會，實在可惜。他堅定的認定受教育是窮人翻身的最好方式，因此他極力鼓吹民間重視教育。正是：

趕走貧窮非易事
推行教育是良方

第五章

師門夜讀貧生盡遠黑暗室
程戶雨露才子皆開光明途

日本統治臺灣以後，很快的開發電力。一般家庭夜間使用「電火」（電燈）以取代原本的番仔油燈。但是貧苦人家沒有多餘的錢裝設電燈，況且這些貧戶為了省錢，以往在夜間也很少點油燈的。羅安心教上六年級生的時候，就有幾位優秀學生，家中沒有電燈的。當時中學校的入學考很是競爭，他覺得這些優秀生缺乏夜間在家溫習功課的機會，就無法升學，非常可惜。那一年他正好在住家旁邊蓋了一棟新屋，他特地設計一間可排十二張榻榻米的大房間，每天夜間就叫那幾位學生都到家裡來，幾個小孩就圍坐在一張矮桌，由他親自做升學補習。每晚都一定要到規定的時間才可以就寢。每天清晨天未亮，大家都被喚醒，再做前晚的複習。遇到冬天氣溫冷，就個個身披棉被坐在桌邊勤讀。就這樣幾屆下來，送上不少貧窮家庭的優秀弟子踏上升學之路。這些接受過補習的學生，他們年少的模樣筆者沒有見過，我見到他們的時候，都已經是中老年齡了。他們有的當銀行經理、有的當工廠廠長……。他們時常到家裡來探望昔日恩師，對於他們的來訪，我會產生許多聯想。其中最令我感觸的就是「為什麼現在接受補習升學的學生那麼多，然而卻少有日後學生探望老師的？」後來筆者自己找到了一個答案：那就是「先父當時的補習是免費的。」不知道讀者們的答案是否與我相同？說起現代老師的花招，真是五花八門，不勝枚舉，最終目的都是賺取補習費。這樣的老師已經尊嚴掃地，哪裡還有學生會登門探望！

內地（日本本土）渡臺的教師，大致都是教學認真嚴格的。他們的特徵是本身生活有規律，做事負責任，重禮儀、講信用。許多學童對於他們先生的嚴格要求會有怨言，但是先生又很照顧、疼愛生徒，以致學生們畢業後很懷念先生：

「我三年級時候的先生大川，曾經有一天放學後帶我去看歌仔戲『火燒紅蓮寺』。」無水寮籍的陳家永說。

「有一位女先生諸田，帶領全班級學生去海濱旅行，其中七名學生被『瘋狗浪』捲入海中，先生立即跳入海中搶救，救出了六名，當最後入海救第七名時，由於力氣用盡，就和那名學童一起淹死了。」一名老前輩朝叔說。

公學校和各級學校的老師，他們的舉止導致和學生們建立了濃厚師生感情，在臺灣各地時有傳聞，以致戰後各地學生共同邀請先生渡臺，再回母校重新歡聚的場面充滿社會。

好的老師不少，他們的表現永遠流傳受人讚賞懷念。但是壞的老師也有，其劣行也會留在民間，成為人人茶餘飯後唾棄的目標：

「噢！那個岡村有夠歹，阮全班無一個無乎伊撻過的！」井仔腳里的欽賢兄說。

「岡村足壞呢！好佳哉阮無乎教到。」黃先生講。

至今如果問起九曲堂附近各部落的老前輩，都說他們心中的共同壞老師就是岡村先生。因為他時常酗酒，無故毆打學生，造成學童們以及同僚教師的共憤。

岡村體罰學童的事情，真可以說罄竹難書，其中最有名的就是發生在昭和十九年的「岡村事件」。它的始末是：

某日放學後，全校學童都已各自回家，教師們也已經離開了事務所（辦公室）了。這時候羅安心老師從外面進入事務所，他發現岡村先生的桌腳下綑綁了兩名學童。他立刻上前詢問：

「是誰把你們綁在這裡的？」

「是岡村先生。」學童答道。

「你們家住哪裡？」

「無水寮。」

羅安心問完話，毫無考慮的替他們解開束縛：

「趕快回家吧！」

那兩名驚嚇的小孩子，在催促下，消失在校園了。這時候岡村進入辦公室內，發現室內只有羅先生，因此問道：

「是誰放走兩名生徒？」

「是我！」羅安心回應。

「為什麼放走他們？」

「因為這樣的處罰方式違反教育，而且今天校長不在，沒有人可以做主，所以我就把他們放了！」

「清國奴！」岡村咆哮起來了。

「如果我是清國奴，那麼你就是清國奴的子孫了！」羅安心毫不畏縮的還嘴。

「這句話什麼意思？」

「因為本土的日本民族，身材矮小，又滿臉鬍鬚。我看你身材修長，面目清秀，應該是二千年前，徐福從中原帶領三千童男童女，渡海求長生不老藥，留在日本不返回，他們所傳延的子孫……。」

羅安心話說到此，岡村已經忍受不住，他拉開抽屜，取出一把匕首，直接向羅安心揮砍過來。羅安心立即以左手架開來刀，接著兩人就展開一場纏鬥。羅安心只是一味的化解攻勢，並不做反擊，幸好他年少時代拜師學過拳頭（功夫），沒有受到太大傷害。可是左手虎口還是被利刃劃了一道傷口，以致鮮血直流。後來因為有同事聞聲趕到辦公室，岡村才停止了攻擊。事後羅安心並沒返家，他直接搭上火車前往鳳山，逕往視學官（督學）的宿舍。

「叫校長來說吧！」羅安心說明來意後，視學官表示必須由校長出面，才要受理這件事。

「校長今天不在，而且這件事校長不能做主張。」羅安心說。

「還是請你們校長明天親自來，我才願意受理。你回去吧！我現在要入浴了。」

視學官一入泡澡堂就費了一小時，當他浴畢換上浴衣出來，依然看到羅安心站立在庭院：

「你怎麼還不回家？」

「你不聽我說，我絕對不回家。」

「我不可能聽你說的，你還是回去叫松村校長來說吧！現在我要用晚餐了。」

視學官吃過晚飯以後，發現羅安心人站立在庭院。他覺得羅安心是抱定決心的，所以就不得已喚他上榻榻米，進入客廳了。

「……像這樣在高掛天皇『教育敕語』的事務所中，不遵訓示『億兆心一』，反而持刀追殺同僚的行為，我看全世界只有日本才有。」

「如果明天我調查實情，並不如你所言，我要處分你。」視學官說。

「如果屬實呢？」

「如果是真的，我就辭職。」視學官說。

「岡村先生呢？」羅安心說。

「我把他調離九曲堂。」

翌日視學官到學校，查明事件經過之後，岡村立刻被調往田草埔國民學校、松村校長調往頭前溪國民學校。最令人想不到的是：視學官真的自己引咎辭職了。

岡村事件的經過，是先父在六十歲的時候才告訴我的。當時先父是以「報了一箭之仇」的心理，得意的說給我聽的。因為他覺得岡村從九曲堂交通便利之地，調到不便利的偏鄉田草埔，是得到了懲罰。其實這件事，最引起我興趣的是「視學官的態度和言行」。我覺得他真是一位日本精神的典型人物。我曾經這樣的問過先父：

「事件和視學官無關，他為什麼要辭職？」

「在日本時代，視學官的職位高過校長。所以視學官都是當過校長，表現優良以後才升上來的。這一點正好和現代相反。現在是人人想當校長勝過當督學。再說日本人的觀念是：自己居上位，如果屬下犯錯，那麼居上位者都會把責任攬在身上。這一點更加和我們的社會完全相反。岡村犯錯，視學官認為是自己領導無方，所以才引咎辭官的！」

「真是令人佩服的民族性！現在我們的社會，卻到處發現主管犯錯，儘量推責任給屬下。想到這裡不禁令人嘆氣！」筆者真的懷念起日本時代。

岡村事件以後，不到一年戰爭結束了。依照「波茨坦宣言」，日本必須放棄臺灣。許多內地人要回日本故鄉。那段時間，某日岡村專程登門拜訪先父。他來的目的沒有別的，只是一味的向先父鞠躬道歉，述說一年前的冒犯是如何的不應該……。

「岡村的道歉，是日本民族性『勇於認錯』的表現嗎？」有一天筆者和熟悉日本文化的姐夫閒聊時問道。

「我認為是只有一點點那個成分，主要原因是因為日本敗戰，時勢不同了。」

從岡村的道歉表現，筆者突然想起終戰當時的種種現象：

很多平時仗勢欺人的官吏，被尋仇的民眾毆打、追殺。令人奇怪的是，這些被打、被殺者，大部分是臺灣人。例如同村陳××任職農事組合（農會）取締員，在戰爭期間，因為政府實施「配級」制度，有些農家由於食口眾多，所以沒有按照規定繳足收穫稻穀，而被抓入衙門；鄰村某某人擔任××團總務，把奉公會人員勞動工資私自侵佔；北區某人擔任青年團幹部，在定期訓練期間，擅自體罰遲到團員，有時還公然在眾目睽睽下，大打遲到者耳光；黃某人當警察，常常……。」

日本時代末期，類似這種臺灣人欺壓自己同胞的事情層出不窮。這些欺人者到了日本敗戰，大致都遭遇悽慘，有的人甚至遠離家鄉，逃難到北部，久久不敢回家。

筆者的姐夫以為岡村的道歉是基於敗戰，那是有道理的。照理日本民族性，一般人是「做錯了事被舉發，就不再強辯，而認錯道歉的。」然而岡村卻為何在事隔一年後，才遲遲登門道歉？這是他覺得母國已破，島內許多復仇者正在到處尋仇人報復，而羅安心當時和自己交手打鬥時，確實身手不凡。況且他也知道，對方平日和幾位同門結拜兄弟來往密切，如果不及時登門表示低態，恐怕會招來被復仇的結果。

上述臺灣人利用統治者欺壓同胞的現象，只不過屬於「輕量級」而已。至於「重量級」者，說起來就會讓人寒心了。這些「重量級」者，大致以所謂「半山仔」為多。他們在終戰後，爭先由新統治者手中拿到某州、縣、市等首長職務，並兼任接收日人財產委員。以致將不該得的財物收歸己有。最可怕的是還有某某四人小組（在此不便點名）列出「臺灣五百精英」，提供最高統治者，建議加以屠殺。當五百名單出爐時，將呈上級前，還遞給當時臺籍監察委員丘念台連署，嚇得他連忙逃往大陸，不敢簽名。這四人的子孫至今都大富大貴，其中三個家族尚稱不太貪心，不再插手政治。唯獨尚有一家，至今其後代依然對政治依依不捨，但是卻都連選連敗。（資料取自吳濁流《臺灣連翹》）

臺灣自從四百多年前，世界航海發達以後，陸續進入外來統治者。每次政權更替的時候，都有出賣同胞，求取富貴的故事產生。這一點看在有血性的人眼中，雖然會引起憤慨，但是也都無可奈何！羅安心自幼承受部落傳統文化，主張對於同村人、同族群必須互愛、互助。以致常常有挺身救助同族或同村人，不被外人欺的狀況發生。例如保護無水寮兩名學童被岡村凌虐的事件，便是其中之一，因此頗受地方人士擁戴。對於尋仇的民眾，他也認為不必太激烈。因此常常勸告復仇者適可而止，畢竟大家都是同胞。有一次他從鳳山乘火車下班回家，途中經過一正受復仇者包圍的友人家。他立即上前勸導憤怒群眾放下武器。說起來也奇妙，群眾一聽勸導，都紛紛散開各自回家了。其實理由很簡單，因為憤怒的群眾，大部分是羅安心的學生，平時受先生的疼愛，所以那有不聽話的道理！羅安心受同胞的喜愛，也得日本人的尊敬。當時國民政府規定日本人不可攜帶武器回日本。有一些日本人家中有日本刀，他們都把刀送給羅安心。於是他把人家送來的刀劍，轉送給那些被復仇者追殺的人：

「我不是認為你過去的行為是對的，我只是覺得你不能這麼早死，因為你還有一群兒女需要養育，責任未了，這支刀只讓你當保命用！」

基於不願看到同胞受欺的原則，所以才有「岡村事件」時，挺身放走兩生徒的舉動。當然對於內地的學童、教師對本島師生展現優越的舉動，羅安心也相當在意的：

「每年的少年野球（少棒）試合，攏是鳳山尋常小學校得到了優勝旗，看到他們得意的神態，心中真不是滋味。」有一天羅安心向父兄會（家長會）會長鄭坤五說：

「日本囝仔的父兄，較甘提錢出來乎序小做野球服裝，咱本島人的序大敢有法度？」

「服裝的大志，以後才講，咱先來徵求大人同意囝仔參加槓球較要緊。」

就這樣，為了證明本島人的運動本領不輸內地人，九曲堂公學校的少年野球隊，在羅安心的催生下，正式成立了：

「聽說你讀公學校的時候，是少年野球隊員，還曾經在比賽中打入優勝戰（冠軍賽）？」四十五年前筆者旅泰期間，在曼谷造訪臺灣會館會長陳家永的時候問道。

「是啊！鳳山小學校已經連續拿走很多年的優勝，本來那一次我們應該會贏的，結果還是我害的，我當一壘手，沒有接住一個傳球，因此就輸了。」事隔多年陳家永還是不甘心的述說著。

「以後你還有玩野球嗎？」筆者問。

「有！終戰後，我們日本兵變成美軍的俘虜。在集中營常常舉辦日、美軍對抗賽。結果經常都是日隊獲勝。美軍對於黃種人也那麼會玩野球，都覺得很奇怪。」

原來陳家永自從九曲堂公學校畢業以後，就投考當時為了因應「南進」計劃而成立的貿易學校，畢業後分派到泰國工作。當日軍後來顯現劣勢，兵源不足的時候，被改編入部隊中，專門負責建造桂河大橋工事。由於他的英語能力很好，所以做管理英國俘虜的事務。

「我看電影，那條橋是木造的，後來還被敵軍炸毀了。」

「電影情節是虛構的，你看現在的橋是鐵做的，當時我們建造的就是這樣。」

「電影上說，日軍都讓俘虜吃不好，營養不良，每天死亡很多人。」

「其實很多流言都不實在，當時糧食缺乏，我們日軍也是吃不到肉類，差不多天天吃山上的野生竹筍。可是俘虜們不吃竹筍，我們只好派他們放牧牛隻，以便他們有牛肉可吃。」陳家永說到這裡，稍微停頓，繼又說道：

「有一次，兩名俘虜飯後為了搶奪一支大鍋底的牛骨頭，竟然互打起來。被我制止以後，罰他們站立聽訓，我說：『……。』」

▲ 九曲堂公學校獲少年野球（少棒）鳳山郡冠軍合影。三排中戴鴨舌帽者是教練羅安心、前排左二羅華雲、前排右三李冬雨。三排右打領帶者是當時父兄會長鄭坤五。這張照片拍攝時間相當民國二十九年，也就是說這支少棒隊比起臺東紅葉少棒隊早了二十多年。自從紅葉少棒打贏東京調布少棒隊以後，許多外行人把紅葉隊誤認為臺灣少棒「鼻祖」，真是對臺灣歷史的不了解。其實臺灣的少棒運動早在日治初期就開始蓬勃發展了，他們艱苦訓練的過程和輝煌成果有許多隊也都遠超紅葉隊的。
照片提供：羅景川。

陳家永以英語說了一連串的話，意思是：

「你們真是沒用！為了爭奪這麼小的食物，竟然不惜打架，真是丟你們國家的臉。你們應該多學習日本人，我們如果沒吃飯，也會拿起牙籤觸一觸牙縫，表示已經吃飽了！」

陳家永畢業後的第四年，也就是昭和十五年（一九四〇年）九曲堂公學校少年野球隊終於好不容易的打敗強手，獲得優勝旗。羅安心一直以來，要讓本島學童，在內地學童面前揚眉吐氣，得到鳳山郡少年野球優勝的願望終於實現。

當球隊拿到優勝旗後，全體球員、監督（教練）羅安心、校長松村真直、女教師川崎、羅玉裡、父兄會長鄭坤五、家長梁連成，以及好幾位前往觀看球賽的地方士紳，都一起合影，拍下一張小隊員都沒有鞋穿，打赤腳比賽的相片。

在日本時代，棒球就是臺灣最風行的運動。少棒更是普受民眾的喜愛，所以常有野球比賽，各學校間也有彼此間的定期對抗賽。可惜的是今日書寫臺灣史的一部分人，為何常說：

「金龍隊的催生者，謝國城是臺灣少棒之父。」

最近筆者讀了一冊《圖說台灣歷史》，書上說：

「臺灣少棒運動的開創，始自民國五十七年的臺東紅葉少棒隊。」

該書由博揚文化事業有限公司出版，編著人楊××是某歷史研究所出身。臺灣的歷史，不斷的像這樣被歪曲，筆者擔憂我們的子孫，將來如何獲取真相？是不是一些了解事情真相的人，應該起來說真話，不要再怕下去的時候了。正是：

欲求歷史還真相
得賴今朝指錯人

第六章

新市古稱新港社
平原廣聚平埔人

曹公圳的外溪砂堤水庫（埤肚），後來改從三空頷邊築起，向東延伸到八百公尺處有一段長六十公尺的洩水閘（俗稱水弁），它的高度低於砂堤約五公尺。水閘的功能是用來宣洩水庫內多餘的水。當外溪的水源過多，導致圳渠吸收不了時，那些多餘的水，都會從水閘排洩出來。因此那裡經常形成一大片瀑布，水聲響亮，魚蝦跳躍。有時引來村民，在洩水下游爭逐淺流中的鯉魚群。

水閘的構築材料和方式，就是底部舖大石、蘆葦，然後平舖竹片編織的篾席，最後在上面使用大竹、蘆葦豎立一道牆即成。水閘旁蓋有一草茨，內有簡單椅、床，並有一人常駐，以護水閘安全。族人中一輩子沒娶妻的「羅漢腳仔」通興伯，就是水閘守護人。平時通興伯所講的故事，也有一部分是來自這一個水弁的：

「有一年某一日的半暝，我當的落大眠，一個少年人走入寮仔內，叫我乎伊住一暝。

伊講伊號做楊萬寶。」

「啊！我知也！人講伊是義賊廖添丁二世，專做劫富助貧的大志。」筆者回應。

「著啦！天光了後，伊講警察欲掠伊，伊已經走頭無路，叫我乎伊加住幾日，結果煞和我在草茨住歸個月。平常日我若煮什麼，伊就和我吃什麼。不時伊會蹤水弁腳追掠淺水的大尾魚，伊的腳手猛，所以逐頓飯都攏有魚通配。」

「大尾魚，遐呢有力，伊是安怎掠？」

「有時仔用空手掠，有時陣提我寮仔內一匡�罩合。」

「警察講伊是飛賊，本島人攏講伊是義賊廖添丁再世，會飛天走壁，你奈會敢和伊做伙吃飯，擱做伙睏？」

「頭一擺見面的時陣，我看即個少年人講話足溫純，五官麻清秀，乎我印象就足好。等到伊講伊是楊萬寶的時陣，我才顛倒驚一下。我原本認為楊萬寶是一個歹人，一定生作青面獠牙才對，奈有可能這呢緣投？」

通興伯說到當時有名的臺灣義賊楊萬寶，引發筆者的興趣，於是便請求繼續說下去：

「楊萬寶日時攏總在寮仔內，暝時才出來外面。伊若出來，若不是跳落埤肚內泅水，就是在砂岸頂打拳頭。」

「你有親目看過伊泅水，亦是行拳頭？」

「有啊！若在月光時，攏看到足清楚。伊每一擺泅水攏泅兩點鐘以上才歇睏上岸，從草寮這屏跳落埤肚，就泅到頂頭吊橋腳才擱返頭。若行拳頭麻是行歸點鐘才有歇睏。行拳的時陣，攏會沿路打沿路喝聲。我看伊的拳路足有氣力，是經過高手指點過的拳法。」

「除了功夫、泅水、掠魚以外，伊敢有講什麼話乎你聽？」

「阮兩人到尾仔，差不多親到若像一家人同款。有一日伊講足濟話乎我聽。伊講伊是東港烏龍人，講祖先自古攏有一代一代傳話乎後代一件大大志，就是『烏龍上古早號做放索社』，社內住的攏總平埔族人。放索社的隔壁有一庄，即陣號做港東，上古早號做『下淡水社』，麻是平埔族。講自古早兩社的人就不時有通婚，交流足密切。連伊的老母麻是港東人，這個庄差不多攏姓羅。全庄人足合和，若是庄內有人受外來人欺侮，一定全庄起來對抗。每年攏有一日做醮迎神祭祀，所拜的神就是一匹馬。傳說講古早社族人被外族入侵之前，有一匹馬走入社內，用驚惶的動作向社內的人做通報，救了全社的人，所以羅姓的庄人攏拜馬，無人拜佛、拜耶穌。」通興伯仔接下又說：

「我小漢的時陣，阮老爸不時會帶我行三點鐘久的路，去到港東探望親戚。有一擺我問那個親戚『這個庄社的人，奈會歸庄全部姓羅？』伊講『因為古早清國管轄的時代，官廳的官員叫阮著改用「漢姓」，講這是「皇恩」，皇帝欲「賜姓」乎阮。阮大家攏不知影欲選用什麼姓，最後大家攏選用當時從「唐山」過來這裡做地主的頭家的姓，做阮的「賜姓」，那個唐山頭家就是姓羅。』最後親戚擱摸我的頭殼講『通興仔！你的祖先本來就是從即庄社搬去九腳桶的，你的姓羅是皇帝賜的。』」

聽完通興伯說的故事以後，使我對港東產生濃厚興趣。有時會抽空獨自一人，騎機車前往觀看他們的祭馬大典。我覺得這是一項別處找不到的特有文化，它也給我許多連想：

「它應該是一項平埔族才有的文化！我身上一定流有平埔人的血液，因為我和通興伯同宗。」

從那一次，約距今六十五年前，聽通興伯講述這段故事以後，我開始對臺灣平埔族產生一股欲求徹底了解的慾望。以致多方向閱讀文獻、資料、縣誌，甚至親自田野調查……。筆者得知大清康熙年間，單從二行層溪以南，至恆春半島止，就有近百個平埔族人的聚落。這些聚落大致都在清國統治二百多年之間，被官方推行「化番為民」政策下，變成大清「皇民」了。至今還存給我們的痕跡是各地留下的特別祭典、各家神主牌和墓碑上記錄著的「皇民」、「皇恩」等字樣。在今天這麼多被清國化為皇民的人，很多人已經不知道他們族人的源流。有一些人還拿著被賜的姓氏，到對岸「尋根」，有一段時間曾經蔚為風氣。筆者二十年前，因為創立「大樹文史協會」，和國內許多同好互有往來。許多文史工作者爭相跨海前往福建、廣東尋根，結果紛紛失望而回。一位莊姓友人向我訴說：

「我按照傳說，到達莊氏宗祠詢查，結果他們遍查祖譜，並沒有莊××在乾隆年間渡海來臺等記事。」

至於其他尋根者，也都和莊友人相似。經過筆者研究結果，其實莊××原是平埔人，在乾隆年間，在一次清國「化熟番為民」的措施下，被賜了莊姓。於是其後代子孫，便把他當成所謂的「開基祖」，並且說成來自福建了。類似這種歪曲祖先源流的模式，在臺灣被廣泛的使用，以致造成今日本島人不知道自己是誰的亂象。根據四百多年前荷蘭的統計，本島西部平埔族人有三十七萬。經過了四百多年的繁衍，應該至少有二千多萬人才對。然而為什麼今天卻反而不見半個平埔族人？有許多應該屬於平埔族人的，卻人人都不承認。有不少歷史學者，熱衷於研究臺灣人是如何從福建、廣東移民臺灣，卻又一點也沒興趣討論平埔族人，如何被「漢化」？甚至有部分筆耕良久的作者把《鳳山縣誌》上說：「林道乾舟蟻打狗港，掠當地番殺之，取其血和石灰以固其舟，餘番走阿猴林。」等上述記事都認為是虛構的，他們如此做的本意，是要強調：「臺灣沒有平埔族人。」

荷蘭時代，在新港（今新市）設立文教中心，在那裡統理政務事宜。一六三六年，他們就在新港建了第一所學校，使用拉丁字母拼成新港語教學（參閱《台灣文獻》第四十八卷第四期）。那所學校應該才是「臺灣首學」，但是現在的人都誤認臺南孔廟為「臺灣首學」

了。由於新港社的設校，接著政府繼往南北推行政教。向北往諸羅，向南廣及大武壟社、大傑顛社、阿猴社、上淡水社、下淡水社、放索社、琅璠社……。總數達到五十六個部落，都設立學校。那時候各地村童都爭相上學，他們早上以母語上學，下午學荷蘭話。那時候的國語就是平埔族語，學荷蘭話叫做「話荷蘭」。現在的人不知典故，把它說成「話虎蘭」，變成一句粗話了。荷蘭時代教會工作史料還說：

「為了培養更多教師，甚至想要將本島人送到荷蘭去訓練。」

《鳳山縣誌》上說的「阿猴林」，就是現在的大樹區。當林道乾迫害打狗人以後，族人造成了大遷徙，他們紛紛向東逃入阿猴林居住。「阿猴」和「打狗」本是同族，只是發音有異而已。「打狗」取其音，其意思是「以刺竹當籬，圍在四周，而裡面居住人」的打狗族語。兩字合併成一個音，就變成ㄉㄠ音。是現在臺灣人兜（家）的意思。

當原來的阿猴林內加入這一群逃難的新移民以後，山內更加熱鬧了，文化更加多采了，以致至今大樹區山內，不但依然保留許多平埔族語言，甚至保存許多特有的平埔族人信仰（請詳細參閱梁明輝著《打狗社最後的身影》）。

在中國大陸有關臺灣南部平埔族人的生活報導，最早的是明朝陳第的〈東番記〉。他在文章上道盡當時臺灣人的特殊習性。例如喜歡吃檳榔、樂觀好客、有仇不記恨，翌日即忘……。後面那一項，今天的臺灣人還遺傳得非常完整。試想臺灣歷來產生無數人為的大劫難，好像都沒有造成不可收拾的報仇場面。例如最靠近的二二八事件，其發生的總源頭，應該要歸咎於美國政府把臺灣推給蔣介石，造成無數無辜者死亡，也造成耕者有其田推行，許多地主土地喪失。然而有幾個受害人家族恨過美國？不相信的話，隨便舉一個例子來說：內人的阿舅、姑丈都擁有八十甲土地，因耕者有其田的推行，以致一夕之間土地變成別人的。其直接受害人，應該是他們的子孫們，但是卻從來未見其家族痛恨美國政府，反而表現出的是喜歡美國貨、美國電影……。最後還留守美國，甚至定居美國。類似以上種種狀況，在臺灣多得很，不勝枚舉。也許大家都在體內流著平埔人血液，所以才出現「不記仇，翌日即忘」的特性！

根據「荷據時期教會工作史料」所記，各地部落學校的建設、教師薪資的經費來源，都來自中國人來島上獵鹿所繳的稅金。荷蘭人的資料證明，那時候雖有中國人跨海過臺灣，只是人數並不多。到了郭懷一叛荷時候，中國人滯留臺灣人數也不及萬人，這些人在郭軍敗戰後，被殺過半。鄭成功據臺時，雖然號稱鄭家軍有兩萬多人。然而鄭家王朝亡後，清國為了防止臺灣再成反清基地，所有鄭家人及其軍隊全部遣返大陸。臺灣在鄭家王朝時代，統治區域主要在今臺南一帶。當時鄭王朝對於不聽話的原民部落，也是採用武力解決的。在這樣的政策下，不少部落被「征伐」，造成繼荷治後另一次劫難。鄭成功沒有留種在臺灣，今天很多臺灣人喜歡把鄭成功當成民族英雄，還說自己的祖先隨鄭成功來臺。更有一名市長年年舉辦「鄭成功節」，以感謝他的恩德，殊不知鄭成功很可能是曾經殺害過自己祖先的仇人！

《鳳山縣誌》所錄〈東征集〉說道：「阿猴林山徑四達，大木叢茂，寬長三、四里，抽藤、鋸板、燒炭、砍柴、耕種之人甚多。」這項記錄說明三百年前，打狗族在大樹丘陵的熱鬧情景。至今燒炭一項依舊存在，炭窯在興山、和山兩里林立，是大樹區三大傳統窯業陶窯、瓦窯、炭窯之中歷史最悠久的，它的起源應該不止三百年，也可以斷定創業的起始者都是平埔人。今天在本區它的產量幾佔全國總產量的百分之八十之多。打狗族不止活躍在大樹區，它的族人居地達到塔樓（里港）、九如、屏東一帶，並建立阿猴社，南鄰上淡水社（萬丹），北接旗山大傑顛社。以上地區，曾經在朱一貴抗清時候，因清國大軍反撲，一路由土地公崎入阿猴林，往東北掃蕩，直達羅漢內門。在大軍一路燒殺中，居民受害慘重。

一般平埔族人平日主要工作是打獵，獵場必須有大片土地，以供水鹿、山豬、羌等動物的活動、生殖繁衍。所以土地對他們來說非常重要。鄭成功還未佔領臺灣之前曾說：「臺灣土肥水甘，任其荒蕪非常可惜。」其實他根本不知道荒蕪的土地，才是鹿群最好的繁殖場所，也不知尊重先住民生存的權利。

打狗族東鄰是高山的排灣族和魯凱族，他們三者間常有土地界址劃定的會議。也由於和平式的土地會議，致各族間的友誼深厚。

「我們族語都稱呼你們平埔族為『白浪』」。一位霧臺魯凱族老師說。

「現在也這麼稱呼嗎？」筆者問。

「還是一樣。」

「包括後來移民的外省人在內嗎？」

「不包括外省人，只限定被賜姓的本土人。」

「你的意思是不認為我們是漢人！」

「對！就是這個意思。」

筆者忽然覺得魯凱族人，似乎比自己還更了解自己。

從通興伯和楊萬寶的故事，延伸到現在，中間穿插了這麼多的有關平埔族群的往事。到這裡不得不暫時打住，因為楊萬寶後來怎樣了，還沒有作交待，所以只得把話頭轉回原來。

「楊萬寶攏總住在軟埤（水弁洩水處地方人稱呼）草寮足久有沒？」筆者問。

「住一個月。」

「為什麼欲離開？」

「有一暝來兩名警察，入寮仔內掠人，楊萬寶乎其中一個警察從背後攬住行出寮仔外。那個警察用日本柔道欲將楊萬寶過肩摔在地下。本來警察是欲乎楊萬寶的頭殼先落地的，想不到楊萬寶身軀離開被控制的手，人還被拋在空中的瞬間，伊的身軀翻轉，最後是雙腳先輕鬆落地，人攏無受傷。伊腳落地了後，就自己頭向下，縱身往埤肚水庫栽入，潛水遊向北面，無看到人影了。」通興伯仔停頓一下又說：

「過了八天，伊轉來草寮向我說謝，並提走衫、褲，從此就沒見過面了。」

今天我們如果翻閱荷蘭時代所畫的平埔族人影像，很清楚的可以看出他們的輪廓清秀美好、身材高，是一種令人看起來就有好感的人種，也應該是身手矯健的帥氣族群。因為〈東番記〉上曾說：「赤足奔走，終日不倦。」也難怪楊萬寶，就算是柔道高手也抓不住他。具有這些條件的人種，在一些原住民族群中，時時可以發現。他們也是一樣都屬於「好」的人種。可惜得很，為什麼很多人都喜歡把自己隱藏起來，不願意和他們扯上關係？

在屏東縣萬金，現存一所臺灣最古老的洋人教會。這所教會曾經在一八七六年揚名北京皇室，那是沈葆楨受命於牡丹社事件後，來恆春視察防務，他當時看到在教會中聆聽《聖經》的人中，有平埔人、河洛人、客家人、高山族人。這一景象使他很訝異，他覺得不同族群的人可以用教育來解決彼此的隔閡。因而回朝廷啟奏皇帝：「不要再實施海禁了，應該開放移民臺灣。」

今天在萬金教會周圍的村落，還有許多民家世代信奉耶穌基督，他們的祖先墳墓，很多已經是歷史悠久的，墓上都有十字架標示，那些十字架下睡著的主人，大都是清國時代尚未被賜姓的平埔族，只是如果你去問他們的子孫們，他們都會一概不承認自己是平埔族人的。

臺灣盛產芒果，種類也很多。其中有一種最古老的，它被一般人稱做「土檨」。其實臺灣本來沒有原生芒果，它是荷蘭時代從南洋引種來臺的。這一點在連雅堂的《臺灣通史》有記載，在當時在南部許多平埔族的聚落，都有種植。現在還可以找到這些三、四百年高齡的老芒果樹，目前存留最多的是臺南走馬瀨。這地方是大武壠社平埔族的聚居地，那些老樹是他們祖先在荷蘭時代種的。在日本時代，有一位姓小林的人，在聚落裡鼓勵一群人到甲仙山內開伐樟樹提煉樟腦，這群人到了新天地後都同住一地，就是八八水災遭受毀村的小林村。這個村一直到現在，都還沒忘記每年例行的「夜祭」，祭拜阿立祖。但是他們也不承認自己是平埔族人。

筆者弟媳是臺南官田社頭人，社頭人都在公廨祭拜阿立祖。官田那地區也是比較與外界少有交流的地方，所以信仰也能保存傳統。

彰化在建城之前，地面住著平埔族人，地名叫做「半線社」。官方為了統治方便，所以要他們「歸化」。事情順利以後，為了表彰住民的「開化」舉動，就給了「彰化」這個地名了。至今彰化還販賣一種傳統美食，叫做「半線餅」。清國「化番為民」的工作是從臺南一帶先啟動的。歸化的主要項目不但是「賜姓」，有時候連地名也會一起「恩賜」的。於是「善化」、「新化」、「南化」……，便陸續出現。這些都是清國在臺灣實施「皇民化」的證據。筆者也曾經這樣問過魯凱族人杜老師：

「你們夫妻現在還和兒女說母語嗎？」

「有！但是孩子們都不太想說。」

「我覺得你們在家應該和子女說母語，不然以後他們會認為自己是炎黃子孫。」

「不要等以後，現在他們都已經認為自己是炎黃子孫了！」杜老師苦笑了。

「你有原住民的姓氏嗎？」筆者再問。

「有。」

「那你們現在的杜姓，是什麼時候有的？」

「是從我父親開始的。」

「那應該不久嘛！」

「是國民政府時代。」

二十多年前，某一天一名管區警察上門，做例行戶口校正工作。他姓王，是臺東縣原住民。筆者好奇的問他：

「你的王姓是什麼時候開始使用的？」

「我讀中學時候才用的。」

「為什麼要選王姓？」

「因為當時我們的村幹事要我們改用『漢姓』，我們全村的人也沒有一個人知道該用哪個姓，後來大家只好用村幹事的『王姓』了。所以現在我們全村的人都姓王。」

在臺灣的「皇民化」改姓動作，至今一直在延續之中。筆者一直不了解的是「我們的學校教科書，為什麼只罵日本時代實施皇民化改姓？」不久之前臺北市長選舉活動時間，前××院長×××罵候選人柯文哲：「……他的祖父是日本皇民。」筆者覺得這句話幼稚極了，竟然會自曾經當過最高行政長官口中說出。除非×先生是滿族人，否則他的父親、祖父母們都當過滿族人的皇民。更何況臺灣人在日本時代，都變成日本皇民，這一件事並不是臺灣人自己選的，而是因為中國打架打輸日本，把臺灣當犧牲品割讓給人家的。臺灣人替人家受災難，事後不得到感謝，還要反受嘲笑，真的是……。

根據各項記錄顯示，以及至今所留下的「唐山人過臺灣」的諺語，我們可以看出一些實際痕跡：「有唐山公，無唐山嬤」、「唐山過臺灣，來去穩有某，不免唐山這艱苦。」這兩句話說明偷渡臺灣的唐山人沒有女性。「唐山過臺灣，十來六死，四上陸，一回頭。」這句話說明航海的危險，及真正定居臺灣的人不多。因為澎湖「烏水溝」的水域險惡，六成渡海客會死於海難，剩下四成人成功上陸，但是一成人看到陸地景象後，又畏縮返回了，所以最後只剩三成人。然而這三成人的登陸也是暫時的，因為他們大致會申請開發農地，然後找平埔族人當佃農，等到秋收以後，就又帶著賺的錢回唐山去了。現在國中一年級教科書上說：「清朝大量福建、廣東人移民臺灣」，那是和清廷「實施海禁，不准移民臺灣」的記事是相抵觸的。而且只說「大量」，卻沒有數據，這也是不負責任的說法。

前兩年筆者在某雜誌上看到一則報導，它說有一位研究所女學生，推開父輩以上好幾代祖先們的隱藏行為，勇敢的跳出來，說她就是臺灣中部兩百多年前，曾被皇帝召見過的「潘敦仔」後代子孫。她今後要說自己是平埔人，而且立志要從事研究平埔文化的工作。

上個月筆者又聽到一則振奮人心的消息：就是臺南市的「賴神」，他受一群臺南市民陳情，希望政府能恢復他們是「西拉雅族人」的身分。

長久以來，由於大家使用漢字的關係，在「番」、「夷」、「胡」等被貶化、矮化、醜化的文字自然演化，大家避免變低俗的心態下，人人不求真相了。其實仔細想一想，像楊萬寶他一點也不諱言是「番人」之子孫；潘敦仔之孫，以番族後裔為榮。一個是美男子，兼功夫高手；一位是貴族後代公主，學識淵博的女士，那麼多優秀血流承襲於身上，當番人的子孫是羞恥嗎？再想一想，荷蘭人被稱紅毛番，他們從不介意，也不損原本的優秀，不是很好的借鏡嗎？正是：

白浪族從來男俊女秀
紅毛番本就體強才高

第七章

稱土匪或英雄難定論　看條約和法律可分明

甲午戰爭後，清國割讓臺灣給日本。島內武裝抗日風起雲湧，前仆後繼與日軍作戰。延續時間從日軍登陸之日到中部霧社事件止，可以說時間相當長久。這些抗日團體小者幾十人，大者如劉永福旗下的組織計有數千人。依族群分，計有操河洛語系者、有說客家語系者，也有原住民語系者，使得日本當局傷透腦筋，苦惱萬分。從日本對臺「始政」之日起，總督府急於舖設從北到南的縱貫線鐵路，另一方面又要忙於剿平武裝抗日者的奇襲，造成行政速度緩慢，所以頻換總督人選。待第三任總督乃木希典上任後，他覺得「一日武裝土匪不除，便一日無法推展政務」。因此傾全力掃除土匪障礙，並且親自武裝帶隊前往敵陣。

「阮阿公就是在這個所在工作，那一天一小隊騎馬的日本兵來到伊的面前，領隊那個人就下馬講伊是乃木，然後問：『你有看到土匪從這裡經過無？』離開的時陣，還拿一支槍乎阮阿公，然後教阿公開槍的方法。又說：『你若看到土匪，就請你向天頂開槍，阮就會趕到位，將他們抓起來。』」有一天鄉前輩莊順安在祖厝後面山坡上開始向我述說他祖父莊基中的故事：

「經過一段時間了後，有另外一隊日本兵又到。他們看到阮阿公就將伊用繩子綁起來，連同那支槍，攏總押到一個不知名的所在。那裡已經抓來了很多人，日軍正在那裡對他們處決死刑。過了一段時間，乃木騎馬到達，他立刻下馬，並且走上刑臺，向劊子手說：『現在要砍頭這個土匪，就由我來操刀吧！』不料等待乃木看清眼下的人時，他卻驚訝的叫出聲來：『怎麼是你？』隨後立刻把綁在祖父身上的繩索解開。原來是當乃木放下一支槍，離開祖父時，祖父繼續工作。後來另一支日軍又到，他們看到阿公身邊有槍，誤以為是抗日份子，加上語言不通，無法說明，以致……。」莊順安又接著說：

「阿公劫後重生以後，動身要回家。卻在涉水通過曹公圳的時候，因不會游泳，被圳水流走。也不知漂流多久，才被人撈起。他覺得連續經過兩次大難都沒死，如果硬要回家，恐怕逃不過第三次劫難。於是決心暫時不回家，便留在受救地當人家的長工了。經過多年的長工生活，他才帶著積存的工錢，回鄉購買土地。」

莊基中後來成為阿猴林內（大樹丘陵）有名的大地主，曾經擁有土地八十甲。這是附近居民都知道的，但是卻很少人知道他少年時代有這一段傳奇故事。不過有一則傳說倒是至今家喻戶曉，人人興味濃厚。那就是傳說莊基中曾經在事業正發達時代，埋金、藏龍銀數甕在自己的土地下，至今尚未被人發現。

▲ 大樹興化廍山頂莊基中的故居已有一百二十年歷史。
照片提供：羅景川。

今天興化廍山頂莊家大古厝，依舊矗立在一片綠意盎然的荔枝園中。只是以往曾經住有幾十口的子孫群，大多移居鬧市。現在只剩一位玄孫莊敏次，以半隱居的方式還住在那座大宅院。筆者時常找機會往那裡跑，和那位隱者喝一杯山茶、聊一小時的閒話，然後再下山。筆者對那裡的埋金，並不如外界的具有吸引力。但是為何偏偏又喜歡往那裡跑？答案是：「這裡為什麼會造就出這樣的一個人物——莊順安？」

莊順安是大樹庄第一位大學生。日治時代進臺北帝國大學政治系就讀。少年時代與一般山區小孩相同，一面幫忙農務，一面就讀公學校。也同時利用夜間和同伴在武術師門下學拳腳

▲ 日本時代莊順安就讀高雄第一中學校時，當田徑隊長，這是他推鉛球的英姿。照片提供：羅景川。

功夫。由於他的天資優秀，再加上學習努力，所以不論文武都表現優良。公學校畢業後考取高雄第一中學校（現在雄中）。在武術方面，曾經以一把匕首單獨和山豬搏鬥，刺殺一頭兇猛的山豬而名聞鄉里。

高雄第一中學校，自從創校以來，便設備充足，師生水準皆高，同時也重視學生的課外體能訓練。譬如：劍道、柔道、野球、田徑、航海、滑翔機飛行……。莊順安參加的是田徑項目，後來並擔任田徑隊長。在隊長任內，帶領隊員參加全島中等學校田徑大賽，與強手臺中一中爭奪優勝，結果如願，引為佳話。

莊順安就讀雄中期間，由於家居偏遠，通學不易，所以住在學寮（學生宿舍）。他從小就具有一種特質，就是喜好打抱不平，伸張正義。有一次在校園中，看到多數「內地人」

欺侮「本島人」，所以挺身出面保護弱者，因此引發那一群人轉而和他一人打鬥。事後被校方查問，並且通知家長必須親自出面向學校說明。由於家長在語言上有所隔閡，未能暢言說明理由，莊順安被裁定退學。莊順安也覺得無論如何，自己確實和同學打架，觸犯校規，不再多做辯解。因此和父親兩人到住處帶回行李，準備回家。不料當父子兩人即將踏出校門時，突然背後跑出學生將莊順安擋住去路。他看到那六人不是別人，正是先前和他打架的一群。那六人覺得莊順安就要離開學校，日後再也打不到他了，所以想在最後機會好好修理仇家一頓。莊順安知道來者之意，所以心中也有著備戰準備。然而卻又不便打定主意，因為平時在家，父親都嚴格叫他不可和別人打架的。可是莊順安萬萬想不到，這一天父親竟然大聲向他下達「作戰令」：

「原在冊不讀啦！順安仔！和他們打落去！」

莊順安一得到父親的打架許可，立刻施展他的絕活。一會兒是拳頭步，一會兒是柔道術。把迎向他的強敵當成山豬來犯一般，沒有幾分鐘工夫，那六人先後都倒地，失去戰鬥意志了。當父子兩人看看事件已經平定，拿起地面行李，準備走出校門時，突然身後傳來聲音：

「莊順安！慢點。」

父子兩人同時向後面看時，才發現原來是田徑隊老師藤本先生。

「莊順安！你立刻隨我到校長事務所。」藤本用命令口氣說道。

「我親眼看到六名生徒共同攻打莊順安一人，怎麼可能他會欺侮弱小呢？」藤本先生向校長理直氣壯說道。

於是莊家父子又把行李搬回學寮，因為校方又撤回莊順安的退學令了。

中學校畢業後，莊順安進入臺北帝國大學政治系就讀。當學業尚未完成，戰爭結束了，學校校名改成臺灣大學。日本政府離開了臺灣，學生還是留校研讀未完學業。

戰後的野球比賽依舊在臺灣各地沿襲舉辦。那一年中等學校級的比賽地點在臺北。賽事到了最後，由雄中和臺北開南商校爭奪冠軍。開南由於佔地利，所以加油的觀眾很多。比賽結果由雄中獲得優勝，不料卻引起開南球員不滿，導致打架。在場邊的開南加油者，也群起衝入球場中助打。根據雄中校友何聰明說，雖然雄中也有支持者入場助打，但是卻只有一人，那人就是莊順安。

大學畢業後，莊順安立即通過高等考試，進入警務處工作。他的任務是必須對付地方黑道，工作極具危險。有一天當他下班回家途中，遇到一群預先埋伏的殺手攻擊。對方準備將他置於死地，不料那群惡徒反被他個個打倒地面，從此「警務處莊順安」在臺北黑道口中傳揚開來。莊順安也受到同僚的敬仰，尤其是警務處郭處長更是賞識。由於具有高學歷，加上屢次打擊黑道的優良表現，莊順安升遷迅速，只短短幾年，他的職位已是臺籍人士在警界中位階最高者。

「有一天一位日本商人突然到我家來，他說他是日本影片『日俄戰爭』的臺灣放映權代理商。然後在桌上放置現金二十萬元臺幣。」莊順安公務員退休後，有一天和我閒聊中說道：

「那時候日本影片想在臺灣上映，審查非常嚴格。必須經過十名審查員的通過才可放映。我是審查員之一，也是唯一臺灣人。當時的二十萬元，可以在臺北市買一棟店面。我向他說：『我會認真看影片。』然後叫他把錢收回去，否則就當場先判定影片不通過我的審查。」

「那部電影我看過，所以表示當時通過了你們十人的審查了！」筆者說。

「沒有通過。」莊順安說。

「我記得很清楚，當時那影片在臺灣相當賣座。」

「沒錯。只不過那支片子最後的通過是不經十人審查小組的。」

「怎麼說？」

「當時十人小組審查結果是一票通過，九票不通過。通過的一票是我投的。」莊順安繼續說：

「審查結果發表之後，那位日本商人又造訪我家。」

「我把全部財產都投資在這一支影片，不料不能成功，現在我破產了，也即將返回日本。但是莊樣的恩情我永遠不會忘記。今天臨別，我是特地前來表示感謝的！」日本商人說完話，向莊順安一鞠躬，準備走出家門。

「等一下！居然破產了，那就嚴重了！請你再等幾天，且慢回國，讓我再想想有沒有解救方法？」

翌日莊順安向郭處長報告，自己想要幫忙解除日商困境之意。

「這件事情簡單，只要蔣總統說可以就可以了。我現在就來安排總統看電影就是了！」警務處郭處長說。

莊順安想不到處長這麼熱忱的幫助他，而且說幹就幹，使他高興萬分。於是自己也即時配合處長的「總統要看電影」的戲院安全戒備事宜。

蔣總統對於安排他看電影不但高興，而且還以「好東西共同享受」的心態，吩咐高級將領同赴戲院看戲。當電影放映時，莊順安被指定坐在蔣總統左側。目的是做「翻譯」。蔣總統對於影片的情節非常投入，加上翻譯周到，使得觀者樂不可支。故事演到負責攻打二〇三高地的乃木希典將軍，兩名兒子都戰死在陣地時，蔣總統突然傳令「凡在場觀看影片的將領，都必須繳交觀後感想」。

「日俄戰爭」影片在臺灣大發利市，比起各地，包括日本在內，都還要賺錢。那位代理商一夕成富，日後他常在公開場合說：

「我覺得臺灣人是世界上最可愛的。」

民國五十五年，筆者在臺北讀書。有一次赴「大樹旅北同鄉會」的集會。宴席間，忽然有一名中年男子到會。他一到場就說：「各位鄉親，足歹勢！因為我處理一件黑道拼陣，所以遲到了。」原來他就是莊順安。當時他不認識筆者。那一次他應大家的要求，把處理黑道拼陣的事件，仔細述說。由於他當時的職務是在彰化縣警察局，所以故事的地點是臺灣中部：

「當我到達現場時，兩隊黑道已經蓄勢待發，準備火拼了。我們刑警隊的隊員也都個個子彈上膛，各就各位，只等待我的號令下達，就要以強大的火力驅退這群亡命之徒。這時候我一個人空手走到兩對立群的中間，大聲嚷道：『你們兩屏的老大，看啥人有氣魄，出來先和我拼一個輸贏，亦是兩個做伙出來攏好，若是拼會贏我，我才准你們大隊在這裡車拼。若是輸我，你們就乖乖仔給我散轉去！』」莊順安說到這裡，稍微停了一下。

「結果有出來和你拼無？」在場有人急著問。

「無！所以兩隊黑道乖乖仔散開了。」

筆者從小就喜歡看電影、讀章回小說。對於美國西部電影中，警長經常會囑咐部下掩護，然後自告奮勇衝向敵陣而入迷。在章回小說中，每讀到某大隊與某大軍對峙時，帶領將領會出面，單挑對方將領彼此大戰幾百回合而敬佩。我也欣賞莊順安的英勇行為，可惜今天在電視上，常常只聽說某某高級警官如何有名！又如何能使黑道敬畏！然而為何每次看到他們帶隊和黑道對峙時，總是自己躲在陣後「指揮」，不見他們自身帶頭衝向敵陣？

筆者在二十多年前，提供鄉土稿件給本鄉鄉公所，承當時黃登勇鄉長好意，印刷一萬三千冊，分發全鄉每戶一冊，因而結交許多鄉親讀者，其中一人就是莊順安。那時候他已經公務員退休，他主動約我與之見面，表明對筆者從事鄉土著述的讚許。並特別對於鄉賢鄭坤五的描述非常認同，也說出他年輕時代與鄭前輩相識的經過：

「那一年正是美軍空襲高雄最猛烈的時候。我坐在九曲堂往屏東的火車車廂中，旁邊正好坐著鄭坤五先生。他看我手中翻閱一本政治學書籍，便開始和我談起話來。他說大正九年（民國九年），全島在行政上設庄（光復後改名鄉），他被選拔為大樹庄長，打開本島人從政的門戶。他覺得臺灣正需要從政人才，只有這樣才能使同胞過得更美好。」

莊順安退休以後，有段時間閒居在潮州兒子家中。有一天一位同鄉方政治邀筆者一同到他居處拜訪。那時候他已經將近八十歲，我們聽他講了許多過去和當時的故事，聽後才知道他依舊沒有「閒居」的日子：

「我每天早晚都會到附近學校或公園慢跑、練拳。最近聽說火車站附近有不良份子活動，他們專門欺侮老人、婦孺，所以便改往那裡散步。果然看到許多無事閒逛的青少年聚集，也看到他們對著老弱們做出不該做的動作。我當然毫不客氣的上前制止，不料卻引起他們的憤怒。首先是對方當面揮拳過來，我看到來拳，便迅速以雙掌接住來拳，然後將自己身軀半轉，順勢把對方整隻右手向下轉壓。那少年便因疼痛跪地求饒，其他同黨見狀也都如鳥獸散了。事後看到現狀的居民都圍過來，紛紛向我表示感謝。並且說他們被這些『無人教示』的少年擾亂太久了。我說大家可以報警，他們說屢次報警，但是都沒有效果。」

「現在火車站附近情形怎樣？」方政治問。

「已經不再見到那些不良少年了！因為他們都知道有一個比他們更愛打架的老人，天天早晚都在那裡散步。」正是：[1]

社會治安想做好
警察勤務須求真

註：莊敏次是莊順安侄，他曾在民國七十七年和溪埔村長張炎春率領大樹鄉農民赴省府抗爭，爭取政府發放農民年金成功。但兩人卻被判刑。

第八章

開詩文教育傳揚義理
奪繪畫金牌震撼東洋

一八九五年甲午戰爭，清國敗戰，將臺灣割讓給日本。島內有心人士，不顧清國約束，組成「臺灣民主國」，聲明自行獨立建國。他們結合地方義勇、駐臺清兵等，聯合抵抗日軍登陸。駐守打狗海防的鄭啟祥與強行靠岸的日艦對峙，後來因為守軍敗戰，鄭啟祥身受重傷，偕妻兒共渡福建養傷。不久鄭啟祥逝世，鄭夫人又偕子坤五回臺灣定居鳳山。此時坤五年十五歲，適遇鳳山國語傳習所（現在的鳳山國小）成立，便入學就讀。修業期滿後，任職於法院擔任通譯。鄭啟祥是一位文武通才的軍官，坤五頗得其父遺傳，又承家學薰陶，文學、武藝樣樣精通。在武藝方面，由於坤五秉性疾惡如仇，所以喜歡打擊魚肉鄉民的惡霸。又因不滿少數狂妄武館館主的自大，時常找館主比武，以致許多武館被他踢館（因比武失敗，無顏開館，而被迫關門）。在文的方面，鄭坤五熱愛作詩、繪畫、彈琴（古箏），平時和詩友交往密切。日本時代，由於普遍設立學校，求學也變成國民義務，日文成為主要語文。許多臺灣文人反而更加凝聚共力，紛紛設立詩社，定期舉行擊缽吟比賽。鄭坤五第一次參加作詩大賽，即奪得左元（第一名），第二次再度掄元。從此便被禮聘為詞宗（評審）。他的詩作數量極多，當民國四十年蔣介石召見時（年六十七），數量已達五千首，這數目是中國歷來詩人作品最多的人了。

一九二〇年，日本統治臺灣第二十五年，總督府做了行政大改革，許多地名用字做了更改（但是發音不變，如打狗改高雄，嗎巴哖改玉井），並且普遍設立街、庄役場（今鎮公所、鄉公所），並任命本地人為街、庄長。鄭坤五因為在詩學上的表現優良，受到當時喜好作詩的鳳山郡長安倍利三郎的賞識，將他提拔為首任大樹庄長。這是日本統治臺灣以來，本島人擔任行政首長的開端。鄭坤五獲此殊榮，心中歡喜，並留詩表示對提拔者的感謝：

▲ 鄭坤五先生肖像。
照片提供：鄭麒傑先生。

久拼灶下成焦尾，有幸多君舉廢才。
喜極忽傾知己淚，此生何以報涓埃。

當上行政官員的鄭坤五，並沒有因此放棄他喜愛的詩、畫創作。由於在工作上更深入官場，也更了解惡劣官員行為，所以時時會把心中的不滿表現在作品上面。也因為這樣，在一九二四年被革職離開大樹庄長職務。革職的導火線是有一位任職鳳山牛稠埔的警察，慕名向他索取一幅虎畫。他在虎口上方畫了一枚古銅錢，還從軸上垂下一線繫住錢幣。有一看畫的人告訴該警察說：「這張畫叫做食錢虎。」那位警察不甘受辱，加上坤五表現對當時政府不滿的詩不止一端，以致遭受革職。

鄭坤五當上庄長以後，才知道當官本來就不能使他過得快樂。這一點可以從他離開庄長職務時的一首詩作看出端倪：

綠水青山好寄居，當年深悔出茅廬。
何如一橋塵寰外，坐聽泉聲讀道書。

筆者有幸和坤五老前輩同住一村，記得幼年還經常到他的舊居玩耍、抓魚。因為他的居處，寬大的前庭外是一大水塘。那水塘是村中望族黃家的養魚塘。由於鄰接曹公圳，可以引入流動的圳水，所以水質清澈，添增鄭家景色的幽雅。又因地處下淡水溪畔，溪流淙淙。北望鐵橋如虹，以致詩中句句如畫，引人入勝。難怪他的詩、畫兼優好友太瘦生（王坤泰）首次造訪他的居家就讚聲不已：

放眼青山綠到門，一枝彩筆弄晨昏。
寒江煙雨屏東霧，此是君家潑墨痕。

鄭坤五看了好友讚美詩後，也口占一首以為和韻：

蕭齋盡日閉柴門，靜熱名香送夕昏。
難得故人攜鶴到，芒鞋印破碧苔痕。

退隱官場的鄭坤五，更加有時間投入他的詩畫創作。雖然他改行擔任代書工作，但終歸可以自由的應用時間。他的詩作數量激增，時時發表於報章雜誌。而「九曲堂詩草」專欄的詩人鄭坤五更加聞名本島詩人界了。

大正十三年，鄭坤五辭職庄長的同年六月，他於大樹庄蘭坡嶺（今嶺口）取景，並以清國時代舉人卓肇昌的詩〈過蘭坡嶺〉中一句「雞聲茅店月」為畫題，繪成一幅畫，奪得東京藝術院金牌獎。據筆者調查，這個獎應該是本島人奪取日本全國性獎狀的第一張。至今在臺灣畫界中，常以陳澄波在大正十五年所得獎狀為第一張，其實鄭坤五的「雞聲茅店月」還比陳先生早了二年，為什麼大家都不知道？

大正五年太瘦生赴東京研修繪畫，翌年回臺。當時的報紙曾經大加報導，其文中曾寫有：「世人耴苦內地畫家之來臺頻繁，應接不遑，實則內地畫家，欲愚本島，若使知有王君之大手筆在，必將斂手而退，不敢謂吾島之無人矣！」從上述報導，得知太瘦生在當時的臺灣藝術界，是如何的受到尊重，也都期望他能在畫界為本島人揚眉吐氣！只可惜太瘦生命短，大正七年便去世了。和鄭坤五交往的詩友眾多，能夠和他一般，詩畫兼備的不多，而太瘦生便是其中的翹楚，所以兩人交情濃厚。對於太瘦生的英年早逝，鄭坤五的傷心自然深重，所以他才有五首〈哭太瘦生〉詩，及一幅輓聯的出現，在此就提出其中一首，以便讀者參考：

竹城當日正徵詩，絕筆猶成幼婦詞。
他日鰲頭能獨占，泥金何處報君知？

從後兩句，可見詩友們交往是何等「健康」，又快樂！筆者覺得他們不只在詩作上有著彼此較勁的樂趣，同時也在畫作上互相切磋、競爭向上。在太瘦生往生以後，鄭坤五對繪畫更加賣力，創作數量激增。尤其到了官場離職後，更使他在畫技上達到爐火純青的境界。他在東京藝術院第五回金牌獎後，曾向人表示：

「……不過欲使日人知臺胞非無才能……。」

筆者覺得鄭坤五的參賽動機，除了上述以外，應該還存有想要彌補好友死得太早，以致未能在繪畫上看到預期成就，而奮勇替代知己完成壯志的心願吧！

鄭坤五的繪畫，無論是山水，或是猛虎，都會在畫布上

▲ 日本東洋藝術院賞金牌正面（左）、反面（右）照片提供：鄭麒傑先生。

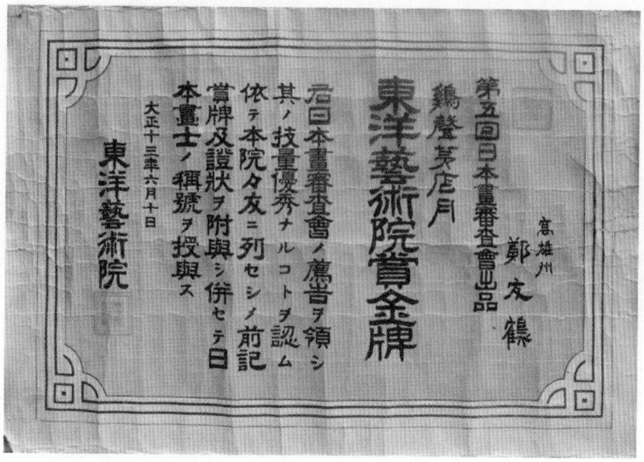

高雄州 鄭友鶴

第五回日本畫審查會出品

鷄聲茅店月

東洋藝術院賞金牌

右日本畫審查會ノ薦旨ヲ領シ
其ノ技量優秀ナルコトヲ認ム
依テ本院々友ニ列セシメ前記
賞牌及證狀ヲ附與シ併セテ日
本畫士ノ稱號ヲ授與ス

大正十三年六月十日

東洋藝術院

▲ 日本東洋藝術院賞金牌獎狀
照片提供：鄭麒傑先生。

親筆題詩。這一點正合中國人「詩中有畫，畫中有詩」的境地。這一點是「東洋畫」比較少有的，尤其更是西洋畫所沒有。它可以說是世界各國繪畫作品，無法比較的地方，也應該說是中國畫的特色。現在我們先別提它的特色，單說中國畫的作者，他們除了要具備繪畫應有的技能之外，還要兼具書法與詩學的高超造詣，這一點就可以說中國繪畫的創作者，比西洋畫家多具備了各項才能。中國畫至今依舊受國人的喜愛，許多年邁者於退休後，甚至還特地拜師學藝。可惜得很，不論是年輕或年長的習畫人，他們都忽略了畫中題詩。試想如果在國畫中少了題詩，不會覺得少了一份精神嗎？現今的一般人只熱衷於習畫，卻不懂得作詩，到底為了什麼？

鄭坤五育有七子，多年來都有兒子就讀九曲堂公學校。這一點使他擔任很久的父兄會（家長會）會長。當會長期間，也使他為學校奉獻了心力、財力。最值得一提的是，他在昭和十九年，完成了一部描寫臺灣歷史故事的章回小說《鯤島逸史》。這部小說的問世，造成了一股讀書潮，幾至洛陽紙貴的地步。也使得鄭坤五於詩畫在藝文界如鶴立雞群之

▲《鯤島逸史》封面，左為上卷，右為下卷（林玉山畫）。照片提供：鄭麒傑先生。

外，又多了一項名小說家的頭銜。這部小說分上、下兩冊，計三十萬字，所得稿費應該不少，對食口眾多的鄭家來說，是一筆很重要的生活費用。然而不巧得很，那年夏天颱風把九曲堂國民學校的教室屋頂都掀飛了，鄭坤五竟毫不猶豫把稿費全數奉獻出來修理教室了。《鯤島逸史》目前已被臺灣文學界，列為臺灣古典文學代表作。致力於臺灣古典研究探討的東海大學吳福助老師，於二十年前特邀筆者在該年度討論大會中，發表「補訂《鯤島逸史》」感言。現在這本書，已成為研究臺灣文史的重要參考書。鄭坤五在臺灣文史的用心，以及所造就成果，從此亦可見其一端。

慷慨是鄭坤五的特性，對於捐獻學校修理屋頂是如此。至於隨時贈畫給愛好的庶民亦是如此。他善於畫虎，也特別喜愛畫虎。對於一般百姓來說，山水比較看不懂，但是對虎就特別喜愛。所以當他每畫好一幅虎虎生威的老虎，就會引來左右鄰居圍觀。鄭坤五常常會因為看畫者看得入神後，便毫無代價的送人。當時他與長年居留臺北的畫虎名家林玉山（原籍嘉義）齊名，在畫界稱呼他們兩人是「南北畫虎雙傑」。鄭坤五在長篇小說《鯤島逸史》出版時，林玉山還為他的大作，上下冊各畫封面一張。從這裡可見他們感情的濃厚。鄭、林二人的交往，純粹是因畫虎而起。林玉山一直在臺北師大藝術系執教多年，大約距今三十年前，筆者在某雜誌上看到有關他的報導。當時他已九十高齡，那時他的任何一張虎畫，都已經是天價。可見他的晚年必定過得相當富裕。

根據麒傑兄說：

「父親的虎畫，兄弟七人中，都沒有人留半張。父親常常畫完就免費送給任何喜愛的人了！」麒傑兄又說：

「父親有時也應朋友要求開畫展，但是沒聽過他有賣畫的情事。又因為他參加吟詩集會的次數很多，他的畫作大致都是拿到詩人集會中，做為獎品送的。」

民國八十年，筆者拙作《我的家鄉大樹鄉》付梓，拿了一冊送給好友劉進財老師，當他讀了書中〈鄉土文學先進鄭坤五〉一文後，猛然向筆者說道：

「我家有一幅友鶴（鄭坤五字號）的山水畫。」

筆者一時興奮，立即隨他到家看畫。那是一幅絹布山水畫，畫中有隱者悠遊千山綠水，空白處題有七絕一首：

屐齒何當印九州，好山隨處一勾留。
年來不盡登臨興，背寫匡廬作臥遊。

詩中透露了作畫人對「祖國」的強烈思念。根據劉老師說，他是從古書畫商處購得的。現在有一部分鄭坤五畫作，已零星式的重現。那些大致都是受到贈畫的後人，流入書畫商手中的。

筆者對於繪畫的鑑賞並非行家，對於鄭坤五和林玉山的虎畫，只覺得兩人作品都具有

▲ 鄭坤五先生的山水畫。
照片提供：鄭麒傑先生。

「威風八面，氣蓋山河」的氣勢，無法詳分上下。只是以筆者粗俗眼光看來，是有一大不同之處的，那就是：

「鄭坤五的虎畫，都附有一首虎詩。而林玉山的作品是單一的虎畫。」

鄭坤五的一生走過清國、日本和民國三個時代。當過這三個外來政權的子民，一生都是過著被「殖民」的生活。他經常會藉著老虎來隱喻統治者，這一點都可以從虎詩中清楚的看出來。

民國三十四年（昭和二十年）日本敗戰，必須放棄臺灣主權。不久當國民黨軍隊登陸高雄港時，鄭坤五約同村羅安心共赴港口瞻仰「國軍」。當他看到「祖國軍隊」模樣時，失望的告訴身邊的羅安心：

「這款軍隊，那會打贏日本兵？」

「你不通看佪佪阿片阿片，行路離離落落，親像三腳發仔。不過佪攏有輕功，會飛上厝頂！」

看完了國軍，回到家裡，羅安心立刻命令才畢業於高雄工業學校，即將赴臺鉛公司任職的長子華雲辭去工作，報名投考臺灣師範學院體育專修科。他的理由是：

「一個國家若要強盛，首先要培養國民強壯的體格。像國軍這款模樣，難怪國家強不起來。」

國軍登陸臺灣，官員進駐公務部門以後，全島各地傳來軍人強暴婦女、強取財物、官員貪污……。弄得怨聲載道、罵聲連連。正義之士，如鄭坤五者當然氣憤難平，時時批評政府的不是。全島在這種氣氛醞釀之下，不到兩年便爆發了二二八事件，造成許多人被殺、失蹤。當時本島人的慘狀無可言喻，筆者不再在此詳述，只簡單套用一句美國高中歷史教科書上說的：

「二十世紀全世界發生三大慘案：其一、納粹屠殺猶太人。其二、土耳其屠殺雅美利亞人。其三、中國國民黨屠殺臺灣人。」

有一天有人這樣問鄭坤五：

「坤五仙啊！你足愛寫文章罵日本政府，是按怎對國民政府的惡行，干單嘴罵，不用筆寫？」

「我若用筆罵日本人，只是乎人掠去損腳倉。若是用筆罵國民黨，我絕對無命！」

筆者看過許多研究類似鄭坤五這種勇於抗暴的學者，都只強調他們的抗日，但是不做深入研究。其實像鄭先生這些人，更痛罵國民政府的強橫無道。這些學者也常常只會強調日本「殖民臺灣」，但卻從來不提：

「荷蘭、清國、鄭家王朝、民國都一樣殖民臺灣！」

有那麼多臺灣史學者，都如此的一致，真讓筆者不解？我們最常聽的說法是：

「清政府割讓臺灣，使臺灣變成日本殖民地。」

殊不知臺灣在清國統治時代，就已經被滿族人所殖民了。他們那樣的說法，好像臺灣人是滿州人一般、好像「清代」的政治是臺灣人當家做主的。這樣的誤導，難怪使得大多數的臺灣人都認為臺灣只有在日本時代才是被異族統治、才被殖民。其他如荷蘭、鄭氏、滿清、民國等時代的支配者，都是同一族群一般！

鄭坤五的「後生」麒傑兄告訴筆者：

「父親畫虎最多的時段，是光復以後。父親作畫時，都要我在一旁磨墨。我一面磨墨，一面看他專心的畫虎毛、畫虎牙……，然後又題詩。當時他曾多次借用彰化銀行場地開虎畫展。」

由於老虎性兇猛，眾獸都怕。所以鄭坤五喜歡畫虎，用於比喻暴政者的魚肉小民，並抒發弱者的無奈情緒。當日本人離開臺灣以後，接替而來的政府，又是另外一個新殖民者。新的社會狀況，促使他畫虎的件數激增。其實光復後的虎詩，所罵的暴政者就是國民政府：

〈虎倀〉

一、

忍改初心無愧色，慘狀同類更公然。
也知爾輩終成漸，冥罰難逃付鼎煎。

二、

隨倀引誘出岩阿，市上橫行可奈何。
近世豈無馮婦在，只緣難制爪牙多。

光復後，許多抗日份子被「政治史學家」說成是熱愛「祖國」者，如：林獻堂、鄭坤五、鍾皓東、柯水發……。其實他們的抗日，完全是心中反對「惡霸橫行」使然，和所謂「愛祖國」無關。由於他們隨時會發揮本性，所以當新的霸權又在欺壓人民的時候，就自然又會暴發他們的反抗行為。林、鄭、鍾、柯等等這一大群臺灣精英，於反抗日政之餘，又都反抗中國國民黨，被政府冠上「思想犯」，以致造成有的被殺、被關或逃亡海外。最讓筆者感到可憐的是，他們的反抗國民政府詩文、言行，常常被移花接木，變成都是反抗「日本暴政」了。

筆者曾經在三十年前在鳳山婦幼館，應邀參加一次「鍾理和作品說明會」。會中記得有李喬、鍾肇政、吳錦發、鍾鐵民等貴賓在座。從言談中才知道鍾理和的思維，因此特地詢問鍾××：

「根據令尊在很多著作中所表示，都呈現多處反國民政府。但是為什麼以令尊為主角的電影『原鄉人』，劇中所顯示的卻是完全相反？」

「原鄉人的劇情，很多地方是假的。我爸爸根本就是一個批評國民黨很徹底的人。而且劇中亂用『原鄉人』的本意，在客家語中，那三個字是毀謗性的。它就是長者責罵年輕人偷懶話：『你啊！一直賴床不起，都睡夢到原鄉（廣東）去啦！』」鍾××說。

在日本時代，操河洛語的臺灣人，都稱呼福建人「唐山人」。操客語者稱廣東人為「原鄉人」，都含有懶惰、落伍的意思。

聽了鍾××的話以後，覺得真實性頗高，因為他的伯父鍾皓東，光復後是首任基隆中學校長，因「知匪不報」的罪名，被國民政府殺害。而鍾理和之所以能夠在基隆中學任教國文，完全是哥哥鍾皓東所提拔。既是兄弟，又是恩人，無故被殺，心中自然不平。鍾皓東畢業於日本時代的臺北帝國大學政治系，娶蔣渭水女兒為妻。夫妻都具抗日思想，所以雙雙赴大陸參加抗日。回臺後，竟死於「思想罪」。鍾理和、鄭坤五這兩位鄉土文學家，其實都是強烈的反抗暴政者，可惜至今都被扭曲利用成擁護國民政府的代表。從來未見有人作記錄，替他們說出真心話，筆者在這裡的表白，大概是僅見的記事吧！

日本時代的本島人，由於和滯臺的內地人相處，不免會有摩擦。這一點和今天的臺灣人、外省人相處的狀況相同。又因臺灣人都屬被「統治」階層，所以受到委曲就多，怨言自然也多。鄭坤五是臺灣人，他當然會對日本政府有怨言，相同的對國民政府也有怨言。只是大體說來，在臺灣人的心目中，對日本時代的怨言，總比對國民政府時代的怨言要少得很。換句話說，對日本時代的讚美，要比對國民政府的讚美，多出很多，這是大家公認的事實。有不少慣把歷史當做政治一般說話者，慣於利用名人對日本時代的不滿，說是「他們討厭日本，喜歡中國」。其實這些勇於打抱不平的名人，在他們的作品中，也和一般民眾一樣，時時有讚美自己國家（因為當時都屬日本國民）的作品出現，鄭坤五也是一樣：

〈新春試筆〉

大地春回得氣先，筆花初放豔陽天。
恭題聖戰昭和代，重見皇軍得勝年。
報捷敵前頻上陸，慰安銃後有中堅。
特書體制更新日，萬眾同歡旭幟懸。

日本時代的臺灣人就是日本國民（皇民），這一點是許多外省人最不喜歡聽的話，因此他們處處強調當時的臺灣人是中國人，也因為這樣，使得現代的臺灣年輕人，都誤認那時代的臺灣人是「中國籍」，才會造成今天×××的「皇民」之爭議。既然是日本籍，所以當自己國家和別人打戰，總會因為打勝而高興。就像現在臺灣人是中華民國國民，所以中華少棒得世界少棒冠軍，便興奮萬分，因為自己的國家——中國打贏了！以上現象都是正常的表現，筆者真希望全體國人，尤其是文字工作者，不要再只會做「腳倉後罵皇帝」

的膽小鬼了。說到這裡，心中不禁又起了一陣心酸，做為臺灣人，一直到現在還不敢講真話，道理在哪裡？筆者想，應該是這裡依舊是別人「殖民地」的緣故吧！正是：

幸喜臺灣重見日
豈知國黨續殖民

第九章

今日千家共指責 昨天萬戶齊尊崇

當鍾皓東偕妻進入大陸以後，立即尋找抗日團隊，加入他們的組織。不久兩人又離開原單位，投入另外一個團隊。不料他們卻被抓入牢了，罪名是「匪諜」。原來他們首先加入的團隊是共產黨所屬，這件事使得他們大感奇怪，為什麼一個國家已經全國一致抗日了，竟然內部還會分裂？並且敵對到如此嚴重的地步？好不容易，兩人遇到了福星，解救了他們。原來是臺灣同胞謝東閔教了他倆秘招：

「你除了如此、如此以外，最重要的還是把名字也改成皓東（陸皓東是國民黨革命先烈）。」

鍾皓東聽了謝東閔的話，命運從此逆轉：同樣一個人，昨天是罪人，今天立刻變成遠自臺灣來的抗日英雄。

筆者同鄉有一位就讀高等學院（日本時代的大學預備學校）的學生黃士丁。當他剛要入臺北帝國大學（今臺大）政治系時，志願投筆從戎，當了一名特攻隊飛行士（太平洋戰爭末期，日本自殺飛機，用於自行飛撞美國戰艦）。當時的特攻隊員是全國民眾的大英雄，備受萬民尊敬。戰後日本被迫放棄臺灣，黃士丁一夕之間，從日本國民變成中華民國國民。變了國籍還不打緊，最離譜的是他的行為變成「漢奸」。所以他不敢向人提及當日軍的事，以免遭殺身之禍。直到他將近八十歲去世為止，才由配合保密的親友透露秘密。這樣的例子太多了，因為日本時代的臺灣人，人人都是日本國籍（皇民），也人人都愛自己的國家。就像現在的臺灣人，人人都是中華民國國籍，也都人人愛中華民國一般。筆者五十年前服兵役的時候，正值越戰。國防部曾經響應美國政策，準備出動大軍由越南登陸，順便反攻大陸。當時軍隊發動國軍加入「志願軍」，筆者和同伴一樣，當時正值血氣方剛時刻，也毫不考慮的填了志願書，誓死效忠國家。如果有一天我的統治者又換了別人，那麼一定又會被認定是「漢奸」了！今天我們社會的認知觀念，好像叫我們不要認為我們的國家是我們的國家；我們的國家我們不可效忠……。否則就會有變成「漢奸」的可能，也會變成如「皇民」一般的受人嘲笑！

筆者最近常在電視機前看到一種現象，就是好多熱情的臺灣年輕人跟隨國內球隊到國外比賽。他們在場邊張開青天白日滿地紅的旗幟，為球隊加油。這個鏡頭使我想起幼年時候日本時代，常常在九曲堂國民學校操場邊，看師生們的升旗典禮，全體師生都一齊向太陽旗鞠躬行禮一般。那些日本時代的向國旗敬禮照片，有些人看了會說：

「那是一群奴隸。」

如果有一天，臺灣的殖民者（國民黨）又換了別人，那麼今天那一群在球場外，大張青天白日大旗的愛國青年，豈不是又會被罵成「奴隸」了！臺灣四百年來不停的更換「殖民者」，使得臺灣人真不知如何定位。在中國最常說「殖民地」三字的人，首推孫中山。他曾經嘆息說：「中國是次於殖民地的殖民地。」筆者覺得臺灣更慘，可以說是「眾人輪流統治的殖民地」。而生活在這裡的人，只能一味的跟隨統治者，說他們愛說的話、罵他們愛罵的人、寫他們愛寫的事……。今天是七月五日，電視播放七七抗戰勝利七十年紀念活動，並有空軍操演實況，貴賓席上坐滿參觀官員。其中有半數人員是本省籍官員、本省籍記者。筆者覺得奇怪！難道他們都不知道臺灣人沒有抗日？臺灣人甚至是遠赴大陸和中國兵打戰的。既然沒有抗日，那來抗戰勝利？外省人抗戰勝利，怎麼硬叫臺灣人也跟著喊「抗戰勝利」？鳳山國泰路邊，矗立一大堡壘，碑上大書「抗戰勝利紀念碑」七大字。此碑已樹立多年，從來未聽市民有意見、完全沒聽過民意代表有意見、也未見有筆耕者提出疑惑。今天筆者用文字寫出來，也許是第一人吧！到底是市民怕死？議員們無知？還是文字工作者不敢寫真話？臺灣人真是令人疑惑的民族。筆者在不知答案之餘，只能再度感嘆一聲：「做為臺灣人真是可憐！」

筆者認識一名同年朋友曾老師，他是南部一位音樂教師。擅於作曲、彈鋼琴。在這兩項目中，得過無數國家獎項。他的父親在音樂的成就更是非凡，除了創作許多教科書上的歌曲之外，也譜了很多流行於現代的民謠，是一位有名音樂家，也是教育家，更是一名「愛國者」。因為他曾經在教科書中譜有一曲，名為「我們都是中國人」，得到教育廳獎勵。所以直到他退休、逝世，一直被政府認為是「愛國音樂家」。由於他在家鄉培育音樂人才不遺餘力，所以今天造就許多音樂教師，以及地方歌謠好手。至今滿州歌謠團隊，時時出國表演，都是他的功勞。所以當他幾年前百歲冥誕的時候，昔日學生們特地為他舉行紀念音樂會。並且出版他的百歲冥誕專集，極盡人生的光榮。其實許多人不知道，他人生中最光榮的時候，並非在此，而是在三十歲的日本時代。當時正逢日本對英、美宣戰。日本政府以天皇的名譽，邀請東京帝國大學文學博士矢野峰人作詞，並廣向全國音樂家徵曲。曲名訂為「大詔奉戴日之歌」，準備讓全體國民高唱，以提高士氣。由於曲子只錄取一首，所以競爭激烈，結果優勝由曾老師的父親南崎晃（曾辛得）獲取。當時曾先生剛畢業臺南師範不久，正在屏東車城國民學校任教。一位本島人，又是鄉下的教員得此殊榮，頓時轟動各界，當時的報紙都爭相報導。曾先生變成全日本有名音樂家，也是愛國的英雄人物。不料四年後，日本敗戰，日人離開臺灣。臺灣再度淪入中國殖民地。國民黨軍隊，進駐臺灣後，曾老師家遭受國軍搜查，幸好人員無事。與曾先生情況相似的是臺北江文也，江先生是臺北師範學校畢業，善於音樂作曲。終戰後被列為「漢奸」，遭受國民黨追捕。江先生在走投無路的狀況下，逃亡北京，得以保命。像這種被冠上「漢奸」名義的文藝界名人，不勝枚舉，如葉石濤、楊逵等都是。葉、楊兩位就沒有曾、江兩人的幸運了。他們兩人都被抓進牢中吃「無錢飯」。有一次筆者有幸聽葉老說話，他說：

「我在『光復』後，被國民黨抓去關五年，罪名是漢奸。因為我使用日文寫小說。」

葉老又說：

「我從小學習識字開始，日文就是我的國文。因為這樣就有罪，我自己也覺得莫名其妙，至今還是不能了解！」

筆者有一位同鄉前輩，日本時代姓「重松」，「光復」後姓鍾。他是國民政府的「愛國英雄」，因為他在金門砲戰時候，是首先開了一架螺旋槳戰機，擊落米格十五式敵機者。此後又駕駛F八十四軍刀式噴射機，擊落不少敵機，是國民黨空戰大英雄（有關他的事蹟，請閱拙作《鄉賢事蹟特寫》一書中的〈修行者〉）。他家住龍目里，和鄰里大樹里的黃士丁是同鄉，又是同校同學。黃比鍾年長三歲，兩人是前後輩關係，也同樣都是「空戰英雄」，又同樣都在故鄉效忠於當代「自己的國家」。然而令人啼笑皆非的是，兩人所效忠的母國，是兩個不同的世界。這兩個世界，所訂的「是非」答案，正好相反。處身在這樣的世界，也難怪臺灣人的定位，不知道該怎麼講才是。臺灣人就長久生活在這樣的不知如何才對環境中，因此養成了不能說真話的特性！

筆者走筆至今，是二〇一五年七月二十三日。電視機上報導李登輝赴日旅行。在旅館住宿中，日本首相安倍專程前往會面。有人詢問李登輝：

「你認為尖閣諸島（釣魚臺）是日本的領土，還是臺灣的領土？」李登輝說：

「那是日本的領土。」

另外一則新聞報導，是臺灣一群高中生，在教育部抗議教科書內容誤導，學生拒絕被「洗腦」，而要求改正。具體要求訂正的事項例如：

「臺灣光復應該改為接收臺灣、臺灣發生白色恐怖事件，應該坦白記載……。」

結果教育部利用警察將三十多名學生，以觸犯法律罪名逮捕。其實李登輝和那群高中生所說的話，都是真話。但是在殖民專制體系下的官員心中，就全部變成錯誤了。

林榮樹是內人的叔父，年輕時候正逢「日支」戰爭暴發。他和許多優秀本島少年一般，嚮往為國盡忠，投考海軍兵器學校，赴內地研習軍事，成為一名日本海軍。戰爭結束後，又繼續他的海軍之夢，進入國民政府青島海軍官校深造，後來以上校艦長退役。臺灣人幾乎都是這樣，當時的國家是哪一個，自己便認定是那一國人，並且效忠於那一國，自己是無法選擇的。

太平洋戰爭的末期，本島遭受美軍猛烈的轟炸。城市幾乎變成廢墟，百姓死傷慘重。高雄、鳳山居民紛紛疏散到大樹、旗山等山區避難。由於軍方預估美軍會從下淡水溪出口登陸，所以從林園經大樹、旗山的面溪山崖挖掘許多山洞，駐守伏兵。並且在山區遍紮野戰部隊，準備引美軍一路進入旗山一帶後，一舉殲滅之。當時筆者年方四、五歲，每天看見軍容整齊的軍隊，抬頭挺胸、高唱軍歌，從門前經過。這個時候，左鄰右舍村童，常常會不約而同站立路旁，舉起雙手，高聲大喊：「兵隊樣萬歲！」許多軍士會走向村童，伸手摸摸他們的頭，然後從口袋中取出牛肉乾，塞在村童手中。在鄉下，如果夜深時刻，婦女不敢走夜路回家，便會留滯原地，等待兵士經過時，向他們請求護送回家。所以日軍廣受大人、小孩的歡迎。

戰時的島內，在「全國精神總動員」的號召下，壯丁們有的志願，有的應徵入伍出征。凡村里間有人入伍，村內人便陪伴至火車站，向出征人壯行揮手送別。筆者走筆至此，特別要交代日軍中「慰安婦」至今一直延燒的議題：

本島人對慰安婦，俗稱「部隊的賺食查某」，相當於國民政府時代的「軍中樂園」裡的妓女。前幾年由於韓國和國內部分人士，經常譴責戰爭時期日方的「慰安婦」措施。其實國民政府時代的「軍中樂園」，更是聞名。凡是像筆者這般年紀，當過兵的人，都人人知道，甚至了解內容還分階詳細；有軍官專屬的，也有士兵光顧的兩種。當時的軍中「慰安婦」如此的聲名大噪，為什麼那一群抗議的人只知罵甲，不知罵乙，真是令人奇怪！

只笑別人無尾
不知自己沒皮

臺灣人不停的接受殖民式教育，不知要到何時才能解脫？

當戰爭結束後，各級學校，尤其是中學生，皆又被派往各地車站或碼頭，迎接中國國民黨軍隊。學生們大致在下船、下車處準備茶水，一杯杯的送給軍士。

「中國兵，足無禮貌，捧茶乎個，結果攏用搶的。而且攏不會說多謝。」××大嫂，當時是高女學生，她這樣說道。

「我們到高雄碼頭，迎接中國軍隊。結果看到許多軍士一下船，便一個個踞在地上放屎！」××當時是雄中學生，他如此說道。

過了不久，村中最大的鳳梨罐頭工廠，被軍隊佔用為軍營。有一天幾位軍士，攜帶工具挖掘家中園地裡的香蕉苗，打算帶回去美化營區。被祖母發現阻止以後，竟大聲咆哮，並趨向祖母，作勢要打人說道：

「這些香蕉是我們的。」

在同一地方，同樣駐紮軍隊。只是前、後軍隊的作風迥異。後來的軍隊，被村童看了，不再高呼萬歲；大人看了，人人走避；婦女們看到了，人人自求多福。尤其深夜如果閃避不及，那麼……，以下的遭遇，筆者不說了，讓讀者自求答案了！

大戰末期，下淡水溪鐵橋下，不時有軍隊進行涉水作戰演習。大批野戰部隊模擬對敵戰鬥，只是美軍並沒有在臺灣登陸，所以真戲沒有上演。可是如果我們翻開歷史，就可以發現這裡曾經是許多戰役的戰場。就依文獻有記錄的來說，首先是康熙年間朱一貴事件。當時的清國反攻大軍，便是從仁武烏材林進入大樹丘陵，一路燒殺，沿溪北上，越塔樓抵達旗山，再入內門的。再來就是乾隆年間，林爽文事件，南路莊大田和官方義民兵，在今義和里溪畔大戰。除了這兩次較具規模的戰爭以外，在嘉慶年間，也有不少次的戰鬥在溪中展開。據史料所記，每當戰爭進行，便是喊殺震天、風雲變色、河水泛紅、死屍遍野。等到戰爭結束，天地再度呈現晴朗翠綠，溪水復返清新潔白：

一片冰輪海上生，淡溪秋水寂無聲。
長懸碧落何曾異，每到秋期分外清。
淺渚惟聞寒蚓弔，疏林時有夜烏驚。
國傳龍伯知何處，便欲垂綸趁月明。

這首詩是清國建寧人朱仕玠所作〈淡溪秋月〉。另外有一位來自滿州，叫做覺羅四明的人，被這裡的景色所迷，而寫了如下詩句：

誰沐秋蟾瀲灩生，海邊群動息喧聲。
遠停林薄冰壺潔，近浸寰瀛藻鏡清。
鯨眩鉤沉爭欲避，鵲逢輪度共為驚。
舟人若問桃源路，夜半緣溪千里明。

近代風行出國旅遊，各地名勝都以它們特色吸引遊客。在眾多名勝中，最引筆者興趣的是大陸的寒山寺。它論規模並不壯觀、論景色也不驚人。可是它偏偏天天訪客如過江之鯽，道理何在？只因為它有張繼這位詩人的〈楓橋夜泊〉七絕而已。

幾年前，曾經被大樹嶺口的信誼高爾夫球場景色所迷。此地段是古代蘭坡嶺庄所在地。因數度到樓上餐館用餐，兼欣賞山下之下淡水溪美景。也曾經覺得該飯館徒具高雅，卻生意蕭條而向服務生提出建言：

「請你們老闆找一位書法家，寫一首朱仕玠或覺羅四明的〈淡溪秋月〉詩，要不然卓肇昌的〈蘭坡嶺曉發〉也好，把它們懸掛在牆壁，保證此後生意興隆。」

結果不知是服務生，沒聽進這番好言，還是老闆不懂「文學給人生的力量」，所以一直不見詩句的出現，當然餐館依舊是門可羅雀。

筆者曾經在二十多年前，去了一趟沖繩之旅。行前聽過許多同事的話，他們大致勸告：

「不要去！那裡一點也不好玩。」

結果筆者去了，回來後還在《臺灣時報》寫了一篇〈沖繩之旅〉，以讚美那趟旅行的收穫。文中有如下重點：

一、琉球於大明帝國時代，因互相交流而輸入「漢學」等文化。筆者發現，當時的漢語是河洛語（臺語）。這一點由陳列在紀念館中的船隻獲得證明。因為船後都寫著四個河洛語發音的大字「順風相送」。

二、國中國文教科書中，有一篇課文，題目是〈兒時記趣〉。作者沈復留有著作一冊，名叫《浮生六記》。書中有一篇章，專門記述他隨船代表政府赴琉球交流，將在琉球所見人文、風俗、生活、物產等記錄的報導。

琉球之旅給筆者留下深刻印象，很多人的出國旅行，偏重在吃、喝、玩、樂。如果少了一份「知性」，就算花了再多的錢，也是會索然無味的。

寒山寺這個外表不怎麼起眼的古寺，會吸引遊客，證明不論各階層的人，在他們的體內都潛留著一股親近文學的本性，要不然它吸引遊客的道理該如何解釋？

下淡水溪從古至今，被文人墨客留下不少的美好詩句。可惜時至今日，大家只偏重追求財、利，卻又不懂古人曾經為我們留下寶貴的文化遺產，也不知善加利用它，那是何等愚笨！正是：

唯聞異地風光好
不見故鄉月亮圓

第十章

成立高雄州教育新生會
保留本島人讀書好地方

昭和二十年八月十五日，天皇陛下玉音放送，戰爭宣告結束。高雄州教育高階舉行會議，會中決議州內各級學校，如桌椅等設備，逕行發放給當地民眾。理由是：

「中國政府的教學都在廟堂進行，他們不會使用現代化學校設備，留給他們也沒有用。」

羅安心覺得如此一來，臺灣人子弟就不能再受教育了。因此立即奔走州內各地學校，召集本島籍教員，召開「高雄州教育新生會」。會中主要人員有大樹羅安心、屏東林彰、蔡清水、萬丹李志傳、東港何只經、蘇望。會中有兩項主要決議：

一、州內各校指定由本島籍教員取代內地籍原校長，並維護校內各項設備，不得發放民間。

二、原內地籍校長改任教員，並將課程中「國語」科，由日語改為臺語。

日本時代的教師都穿著文官制服。夏天純白色，冬天則是純黑色。教師如果是畢業於師範學校的演習科（修業五年）或者講習科（修業三年），便賜佩刀一把、及金色肩章一對。這些配件都會在重要日子（例如節慶日）出現，使人一見更覺得威嚴可敬。本相片中人是執教於九曲堂公學校的羅安心先生，攝於昭和十五年，當時三十五歲。臺灣光復後高雄州（含今高屏縣市）第一任各中小學校長，就是全部都由羅先生所選派。照片提供：羅景川。▶

參加教育新生會議的人員，大家在九曲堂羅安心家中，一間十二片榻榻米的房間進行。他們圍坐在一張矮桌，嚴肅並迅速的提點各校新校長，最後再由主席羅安心做最後的決定。

當新校長人選確定以後，新生會又以最快速度通知各地，並決定新舊任校長的交接事宜。這是一項州內教育界很大的轉變，尤其更是原校長們，都很難接受的事實。所以交接中發生了不少意外的插曲。例如：

「太田君！從今天開始，我是校長。依新生會的決定，你從今天開始，要變成小使（工友），每天煮茶水給大家喝！」被新生會指派為九曲堂國民學校新校長的周紀茂，在交接當天的朝會中，向全體教員宣布說道。

當天晚上，羅安心家中來了兩名武裝憲兵：

◀昭和天皇宣布終戰之後，羅安心立即奔走高雄州，聯絡本島資深教師李志傳、何只經、蘇望、林彰、蔡清水……創組「高雄州教育新生會」，制定、派選各校新校長等事項。有些被選派的臺灣人校長，由於害怕日警威勢而不敢接任，例如鳳山、大東、曹公等三校便是。因此羅安心只好一人同時接收這三所學校，同時擔任戰後三校校長。首任縣長謝東閔上任，又任命他兼任鳳山初中（現在省鳳高中）校長，因此羅安心便同時擔任這四所學校校長，每天奔波到這四校上班，傳為趣聞。早期的九曲堂公學校大門。坐者是大川校長，站立者是羅安心先生。
照片提供：羅景川。

「聽說你命令周紀茂接掌學校，並叫太田校長煮茶水，有這回事嗎？」

「周紀茂當新校長，是我主持的新生會決定的。可是並沒有叫原校長煮茶水，而是要原來當校長的內地人，改當教員。」羅安心說道。

「再過兩個月，如果日本沒有真的『投降』，我要殺掉你！」憲兵中，一人說道。

「何必再等兩個月，你現在腰間就有槍，可以立即殺掉我！」羅安心說道。

高雄州教育新生會，指派的臺籍校長，有的人不敢接任。例如鳳山大東國民學校、鳳山國民學校（原鳳山小學校，今曹公國小）就是。所以這兩所學校，就由新生會會長羅安心一人接任。羅安心原本就是接任鳳山西國民學校（今鳳山國小）的校長，加上大東、

▲ 高雄州教育新生會的委員們就是在這張矮桌指定終戰後首任各級校長。
照片提供：羅景川。

鳳山，就成了三個學校的校長。這是因為沒人敢接，不得已之下所做的決定。

由於鳳山國民學校學童中，百分之九十是內地人（日本人），所以羅安心接掌期間特別費心經營。例如每天親自督導教師教授學生臺語（國語課）、親自彈風琴教學生唱中華民國國歌、升降旗典禮。於是校園中時時傳來：

「人有二手，一手五指，兩手十指。指有節，能曲直……。」的臺語朗讀聲。同時天天傳來：

「三民主義，吾黨所宗…。」的朝會升旗典禮歌聲，更是令聽者驚奇！

大約戰後第十五年，羅安心家中

突然有一名日本議員，因應政府邀請來臺從事交流，順便造訪：

「校長！我是你的學生福岡。」那位日本議員一進門，就很有禮貌的鞠躬說道。

「唉！你能夠再說詳細一點嗎？」羅安心帶著疑惑口氣說道。

「我是鳳山國民學校的學生，在學期間遇到戰爭結束，是先生接掌了學校，並且親自彈琴教導我們唱國歌的。」福岡接著便唱出了一段：

「三民主義，吾黨……。」

「啊！我知道了！」羅安心猛然大悟，開心的笑了。

鳳山市公所，在×××當市長期間，編了《鳳山市誌》。書中記載：

「光復後，第一任鳳山西國民學校校長羅安心。第一任大東國民學校校長黃萬福。曹公國小因為受盟軍轟炸，故而停校不上課……。」

×市長雖然自認愛臺灣，但是還是不敢說真話，而跟隨中央政府說「政治歷史」。至今在臺灣依然瀰漫「不說真話」的風氣於各角落，不禁又再令人噓唏！

國民黨政府，不但不把新生會派任的校長當做校長，連日治時代的校長都不承認的。至今為止，凡是各校校史的記錄，都不把日治時的校長算進去的。至於曹公國小的校舍，並未遭盟軍轟炸，何來停校？戰後羅安心立即接掌該校，並帶領全校內地籍師生上臺語課、升旗典禮高唱「三民主義」國歌。因羅安心是新生會派任的校長，不是國民黨所指派，所以歷史便不記載，連號稱「一切為臺灣」的×××首長，也只是跟著國民黨不說真話，真是令人嘆息！其實國民黨政府，不只不承認別人主政的事情，連自己黨內決定的事，也分「蔣派」和「非蔣派」。例如中華民國總統，只認定蔣介石以後的。之前的袁世凱、黎元洪、曹錕……都不算，所以每次選舉總統的屆數計算，如「第×任總統就職典禮」，總是會少計前面那幾位。唉！臺灣人讀歷史，真是政治氣味十足！

筆者走筆至此，正值民國一〇四年八月十五日，是日本昭和天皇「玉音放送」，滿七〇周年宣布停戰的日子。安倍總理大臣在電視機前，發表終戰感言。臺灣各電視臺，也有幾家約聘專家做深入性的評論。這些專家有人說：

「日本發動戰爭，主要是為了打擊西方強權，替日本人及亞洲人爭取尊嚴，並謀求東亞共榮。」

此言一出，未料某女主持人表情異常驚訝。其實這句話，在過去有很多人都知道的。只是現代的年輕臺灣人並不知曉，因為他們所受教育，都是另外的一種思想的灌輸。筆者經常以一則故事來考問朋友：

「你覺得日俄戰爭，日本得勝，最高興的人是誰？」

「是日本人。」眾多答案都是這樣。

「你認為呢?」有時候朋友會反問。

「我覺得日本人當然都高興,但是都不會勝過中國的孫文先生。」

「為什麼?」大部分人聽後都會懷疑的反問。

「因為當時孫文為了逃避清廷追捕,而避難英國倫敦。當天他得到日本打敗俄國消息後,立即發狂式的滿街奔跑,並大聲喊叫:『日本打敗了露西亞(俄國)!亞洲人打敗了歐洲人!』」

孫文和很多日本人一樣,他們都深感西方人對東方人過度欺壓,並長期的歧視黃種人,讓黃種人受盡痛苦。當人長久受壓制,常常會產生可怕的暴動力量的。

戰後在亞洲各地,更為普遍的產生一股崇洋熱,西方文明形成人人學習的目標。其實戰後臺灣人禍害的根源,首推美國。因為是它再度把臺灣人送入另一個殖民者手中的。

臺灣在清國時代,農民生活貧困,沒飯吃而餓死者時有所聞。至日本時代,由於政府積極發展農業、各種食品加工,如製糖廠、鳳梨罐頭工廠等等紛紛設立。農民生產品得到銷售保障,所以生活改善。日本政府對於發展經濟的魄力,在臺灣可以說是空前的。它能夠在耕作面積,遠小於印尼、菲律賓、古巴⋯⋯的狀況下,而糖產量竟然曾經達到世界第一的境界，令西方世界驚訝不已。昭和十年，臺北舉辦博覽會時，中國前來參觀的代表團領隊，福建省主席陳儀曾寫下報告說：

「一樣都說閩南語的人，為什麼臺灣人生活那麼好！他們的進步，至少比中國快了二十年。」

臺北博覽會召開的時間，臺灣已經脫離中國四十年。在四十年間，就使臺灣進步中國二十年。難怪當時的臺灣已被西方國家評定屬於「開發地區」。當時臺灣人受教育人口的比率已達八十五％，而中國才十五％而已。臺灣鐵路的密度，在當時是世界最高的（包括小火車）。陳儀參觀團一行，在臺灣停留期間，特別到處觀摩產業建設。據鄉賢鄭坤五說：

「有一天我乘坐縱貫線火車南下，正好和陳儀考查團員同車。到了臺南附近，突然身後那一群中國人，有一人大聲說：『快一點記下來！他們已經進步到了利用海水製造糖的地步了！』我起身向後看，原來是陳儀看到車窗外，鹽水糖廠的大煙囪，高高矗立，上面寫著『鹽水製糖廠』五個大字。」

事實上筆者對於日本人，那種不願服輸於西方白人的自強態度，頗具認同的。因為中國人、臺灣人、日本人都同樣遭西方殖民者欺凌。英國邱吉爾還公開說：

「東方人是天生奴隸。」

日本的強盛崛起，特別是打敗當時歐洲的霸主俄羅斯，對於改變白人給黃種人的歧視觀念，具有特別意義所在。至今白人對東方人的歧視觀念，依舊是存在的。戰後的世界，雖然主導者還是白人，但是日本的戰後復興，特別是工業產品的優質，普受世界先進國的喜愛，也無異給黃種人很大的榮耀。每當在世界各地，看到工業製品的包裝外，書寫著漢字日語，一股尊嚴便油然產生。

在日本時代，臺灣人出國，拿的是日本護照。由於在當時，日本是世界強國，日本人也很有紀律，所以頗受世人尊重，當時臺灣人出國是不被外人怠慢的，這一點和目前的狀況迥然不同。日本時代的臺灣和現在的臺灣，不同的地方太多了，無法一一述說。筆者覺得最大的不同點，是公務人員的負責任態度。就以九曲堂國民學校岡村事件為例：調查事件真相的視學官（督學），是以「自己督導不周，引咎辭職」的，這種現象，至今在日本的社會，依舊存在，這一點在我們現在的社會是絕對沒有的。十幾年前，筆者赴日本旅遊的時候，同團的年輕團員，於發現日人的居家，都沒有安裝鐵窗時，訝異的說道：

「怎麼他們的窗戶都不裝鐵窗？」

「臺灣在日本時代，也是一樣不裝鐵窗的。」筆者回答。

「難道沒有小偷進屋偷東西？」年輕團員疑惑的問。

「沒有。說起來可能你會不相信，大戰時期，美機猛烈轟炸臺灣的時候，我們全村的人都集體到一處大防空洞躲避。有一次，當大家都進入防空洞中，工作人員進行關閉大門時，突有一婦女慌張說道：『且慢關門！我的金子掉落半路，我要出去找。』這時候，防空洞內的人都異口同聲說：『不要出去，金子不會被人拿走的。』等到解除警報響後，那位婦女再回原路，果然金子整包留在落地處，沒有被人取走。日本時代，臺灣沒有小偷，也幾乎是『路不拾遺』的。所以臺灣在戰後十年內，國民政府的報紙，有六個字，是經常可以發現的。那六個字就是『臺灣治安良好』。這幾個字，在當時的臺灣人聽起來，都會覺得很奇怪。因為在他們心中，治安本來就該這樣的，何必經常提及。後來大家才慢慢了解，原來中國大陸，並不像臺灣一般安靜，所以反而使遠來的統治者覺得奇怪了！由於兩岸的文化差異，以致產生許多不同現象太多了。例如日本時代，凡機關、居民住家的圍牆都是低矮及膝而已，但是戰後都加高超越人頭了。作家的作品上寫著：『奇怪！臺灣人乘車、買物品都會排隊；臺灣的旅社怎麼沒有臭蟲？旅社服務生迎接客人或送客時，怎麼會跪在榻榻米上行禮？』」

筆者像是上課一般，向年輕團員說了一大串過去的臺灣現象。年輕團員覺得新奇又興奮，大概在他們心中覺得，這些是自己故鄉美好的表現吧！昨天八月十五日，是日本宣布終戰七十周年的日子。電視上播報安倍首相，以跪姿向祖先神位報告感言。臺灣的新聞記者隨即報導：

「日本安倍首相下跪懺悔，向世人道歉。」

四年前東日本三一一大地震，美國政府派專機將留滯東京的僑民，送到臺灣避難。臺灣的立法委員，有人在會中質詢外交部長：

「你為什麼不顧留學生的死活，都不派出撤僑專機？」

「現在東京非常安全，因為天皇都沒有逃離東京。證明並沒有核電廠的輻射線傳到那裡，所以學生在東京絕對安全。」外交部長回答道。

另外一則報導是：

「日本天皇夫婦，前往大地震避難所向災民下跪。」

其實跪姿是日本傳統習俗，也是一種常見禮節，並不像在中國，是陪罪的表現。許多新聞記者和作家，不了解人家的文化，而以自己的角度去衡量，實在令人笑話。更可惜的是，身為一國外交部長，竟然不了解別人的民族性。日本人，凡是當首領的，在發生危難時，是不會脫離民眾，先行逃難的。日本的軍官和公務員，也不會因敗戰後而逃往外國。外交部長以中國八國聯軍攻打北京時，慈禧太后慌忙逃亡，比喻日本天皇也會那樣，這種部長說出這樣無知的話，更加令人爆笑！蔣介石時代的「第一夫人」和許多將官，由於國共戰爭敗戰，年邁以後逃避國外，偶而回臺灣時，很多官員還會列隊在機場迎接；許多「歷史專家」，為了撰寫口述歷史，還會專程遠赴國外，採訪那些將領們的「戰績」。現代的臺灣人，已經和外省人一樣，並不覺得那是羞恥的行為了。

「臺灣光復」，帶給臺灣人的是空前的浩劫。不但地主土地被沒收（耕者有其田政策），無辜民眾被殺達八萬人（二二八事件及白色恐怖），政府並為了「反攻大陸」，實施近四十年的戒嚴，百姓苦不堪言。但是在過去那一段頗長的時間內，每到「臺灣光復」紀念日時刻，報紙便會爭相報導如下的言論：

「臺灣在日據時代，人民生活如何痛苦！吃的是蕃薯簽，住的是……。」

很多臺灣人也坦白的說：「小百姓真的是吃蕃薯簽混和白米煮著吃。」但是他們明知統治者（國民黨）是拿現在的生活和以前比較的，只因為這些臺灣人，都怕他們，所以都順著他們的意思說話。試想這樣的比較法對嗎？要比應該是以同一時間，兩岸的生活相比才對的。就像福建省主席陳儀所說的「臺灣和福建相比方式」。臺灣小百姓吃蕃薯簽的時候，是在大戰末期的事情，那時候戰爭到了非常時期，政府實施配給制度，白米不夠吃，所以很多家庭才要混著地瓜一道煮。在那時代，臺灣有一名民族作家，名叫吳濁流，他由教師改行當報社記者，遠赴大陸採訪。那時候是中國抗日戰爭時期，本來他是懷著一股羨慕的心情去的。不料他一進入大陸，卻發現乞丐眾多，有時多到幾乎無法移動腳步。因為只要他一走動，乞討者便會又包圍著他要錢。當他夜宿南京旅館時，每晨從窗口都會看到街上有一臺臺的人力貨車經過。車上有帆布蓋著貨物，帆布的末端會露出許多人腳。他訝異的詢問旅館人員：

「那些人力車載的是什麼貨？」

「那是夜間露宿街頭，餓死的死人。」旅館人員說。

吳濁流受不了所謂心目中的「祖國」是這幅模樣，因此又趕快返回臺灣吃蕃薯簽了。

臺灣人雖然有段時間，不少人吃蕃薯簽，但是畢竟人人吃得飽，沒有人餓死。反觀當時的中國，餓死的人天天以貨車運送，令官方忙得不可開交。但是又為什麼國民黨籍官員都喜歡講這些話？那是因為許多本省人，被統治得太害怕了，所以都拿統治者喜歡聽的話來說，以求自身平安。換句話說，這也是臺灣人不說真話的具體表現之一。

鄉賢黃士丁戰後，從來不提當年是特攻隊飛行士的事，才得以一路上當了鄉長、縣議會副議長、立法委員。在立法委員任期中，有一次電視記者曾經訪問他：

「你覺得臺灣人在日本時代，和國民政府時代，那段時間比較好？」

「當然是國民政府時代比較好。」黃士丁答道。

其實黃士丁至死，還是懷念日本時代。因為筆者常常聽到他和家兄華雲大哥兩人的對話，在他話中時時痛罵對國民黨欺壓臺民的不滿，可見他在電視上說的不是真話。

幾年前，臺灣名人辜振甫過世，電視上看到一幕訪談。那是辜家八公子辜寬敏受訪的節目，辜寬敏說：

「四哥振甫過世前幾天，我特地前往探視。四哥以沉重的語調向我說：『老八的，你行的路足對！』」

大家都知道，辜振甫和辜寬敏兩人本來都是反國民黨的，兩人也都遭國民黨追捕。辜寬敏逃亡日本，得以倖免，至今一直不改反國民黨初衷。辜振甫避難屏東縣泰山鄉辜家鳳梨農場，被本鄉（大樹鄉）當時擔任警察的吳××捕捉。後來他在獄中得知當時官員的習性，將他手中大稻埕的所有店面變賣，贖回了自身，進而大大改變他的作風。例如勤學北京話、唱京劇、娶中國老婆、以臺灣第一大地主的身分，率先響應耕者有其田政策……。儼然一個十足的國民黨擁護者。誰知在他臨死前竟然說了那句話，以表明他一直做了違背良心的事，而羨慕四弟的堅持。真是古人說得好：「人之將死，其言也善。」正是：

島民不說真言求自保
政府貫揚假事買人心

第十一章

捌壹伍後險丟生命
貳二八中幾陷殺身

羅安心在昭和二十年八月十五日，天皇宣佈放棄戰爭，接受開羅宣言以後，由於籌組「高雄州教育新生會」，將原本各級學校「內地」籍校長撤職，改由本島籍教員接任，以致引來憲兵上門，差點遭受槍殺之禍。在「大難不死」之餘，非但沒有減低他的銳氣，反而鬥志高昂，每天往返三所學校，主導校務進展。不久國民政府，行政官吏和軍隊進駐島內，首任高雄縣長由謝東閔接掌高雄縣。謝東閔是彰化二水人，日治末期前往中國，在國民黨政府中謀職。由於高雄縣對他來說是「人生地不熟」，所以甫上任，便急於廣結地方關係。羅安心在教育界頗具影響力，所以成為他的入幕之賓。

國民政府接收臺灣以後，在行政上，首先是廢除州名改稱縣。不久再將縣轄地域縮小添增縣、市。例如高雄縣原本轄區包括高雄市、屏東縣、高雄縣。改制後便成為高雄市、屏東縣、高雄縣。高雄縣的縣治在鳳山，因為沒有辦公廳舍，所以縣長便找羅校長商量：

「羅的啊！請你委屈一下，鳳山西國民學校借我做縣政府辦公處，你想安怎？」

羅安心為了配合縣政府，所以將鳳山西國民學校的師生遷到大東國校上課。兩所學校雖然一起教學上課，但是由於校長是同一人，所以校務還算正常運作。大約過了一年，從福建過來了一名曾經當過兩縣督學的陳回生。

「羅的啊！我看大東還是鳳山西兩間之中，一間乎陳回生做校長，你想安怎？」有一天福建籍的教育科長，替陳回生提出請求。

羅安心把鳳山西國校校長的職位讓給了陳回生。這時候謝東閔縣長，準備將鳳山園藝學校（今鳳山高中前身）改制成初級中學，所以又請羅安心接掌該校。因此「高雄縣立鳳山初級中學」在羅校長主導下，正式更新成立。經過一學期的教學以後，羅安心以學校已經步向軌道，自己志在國民教育為由，辭去鳳山初級中學職務。

當陳回生接交鳳山國校校長那一天，羅安心親自陪學校人員點交學校財產設備給新校長。由於物件太多、繁雜，所以在移交人員逐項唱名物件時顯得無精打采、意興闌珊。但是當他聽到「金錘十支」之後，突然精神百倍說道：

「金錘在那裡？」

工作人員立即把十支鐵錘數給陳校長看，陳校長看了以後，立刻又恢復本來神態了。

原來日本有許多東西的名詞和中國不同。他們說「金鍾」就是「金屬品做成的錘子」。秦始皇統一六國以後，有一項措施：「沒收民間兵器，鑄成金人十二。」有些不懂古語的學生，誤把「金人」當成金子做的人，變成了笑話。

新的鳳山國校校長上任以後，使得原本平靜的大東校園波瀾起伏不定了。首先是本來兩校一起舉行升旗典禮的現象，變成同一操場，有兩名校長各自主持升旗典禮。又因為兩名校長中，一個是接受日式教育養成的，另一個是道地中國式的教育家。他們在思想、作風……許多地方的表現都不同，偏偏兩者都近距離擠在一起辦事，同時又天天見面，因此摩擦糾紛不斷。首先是校長間的角力之爭：

陳校長通常會以「統治者的姿態」來表現給羅校長看。在這一點上，羅校長是不以為意的。因為他覺得陳校長擺出「中國在抗戰中打贏日本，那是騙人的」。在中國戰區，其實中國是打敗的。只因為美國打贏了日本，所以使中國也撿到便宜，變成戰勝國而已，那裡算什麼「抗戰勝利」？但是對方卻偏偏要給自己擺出這一種驕傲的神態，總也是無可奈何。

羅安心在日本時代，擔任十六年的教員。對於日本人給臺灣人的驕傲態度，最是無法忍受，所以和日本教員間，發生不少紛爭，如岡村事件等等。當日本人離開臺灣以後，他原以為從此在臺灣的校園中，可以過著太平的日子了。不料新的鬥爭卻接踵而至。在他心中一直相信「生存競爭」的定律，永遠無法停息。他受欺壓後，報復之心再度燃起。他打算先以個人實力，向對方挑起戰端。因此他讓每天升旗典禮時，彈奏風琴伴奏的音樂老師休息，改由自己擔任伴奏。這一步棋果然生效，校園中立即傳言：

「我們大東的校長會彈風琴，你們鳳山的校長不會。」

這一傳言，如一場風吹野火，越燒越旺，使得鳳山國校師生抬不起頭，陳校長更是心中難平。說真話，這一點不能說陳校長才藝不如人，其實是他生長的國度一直處在亂世，沒有良好的教育設施所造成。筆者民國四十九年，曾經在大樹國校任教一年。有一天見到大陸籍同事計老師向本省籍楊老師拜託說：

「楊老師！我班的音樂課，請你幫我上。我來替你上貴班的體育課好嗎？」

筆者聽後覺得奇怪，所以問道：

「計老師！你不是師範學校畢業的嗎？怎麼不想教音樂呢？」

「唉呀！小老弟啊！我們大陸的師範學校，那有風琴可學？在我們鄰近只有一所師校比較有名，因為他們的音樂老師有一把口琴可吹奏！」

中國的長期內戰，使得學校教育異常落後。當時大陸文盲達百分之八十五。這種狀況正好和臺灣相反，臺灣受國民教育人口比率正是這一數據。戰後國民政府在上海舉辦一次全國運動大會，臺灣省得了冠軍總錦標。特別一提的是棒球冠亞軍賽，臺灣隊以二十比〇大勝天津隊，並且是提前結束的。由於運動選手都來自學校，臺灣的教育發達，所以大陸的選手才會遠遜臺灣許多。

校長的角力，雖然使鳳山國校略顯失色。但是在一般家長心目中，鳳山國校還是居於「中心學校」的。因為鳳山國校的校區，原本在市中心，家長們大部分是從商（開店），而大東位處偏區，家長們多數務農，生活較窮。羅安心自從當上教員以後，便特別重視畢業生的升學。擔任校長以後，更覺得如果一個學校的畢業生，升學率不高，那麼該校的校長，便是無能的校長。眼前自己掌理的學校，確實自從建校以來，在升學率上一直都是輸給鳳山國校的。如果繼續輸給人家，自己在別人面前依舊無權神氣起來的。然而想使大東的升學率追過鳳山，確實不是一件簡單的事。窮家長們對子弟們的教育要求和重視程度，本來就遠輸給富裕家庭。他苦思力想，覺得如果要找出勝過別人的方法，唯有「加強教員鬥志」一途了。然而想要叫老師們努力教學，以期升學率勝過別人，並不是靠校長空口喊話就行得通的。這時候他記起了一句鄉土名言「做頭損角」的道理。唯有帶頭者願意犧牲自己，後面的人才會一起盡力奮鬥，才能夠達到眾志成城的境界。

在國民政府接收臺灣的前幾年，行政不上軌道，教員的薪水常常被長時間積欠，使得原本生活貧困的教員，日子過得更苦。當一個人不吃飯的時候，要叫他賣力工作，那是絕對不可能的。羅安心繼承了父親羅福亮的田產五甲地，地上大部分播種稻米，一年計兩次收穫。他把稻米出售以後，用以按月發放教員的薪水。這一措施使得大東國校的老師們高興異常，簡直就把校長當做救世主了。教師們每次領到薪水的時候，便會向同在一處上課的鳳山國校老師們說：

「我們大東都領到薪水了！」

大東的老師們，每天都興高采烈的教書。相反的鳳山的老師們，都是人人意志消沉的上課。這時候羅安心認為是他下第二步棋子的時候了。

「各位老師！我相信大東的升學率，只要我們拿出教學熱忱，努力向前，一定可以超越他們……。」羅安心召集全校老師，做了精神講話。

大東國校的老師們，人人認真的授課，羅校長不時的巡堂。有空的時候，便親自拿起工具，整理校園花木。凡是一般人可以勝任的工作，都不花錢雇用外面工人。所以常常可以看到他揮舞鋤頭，挖取老朽樹頭的景象。

「有心打石，石成穿。大東國校的升學率，在那一年就打破了記錄，遠遠勝過鳳山國校了。」羅安心在六十歲生日宴時，向子孫們述說著往事。

大東國校的升學率，自從越過鳳山國校以後，變成了高雄縣的「明星」學校。羅安心當然心中高興，因為一向認為農民唯一改變後代命運的方法，就是在於「把書讀好」。現在自己終於稍微在這方面盡了力，也稍微可以不愧對家長了。但是只在這方面有了成績，並不能使他徹底滿足。因為在自己心中，還有一項工作尚未進行，那就是「少年野球」的訓練。他在學校組織了一支野球（棒球）隊，由自己擔任教練，每天利用放學的時間在操場練習。就像當年在故鄉九曲堂公學校一樣，很快的訓練了一隊棒球好手，在縣內的學校中揚名起來了。

「我在大東的野球隊是捕手，有一次比賽中，我的下部被彈跳的球打中，痛得倒縮在地上哀叫。羅校長趕快把我抱起，叫我配合他的動作，不斷往地面跳動。奇怪得很，馬上就恢復平靜了。」民國四十二年，羅安心的三男景雄就讀屏東明正初中時，同學陳俊行向他說道。

景雄聽了陳俊行的述說，他心中知道其實那種症狀是鄉下孩子玩耍時，經常會發生的事。羅校長少年時代拜師學過武術，也懂得許多意外跌打損傷的急救方法。像陳俊行的狀況，俗話叫做「糾腱」。就是男子陰部被外力擊中，引起的症狀。它的處理方法，就是人體不停在地面跳動，如此便可減緩痛苦。今天中國大陸的體育運動揚名國際，他們早已洗刷「東亞病夫」的惡名。他們會善用中醫的療法，以便維護、治療運動員的「運動傷害」。這是西方世界沒有的秘方。其實這些秘方，以前的臺灣是經常被加以善用的，只是現代人都不屑一顧了。

民國三十六年二月二十八日，臺北大稻埕街上，一棟房屋的騎樓下，有一名販賣香菸的婦女林江邁，因為遭一名取締販賣走私香菸的警察沒收所賣香菸，林江邁只同意被沒收走私菸，要求歸還公賣局出品的合法香菸被拒，發生爭執。林江邁不願全部香菸被取走，因此雙手抱住警察的腿。這一舉動引來許多路人圍觀，就在混亂中，警察拔槍，用槍托擊打婦女的頭。有一圍觀者見狀，高喊：

「警察打人喔！」

群眾隨即大喊：

「大家打乎落去！」

就在這時，警察開槍打死了一名圍觀者，警察事後奔逃，群眾追逐。殺人者逃逸以後，引發群眾包圍行政長官陳儀的公館，最後爆發了全島民眾的抗暴事件，史稱二二八事件。在這次事件中，國民黨從大陸調動大批部隊，從北到南一路濫殺無辜，造成屍橫遍野，慘不忍睹。

「我們從高雄工業學校放學，路經後車站稻田，準備入火車站，乘車回九曲堂。不料早有一群中國兵埋伏在月臺，他們見我們一群穿著校服的學生，便開槍射擊。我連忙連鞋跳進深溝中掩避。那一天是我生平第一次穿著皮鞋，弄得心愛的皮鞋都報廢了。事後大家都覺得奇怪：『中國兵仔怎麼看到人就隨便開槍？』」羅安心的次子文雄，二二八事件時就讀高雄工業學校航空科。事件經過多年後，向三弟景雄述說這件往事。

當賣菸婦女林江邁和警察發生爭執，造成騷動的時刻，該騎樓上正好有一名新生報記者，名叫周青的年輕人。他聞聲下樓觀看，然後以最快的新聞發佈了這件消息。由於這件事實真相，對統治者極為不利。因此周青立刻遭受通緝追捕。周青在走投無路之下，逃亡海外。民國九十年景雄的妻子前往大陸，探訪日本時代滯留北京的親戚時，和幾位原籍臺灣的人士聚會，周青向她說：

「我是二二八事件，第一個在報紙上登載消息的人，為了逃命才不得已離開故鄉的。在座的這些人，也都是和我相同命運，逃難到這裡的。」

景雄的大姊，有一天向他說：

「我就讀屏東女中時，同班一位女同學名叫李淑×。她有一位叔父，在下淡水溪種植西瓜，收穫後將西瓜載到跨越兩岸的橋頭販賣。有一天一隊國軍從西岸行軍到達東岸，這時她的叔父便向軍人叫賣：

『來喔！吃西瓜啦，好吃包甜的西瓜！』

那隊軍人一擁而上，大吃起西瓜來了。但是他們吃完西瓜要離去前，並沒有付錢，所以她的叔父便說道：

『你們還沒有付錢！』

『要錢嗎？這個子彈給你吧！』有一名軍人拔槍，一面說著把她的叔父槍斃了。」

「有一天我從大東國校下班，往火車站方面行走，準備乘火車回家，這是每天固定的行程。當行走間，突然聽到警笛大響，待行經友人蕭某家門口時，只見蕭友人從屋內衝出，一手把我用力拖入屋內。蕭友人口中說：『這次是要抓你的。』我依照他的指示，躲入大櫃子中。中國兵仔進入屋內搜查，也用刺刀從櫃子上面的投幣孔穿入刺探。還好我的身體瘦瘦的，沒有被刀子碰到，不然就被捕了。」羅安心某一天向家人說。

「為什麼警車抓不到人以後，不再認真通緝？」景雄不解的問道。

「因為被抓的人，大部分都沒有真正罪名，他們所要抓的人，常常都是『隨興』要抓的。」

「就算隨興要抓人，也總會有個原因呀！」景雄依然不解的問。

「你問得好！我覺得原因有兩點。一點是我參加國民黨縣黨部會議時，曾經批評國軍紀律不好，到處欺壓百姓，要求黨部下令改善。另一點是我在大東的表現，激怒了鳳山國校陳校長，也許他向上級說了壞話。又因為在二二八事件後，政府大舉捕捉『多說話』的人。有這兩點合併，我才變成被抓的對象。」

總合民間對事件後，死難者人數的統計，大部分都死於軍隊所經之地，遭受濫殺的百姓。其次是經由臺籍「半山仔」，如×某人等所提出人名單中而捕殺者。這些所謂的「臺灣五百精英」中，幾乎都是從未參與政治活動的，然而他們又為何會被補殺？有智者分析，那是因為他們太受民間崇敬，具有號召能力，可能將被上級重用，搶走自己機會，所以才會遭受自己同胞陷害。然而新來的統治者，也太令臺灣人覺得奇妙了！「為什麼只憑幾個人的提供名單，就任意捕殺？」更奇妙的是政府官員原本指定要抓某甲，卻不只到某甲的家中抓他一人而已。根據吳濁流《臺灣連翹》一書說：「當緝捕人員到了某甲家中，把人抓起來以後，還會看看被捕人家中的懸掛相片，凡和被捕人合照的人，也會再前往逮捕、也會搜查屋內書信，凡是有信件往來的人，都被列入『同黨』，也要追捕。」因此傳說中的「臺灣五百精英」被殺，其實經過他們像這般「抽根扭藤」，就不只五百的數目了。

二二八事件後，政府一直禁止提及。因此年輕一代很少人知道臺灣曾經發生過這樣的大事。直到四十五年後，李登輝當選總統，才由他代表政府向死難者家族「公開道歉」。也從此打開了「禁口令」，開放學術界和民間公開議論了。

直到今天為止，政府依舊沒有公佈二二八事件被殺人數。部分地方政府和民間團體所公佈的人數不一。有的說四萬、有的說一萬、有的說四千……。筆者的粗略計算，應該有八萬人死難。因為二二八事件後，臺灣人口比事件前少了十萬人。筆者想其中兩萬人逃亡海外，剩下的八萬人就是死難者了。

事件發生中，人人生命毫無保障。因為只要有仇家隨便到情治單位「密告」，便會招致殺身之禍。直到國民政府白××將軍入臺調查，下了一道命令：

「凡是沒有經過審理犯罪確定，絕對不可任意殺人。」

白××的命令，總算阻擋了臺灣這段屠殺的洪流，也解救不少被關在牢裡，準備殺害的人：

「我無故被抓，全身被鐵線綑綁，被綑得全身血液不通。在我隔壁的彭某某更可憐，他的兩隻手掌被鐵線穿過，然後鐵線再連接到另一位被綁人的手掌。彭某某的家人拿出錢，打通官員後被釋放，我是被白將軍救的，不然早就被殺了。」終戰七十年後，有一名九十二歲高齡的老翁接受電臺訪問時說道。

自從二二八事件後，本省人和外省人的情感分裂。筆者也對外省人產生一道圍籬，對於國軍更加沒有好感，因為筆者一直誤會是他們屠殺了眾多臺灣人。直到十年前在第四臺電視上，看到一名滯留大陸的臺灣老兵的報告，才了解「屠殺事件，和來臺的外省兵無關」：

「我叫吳啟東，日本時代叫做松井英治。本來是一名日本皇軍，戰爭中被派到中國戰區作戰，回臺後又加入中國軍隊，然後被派到上海和共產黨作戰。我們的軍隊，有很多人都來自像我這樣的臺灣人。當我們聽說，我們要打的人也是中國人時，我們都覺得很奇怪：『為什麼自己要打自己國的人呢？』因為日本兵都打外國人而已。所以我們都不想打，結果大家都被共軍俘虜了。共軍把我們臺灣兵編成一個師，駐守在上海。二二八事件後，國民黨派第二十六軍到臺灣，展開屠殺舉動。事後班師返回大陸，他們直接往上海前來，打算以優勢兵力，擊退共軍，奪回上海。我們這些臺灣兵，聽說那批屠殺臺灣人的二十六軍即將出現在自己眼前，大家一時鬥志高昂，都誓死為死難同鄉報仇。就在同仇敵愾的狀況下，戰鬥很快就結束，二十六軍全員被我們殲滅了。」

聽了吳老先生的故事以後，我開始向對老榮民不懷好感的友人，述說這樣的故事，用意在於叫他們解除對老榮民的誤會。

從李登輝以後，二二八事件經常被政客用在選戰中，當做爭取選票的利器。×××競選××的時候，發動了在當年二月二十八日，大家手牽手圍繞全島一周活動。筆者與高采烈的前往居家附近，高屏大橋上和大家一起牽手，為當年的死難者，表示哀悼。過了不久，有一位寄居高雄覆鼎金，原籍屏東水底寮的許×榮。他具有多重身分，既是日本兵，也是國民黨軍人。年老後擔任臺籍老兵的會長。由於他受到滯留大陸臺籍老兵的委託，發起「請求臺灣政府准許他們回臺定居」的訴求。結果不但政府默不作聲，也沒有一位立法委員在議會提出議案。那些滿懷希望的臺灣滯留大陸老兵們和二二八逃亡者，萬萬想不到，這些同胞政客，只不過利用他們當選舉工具而已，等到當選以後，就不再說他們是一群可憐同胞了！正是：

政客拍胸救苦
難民歸國呼難

第十二章

雞啼便起下溪灌水　日落方回入室溫書

羅家雖然擁有幾甲田地，但是由於羅福亮去世以後，羅校長每天忙於校務，無暇顧及農作，只靠夫人既要料理家務，又要兼顧農事，分身乏術。平時田間農作，大致由長工和臨時雇用短工處理。家中子女一共九人，食口眾多。加上多位已在外就學，不像一般農家子弟一旦自國校畢業，便放棄升學，投入田間工作，省下了許多工錢的花費。只不過雖然羅家的家長是校長，但是較年長的兄姊也是和鄉里間的少年少女一般，蠻勤勞的。家中長兄華雲，民國三十五年入學臺灣師範學院（今臺灣師範大學），當時在鄉內算是第三位大學生。他每年寒暑假回鄉，並不是享受假期，而是和幾位村中農人趕水牛車，載送九曲堂水缸窯出產的貨品遠到鳳山、高雄，以賺取運費。

「今仔日福亮伯仔的牛車，怎呢換這個少年人底駛？」一位趕牛車的農夫說。

「伊就是福亮伯仔的大孫啦！你愛知影，伊是大學生呢！」另外一個趕牛的說。

次子文雄做的農事也不少，他每次暑假從北部回來，都下田趕牛犁田，這是稍長讀大學時候的事。早在他初中畢業，由於報考高雄中學落第，父親便把他帶到下淡水溪種西瓜。下淡水溪的西瓜，早就聞名。它具備香、甜、沙的口感特性。農民種西瓜的收入比種稻還好，所以沿溪岸的農家，幾乎是家家瓜農。羅安心每天清晨一聽到雞啼，便會叫起文雄，父子一起前往溪底砂洲，給每一棵西瓜灌水。到了朝陽升空，才一人獨自上岸，留下文雄一人繼續未完工作，自己回家換裝，乘火車到鳳山大東國校上班去了。

每年舊曆過年，下淡水溪築壩完工以後，在圍堤下游，便會有一大片砂洲浮現，瓜農們便紛紛在砂洲上種西瓜。西瓜每天要以人工挑水澆灌，使用的水桶叫做「宣桶」。兩個水桶滿水的重量，合計八十公斤。從井底築斜坡步道上來，約有六米長度。當人挑起雙桶水後，便循坡道上來，然後對準每棵西瓜，雙手壓低宣桶長管，讓水一起共灌一株瓜苗。每次挑水計澆八株瓜苗，每天文雄所澆的水，大概要花兩小時才能完畢。

當西瓜藤開花結果，果實長到棒球一般大的時候，便要開始做「留瓜」工作。留瓜就是每株西瓜只能留一顆，讓它成長，以免養分被太多瓜果吸收，造成瓜果品質不良。當淘汰的未成熟瓜被摘除以後，並沒有把它們丟棄，而是帶回家做成菜餚下飯吃，這道菜餚名叫「西瓜綿仔」，在以前是窮人家吃的料理，現在已經變成餐館高貴菜餚了。這道菜雖然貴，可是都市中還是吃不到的，想享用的人，除非專程到高屏溪畔的大樹來，否則一般廚師也做不來，因為這道菜是古代沿溪農婦所發明的秘方，它具有一種獨特口味。

種瓜人最艱苦的時候，是「留瓜」以後的澆水工作。因為那時候，除了清晨澆一次水以外，到了中午也要再澆一次。那次澆的水，名稱叫做「翻水」，意即再補一次的水。那時候正值太陽猛烈，熱不可當，同時地面河砂被陽光曬得滾燙的時候。平時當一般人挑起雙桶，走在鬆軟的砂地，已經如古人練輕功一般辛苦了，那時候又頂著太陽，赤足走在熱砂中，簡直就像在練「鐵砂腳」了。除了「翻水」辛苦以外，「挖井」也是不容易的。那是當選定種瓜地以後，便要在每兩分半面積的範圍，各挖掘一口井，以便當做日後澆水的水源地。挖井工作都是以人力一鏟一鏟的挖掘，直到水源流出為止。通常每口井都要挖三公尺深，四坪寬。

文雄以一個才初中畢業之身，一個人幾乎負擔所有工作（父親有時幫助施肥等），若以現在年輕人的生活態度來比，也真算得上「不可思議」了。然而他說最令他覺得苦的是另外一項：

「每天清晨澆西瓜水的時候，看一列列火車，載著上學的通學生，經過鐵橋，首先是一股羨慕之情湧起，接著便是痛苦淹沒內心了。我那時深深感到了失學的痛苦。」

文雄每天澆西瓜，到了夜晚便埋首讀書，一季後西瓜大收穫，父親買了一部日本製單車，自己也順利考取屏東中學高中部，每天通車穿越鐵橋，繼續走上他要走的前途，最後當上一名通過高考的土木工程師。

下淡水溪不但水源充沛，使曹公圳的流水不斷，灌溉出一片好稻田。同時它在每年圍堤動工時間，讓許多溪岸農民當上築堤「師傅」，都賺取了一筆固定工資。有不少當「師傅」的人，存錢蓋了大瓦厝，地方人都稱「師傅厝」。也有許多農民勤種西瓜，賺錢後也「起大厝」，叫做「西瓜厝」。住在這條溪流兩岸的農民，風俗純樸，人人勤奮，沒有懶惰的少年，和今天的社會完全兩樣。

民國三十八年，大批國軍湧入臺灣，大陸百姓也陸續進入本島，很多人不知道原因。後來才知道共產黨佔據了整個大陸，國民黨被打敗了。那時島內產生了通貨膨漲，錢幣貶值，造成了新臺幣四萬元貶成只換一元新幣的地步。許多資產家因此在一夕之間破產，百姓民不聊生。

民國三十九年，羅華雲自師範學院畢業，分發到高雄中學任教。學校教職員有不少大陸籍教員。由於他們和臺籍教師思想落差太大，所以彼此間常常發生爭執或打架。在這一年臺灣開始實施縣市長民選。高雄縣長候選人中，陳新安的得票高於×××，但是兩人都未達當選票數，於是必須再舉行第二次投票，以決勝負。當第二次競選活動時，×××向羅校長商借大東國校樂器，以便競選宣傳使用，羅校長向×××說：

「學校不可介入政治選舉。」

後來×××獲得當選。他上任後首先做的事，是把羅安心從大東調到仁武國校。羅校長不甘受辱，帶了教導主任一同前往縣府找×縣長：

「你為什麼要把我調到仁武？」

「因為你在大東的表現很好，而仁武的成績不好，希望借重你的才能，到那裡把學校辦好。」

「你明明是故意要糟蹋我，何必講白賊！從前你做建設局長的時候，我時常進出縣政府，當時連謝縣長都非常禮待我，你也是對我足客氣，想不到一下做縣長，就風神起來，將人當做稻草同款擲來擲去。」羅校長怒目向×縣長狂叱著，然後轉向同來的簡教導說：

「簡教導！你明仔載將我的辭職表送過來，我無需要乎這款人糟蹋！」話說完，羅校長逕自離開縣長室。

「同窗的仔！你先去仁武接任好啦！以後才想辦法調倒轉來啦！」南師的同班同學蔡××，當×縣長的機要秘書，見羅校長走出縣長室，連忙上前說道。

「不免！有你這款同窗，我感覺見笑！家己的同窗乎人糟蹋，未曉阻擋，你不會感覺無面子嗎？」

羅安心當了八年校長以後，在全校師生淚水送別下，離開學校回鄉當了一名農夫了。他每天清晨起床，到田園割取田岸草，認真耕作，使稻穀豐收。特別是位處瓦厝仔的一甲多稻田，收成達十割以上。在他家中留有數棟豬舍，他購買小豬放入豬舍飼養，每年有一次的肥豬出售，並且藉由豬隻的糞便，製造足夠的農作物堆肥。就這樣，日子過得輕鬆自在。離開學校後第二年，適逢大樹鄉農會信用部營運倒閉，總幹事離職無人接掌。有一天正在田中工作時，忽然農會理事尤水得、莊尚義親到田間，邀請他接任總幹事。在就職前的會議中，理事會命令新總幹事，必須撤去信用部主任莊天得。羅安心發言道：

「莊天得這個人我不認識，他犯什麼錯誤，我更加不了解。這樣的一個人，要我一當總幹事就要我革除他，這樣的總幹事，我不願意當。」言畢起身，拿起大手提包，逕自走出會議室。

「啊！羅先生慢且走啦！你若不愛免職莊天得就照你的意思去做啦！」理事們見羅安心不屑接任，趕快上前把他拉回。

羅安心終於接下了經營不良的大樹鄉農會。在農會裡，職員們都不稱呼羅安心「總幹事」。而都是以日語的「先生」稱呼。三男景雄有時候會到農會找父親，職員們都會親切的招呼。最和氣的是信用部的莊主任了。每次被他發現，便會使景雄覺得他好像是一位至親長輩一般。每次當羅家辦喜事，莊天得都會送上一個大紅包。

「信用部若是不使恢復，歸氣農會攏關起來！」有一天一位老農民在農會大聲說著。

羅安心覺得這句話說得對。只是大樹農會由於信用部破產，早被省政府下令不得營運。

羅安心覺得無論如何，不能關閉信用部。所以他幾度奔走上級單位，勤打關係，出錢出力，永不停息。最後一次他胸有成竹的再度北上，會見財政廳長：

「大樹農會沒有資金，要我如何批准恢復信用部？」

「請看這些資料！」羅安心從公事皮包中取出一些資料，如支票等等。

「大樹鄉農會，在政府指定不可以恢復信用部的情況下，神奇式的又恢復了，咱的『先生』羅總幹事，實在也算是金融界的奇人……。」大樹農會信用部再度營運那天，各界人士應邀赴會慶祝，在會場上，合作金庫經理上臺致詞，他這樣說著。

許多人只覺得新總幹事辦事能力很好，可以復興大樹農會。其實真正了解的只有一人，就是信用部主任莊天得。因為他知道，總幹事為了農會賣掉了一甲田地。羅安心在農會依然和當校長時一般，繼續做著「做頭損角」。

大樹農會的營運蒸蒸日上，到了羅總幹事任職第八年，已如日中天。這時候想奪他職位的野心家並起。有一位名叫何××的新進理事，早就佈置了自己人馬，最後終於利用多數理事的表決，奪取了總幹事職位。何總幹事上臺的第一件改革事項，就是把具有多年歷史，巴洛克式農會辦公廳出售。因為該地段位處市中心，地價貴。不到幾年，大樹鄉也選出了一名新鄉長丁××，也有樣學樣，把原本和老農會相望的歐式紅磚老建築，拆掉賣地了。這兩棟大樹代表性的古美建築，就在「因利短視」的主管主政下，消失不見。

羅安心離開了投入大量心血的農會，回家在一塊靠近下淡水溪的祖傳田園，開出一條連通河床的道路，做起了賣溪砂的生意。總計他在學校工作二十三年，農會八年。賣掉祖產三甲餘地，以八十五歲逝世。對於他的行狀、功過，家族們和外界迴異。一般外界人士對他的評價，都是偏向好的一面。在此暫且以他南師同窗陳朝海送給他的一首五律做代表：

修身遊赤崁，螢雪桶盤庭。
雨露蒼生惠，春風草木青。
金融榮大樹，桃李艷高屏。
永照人生路，功勳石上銘。

當羅安心被迫離開大樹農會，正值心情低落時候，有個任職國華人壽保險公司的人何國華，特地拜訪他、安慰他。他也和景雄交談許久。他說他的父親何只經擁有祖產八十甲，是當時東港富家。不料戰後全部遭國民黨依「耕者有其田」政策，全部分給佃農。自己從政府手中領取一些股券，後來臺灣許多公司倒閉，手上持有的股券都成廢紙，八十甲田地等於被政府「沒收」。那八十甲地，全部都是他祖母賣陶器、水缸賺錢勤儉購買的，政府使用這種手段，使地主一夕變窮人，還說「臺灣土地改革成功」，令人太失望了。

景雄喜歡聽長輩說故事，也在父親年老的時候，常聽他講過去發生的事情。他聽父親說，九曲堂公學校時代的岡村事件：當昭和二十年日本敗戰時候，岡村曾經特地登門向他道歉。使他覺得冤仇已報，而心中舒暢。至於×××利用縣長職權，假公報私怨，把他調到仁武，迫使他回家種田一事，不知日後是否也報了仇？而一直想找機會一探究竟：

「×××只當了一任，國民黨部就改提名陳新安一名而已。他不再當縣長以後就跑去當高雄水利會長。我覺得這是我反擊的好機會，所以才出面競選水利會委員。在每次委員會議中，凡是有關會長違法的事項，我都毫不留情的給予責罵、檢舉。最後逼得他有一天單獨找到我們家向我求饒說：『羅校長！以後我不敢了！』」

羅家的長子華雲在高雄中學任教期間，父親羅安心正在大東國校當校長。父親為他從校內老師中選取一名媳婦楊玉英。她是鳳山名望家楊新謀的次女。羅安心欣賞她的原因，除了她具有各方面優點之外，還有一項是他以為和自己頗具巧合的，那就是：「她的遭遇和自己相同，都是幼年喪母，不服後母的對待而勇敢抗爭。」

華雲結婚後，過了四年，被當時旗山農校校長林淵源，親自登門將他聘請到該校任教。六年後大樹初中成立，首任校長徐瑞桃力邀羅安心當家長會長。徐校長屬意網羅在地人任教家鄉學校，所以羅華雲被父親，以命令式調回大樹初中。在職中適逢臺灣省教育廳考選三名公費留日體育老師。羅華雲報名應考，以第二名成績錄取。由於等待簽證太久，眼見日本的學校開學在即，所以向學校「保安」人員打探消息，所得答案是：

「你沒入黨，不准簽證。」

羅華雲為了留學，不得已加入國民黨。出國前有情治人員上門囑咐他：

「到了日本以後，不可以和黃朝日見面。」

國民黨退到臺灣以後，原本分佈在大陸各地的情治人員，全部集中到臺灣，使得臺灣得了一項世界第一，那就是「情治人員最多」。羅華雲留日期間，抽空拜訪了居住熊本，前九曲堂公學校校長松村真直，也造訪東京經商，九曲堂同鄉江連友。當時的江連友在東京的事業正當發達，他擔任臺僑駐東京副會長，每年雙十節都帶領臺僑回國。羅華雲的造訪，使得江連友高興異常。因為羅安心是他的恩師，在恩師的教導中，江連友以第一名卒業。之後因為家貧沒有升學，才跟鄰居梁連致渡海到東京找工作。

遠道而來的特別同鄉造訪，主人免不了中午招待一頓料理。到了傍晚，江連友例行要到他經營的各公司收帳。他邀請羅華雲一道乘車前往。只見他一路上，把一家家公司所收的錢擠滿一整皮箱以後，羅華雲說道：

「江桑！你每日攏收這呢濟錢喔！你真正是大樹上有錢的人。」

「無啦！和小坪頂黃朝日比起來，就輸人足濟啦！」

羅華雲知道黃朝日和中國大陸有很大的貿易往來，被臺灣列入「通匪」黑名單。但是他不知道他的事業狀況，聽江連友的讚美，才知道那個人確實不簡單。

三名公費留日者歸臺以後，蔡長啟當了教育部剛成立的體育司長、溫展宏在文化學院任教。省教育廳有意聘請羅華雲到臺中當省督學。羅華雲覺得要隻身遠離家庭，所以拒受聘用，依然留在大樹任職。大樹國中門前住著一位曾經當過九曲國校校長、大樹鄉長的蔡清來先生。他對於教育頗具熱心，在擔任鄉長期間，正逢大樹初中籌組設校。官方本來預定將學校設在大樹鄉中區，他覺得中區交通不便，必須設在九曲堂火車站前的現址，否則招不到外地如屏東、鳳山等地的學生，而使學生素質不夠優秀。由於蔡鄉長的寶貴提議，使得大樹初中曾經一度名列高雄縣名校，畢業生的升學率很高。蔡鄉長見羅華雲留日回臺以後，依舊任教大樹國中，感慨之餘，有一天向景雄說道：

「政府不極力重用華雲的專長，我看臺灣的體育教育，會繼續沒落下去！」

羅家次子文雄後來如他所願，畢業於大學土木工程系，並通過高等考試，成為具備證書的土木工程師。他本來任職於省政府水利局，當臺北市升格為院轄市以後，被市長張豐緒力邀，擔任養護工程處發包股股長。這個職位是「肥缺」，所以之前的股長多人因案入獄。文雄卻能夠穩坐其位，歷任張豐緒、楊金欉、李登輝、許水德四位市長而平安無事。他這項職務，幾乎天天做著工程發包工作，時時被黑道、議員、上級等勢力所包圍、威脅。每天上班時間總在褲腰帶間，用絲線綁上一顆印章，以防被偷蓋。他經常面對工程圍標的事，也常常面臨商家送禮的困擾。最初當人家送來禮物時，他都一律拒收，後來有一次拒收時，被對方罵道：

「也不是什麼貴重物，只是普通土產而已，遭受拒絕，太不給人面子了吧！」

文雄把這件事和夫人商量，得到了如下結論：

「只收小禮品，凡政府規定金額以上的禮物，一律拒收。」

有一天，一名包商帶著舖設人行道的紅磚，到市府找羅股長。他是參加市府選購紅磚的生意人，他那天除了依規定送上一個紅磚製品之外，還付上一張×市長的名片。在名片後面寫著「此人是我的好友，請照顧」等字樣。文雄仔細看了送來的紅磚以後，向該商家說道：

「我看你送來的製品，比先前廠商製品還差，也許我的評鑑不準，所以我會把所有前來求售廠商物品，全部送到『國家標準檢驗局』評鑑優劣以後再作決定。」那位生意人覺得情況不妙，默然離開了。過了幾天，文雄接到市長的宴請市府主管邀請函。文雄赴會時，才發現受邀者全部都是一級主管，小股長只有他一人。他心中有數，他知道這次宴席的主客就是自己，其他人不過是陪客而已。當市長過來和他寒喧時，他只向市長說了下面一段話，市長就靜靜離開他，不再說話了：

「我家大哥是羅華雲。」

原來當羅華雲在雄中任教時，見有一位同學家境不好，卻又異常上進。所以便介紹他為寄居鄉內一名大畫家中當家教。該畫家非常幫助這位年輕的家庭教師，經常資助他。後來他在政界得意後，時常向人提及這位恩人和羅老師，表示念念不忘他們的恩情。

文雄的居家在板橋市，是一棟舊式公寓的第三層樓上。有一天來了一名商人在他家門口敲門，文雄開門引客人入座後，該客在桌上放下一盒水果禮品：

「這是什麼？」文雄問道。

「水果。」

「除了水果之外，還有沒有別的？」

「沒有。」客人答。

「如果還有別物，我要退還給你。」

「好！」

客人離開以後，文雄立刻打開水果盒。他見水果底下排列許多大鈔，於是馬上再把禮盒封好，起身打開窗戶，向正好下樓到樓下的訪客大喊一聲：

「你送來的禮物，現在還給你了！」言畢將那盒禮物往樓下丟下去了。這時候門口又傳來敲門聲音，羅夫人打開門以後，兩名大漢進入，他們先聲明並出示「調查局人員」身分，表示要文雄到調查局一趟。他們說：

「你剛才收了賄賂。」

「賄賂品已經還給他們了。」文雄引調查人員從窗口往下看。

高雄市政府升格為院轄市的時候，文雄想回到南部故鄉任職。於是他請求父親協助：

「歐豆桑！我想欲轉來高雄市政府，你若有閒，請你專工去臺北找謝東閔幫忙。」

隔天羅安心乘車北上，逕往總統府會見謝副總統。謝副總統高高興興的和老朋友敘談往事，並掀開被信件炸彈炸傷的一隻手給他看。過了許久，羅安心離開總統府。副總統陪同走出大門臺階處，他吩咐守門憲兵：

「好好扶著羅先生下階梯！」

「到今仔日為止，臺灣人爬了上高的人就是你！」羅安心臨別時，讚揚著謝東閔。

「這攏總是因為有你的幫忙啦！若無乎我在高雄縣長時代的表現，就無今仔日的我！」

過了幾天，高雄市長王玉雲寄達了一封信件，裡面附了一封謝副總統寄給他的求職原信件。

文雄終於如願回到高雄市政府，任國宅處副處長兼總工程師職。據線內人表示，因為他非國民黨員，所以不能佔處長缺。只不過處內一切事務，實際都由他決定罷了。經過一段時間以後，文雄才了解，原來國宅處的前幾任處長，也都因案而坐牢的。新的職務也幾乎和在北市府一樣，經常有工程發包。不同的是北市府時代的工程是道路，目前的工程是國宅建設。當他接任的時候，所處理的事務是左營果貿新村的建設工程。就這樣文雄又在高雄十幾年，過著幾乎天天被黑道包圍，時時接受議員攻擊的日子。還好，在這十幾年，他依然平安渡過，成為大家覺得難能可貴的話題。

文雄到了六十歲的時候，決定辦理退休。以他的條件，不當公務員，反而可以過得優厚。他如果受聘外界營造商，當一名工程師，所得薪資總比公務員多。他離開了高雄市政府後，回到板橋和家人同聚了。只是能者不得閒，當時的臺北縣政府，新成立「交通局籌備處」，縣長親自出馬，邀請他掌理該處。他數度回絕，最後縣長說：

「我這次拜請，已經是第五次了，歷史上的『三顧茅廬』，也才不過三次而已！」

文雄敵不了人情攻勢，終於又披掛上陣了。在新的機關忙碌了六年以後，文雄終因肝病惡化而逝了。當出殯儀式那天，有家報社報導了這樣一段話：

「像羅處長這樣的公務員，今天的中華民國已經沒有了。」

最後筆者還要補述一下，文雄在他最後這一階段所發生的事。那就是景雄在二哥去世後，二嫂向他說的一段話：

「你二哥的上司要他配合『做事』，被他堅決拒絕，因為那是違法的。過了不久，縣府許多各級主管都因案被判刑了。」

景雄平時常常以二哥的一生行狀，向友人炫耀。在他思想中，二哥不論處身何地，都能平安無事。而他前任的前輩們，常因擋不住錢財的誘惑，個個身陷囹圄。足見那些人是多麼的無知，而二哥是多麼的聰明。可是在今天的臺灣社會卻還有許多人，大聲為某某被關在牢中的政要嚷著？

「他只是收商人送的錢，他沒有貪污，怎麼把他關起來？」

景雄異常感慨，他覺得如果換成一個沒有權力的百姓，商家會無端送大錢給他嗎？

正是：

不義財排滿地智人無視

濫權力握雙拳愚者亂為

第十三章

祖籍清朝番社
身家日本皇民

羅家三男景雄，昭和十五年出生。當時正逢祖父福亮事業興旺，父親年壯，任職九曲堂公學校訓導（日治師範出身後的職等階級），頗受校方器重、家長及學生們尊重的時候。那一年又逢新居落成，家族的姓氏改用「中原」兩字。所以羅景雄就是中原景雄、羅安心是中原宗正、羅福亮是中原誠一。而大哥華雲是中原武雄、二哥中原文雄……。這個姓氏是父親在任教期間所選擇的。景雄曾經問過父親：

「歐豆桑！為什麼你要選中原兩字？」

「因為咱的祖先來自中國。」

「當時申報時，政府無意見嗎？」景雄再問。

「有！官員一直追問為什麼選擇中原？」

「然後呢？」

「我說戶政機關，在我家戶籍謄本的族別欄上的記錄是福建，所以我的祖先來自中國是政府早就認定的。」

根據本島人在日治時代，戶籍謄本的記載，客家人會記錄「廣東」，操河洛語者會記錄「福建」。景雄入學初中時，學校要學生填一份保證書，書中有一「祖籍」欄。景雄不會填，所以問父親，所得到的回答是：

「你就填福建泉州府羅家庄。」

景雄就照父親所言而填，經過多年以來，這個祖籍的問題一直在他的腦海起伏，無法平定。他覺得日治戶籍謄本的福建、廣東紀錄，沒有正確依據。那些只是日本政府，依據當事人所使用母語訂定的。有很多人因此把它拿來當作「祖籍」，就造成大錯誤了。我們的真正族別，其實要從清國時代的各廳、縣誌翻閱。那時候的政府大力推動「化番為民」政策，許多平埔番族接受賜姓，而成了「漢族」人了。這一個動作，使得明國時代探險家陳第筆下原本的「東番人」，變成了「炎黃子孫」。許多本島人已經變成「不認祖」的人而不自知。更可憐的是有些人還「拒絕知道」，他們會辯解說他們有祖譜記錄，好像他們的歷代男女祖先都沒有沾上平埔族一般。更有一部分人被化成「漢族」以後，到了日本時代，再來批評改用日式姓氏的家族是「背叛漢族之徒」。

高×明是臺南有名望的長老教會信徒，有一天為了響應本土學者探求平埔族源流的活動，在媒體公開他的家世：

「我出生在東港，祖父年少時，從福建單身漂洋到東港，進入長老教會工作，娶平埔女子為妻，所以我有四分之一平埔族的血統。」

高×明和一般臺灣人性格不同，他勇於承認自己具有番族血統。景雄常常把這件事，拿來當作和朋友聊天的話題。不過他覺得高×明說他自己有四分之一平埔族血統，應該是錯誤的：

「那麼你的看法應該怎樣？」友人有時會問。

「他說四分之一，是以父母兩人都不是平埔族而計算的。可是他的父親已經有一半平埔血統了，加上母親也是在地臺灣人，本來就有平埔血統，所以無論如何都不只是四分之一比率的。」

景雄經過田野調查，也參考縣誌文獻，得知自己祖籍就在清國時代的下淡水社。同村的人有的來自溪西打狗社、大傑顛社。有的來自溪東放索社、阿猴社、上淡水社……。他們分別都在祖籍地，接受「賜姓」以後，紛紛移民到同一地區，結成了一個新聚落——九腳桶。

九腳桶的地理位置，東臨下淡水溪，北接阿猴林，西南連鳳山平原，是縣城商旅跨溪渡越下淡水溪，進入屏東大平原的門戶，也是兵家必爭之地，所以自古以來戰事頻繁。雖然九腳桶聚落，不同於其他部落的具有共同姓氏，它分別由林、陳、黃、趙、鐘、羅等姓氏集合而成。但是由於戰爭多，為了生存，大家只有團結合作，才有活命機會。大體上清國時代，臺灣人的「賜姓」方式，都是整個部落都採用同一姓氏為原則的。例如龍目里、大樹里一帶都選擇「墾主」謝希元的「謝」姓。屏東縣東港北面的港東村也以「墾主」的「羅」姓為他們的姓氏，所以至今港東村民都姓羅。

日本在一八九五年統治臺灣，是依據清國「割讓所成」，並非租借。一開始他們便公佈一條法令：

「凡不願當日本皇民者，可以在二年內自由離開臺灣。二年以後未離開者，一律以自願當日本皇民看待。」

臺灣人就在這樣的情況下，人人變成了日本皇民。皇民就是國民的意思，因為日本是有皇帝（天皇）的國家，所以國民慣稱皇民、軍人便稱皇軍。到了二次大戰期間，日本政府實施「皇民化」運動。徹底要把各地國民的生活「統一化」，例如將漢式姓改成日式姓氏、語言、衣著、禮儀、信仰……都一統化。在姓氏的改變上，是由當時的社經地位高者、公教人員等率先做起。至今為止，由於目前當政者（國民黨）的誤導，把日本時代的改姓者，叫做「響應皇民化之徒」，而未改姓者，稱做是保留「中國籍的人」，真是錯得離譜了。其實在日本時代，不論有沒有改姓，都一律是皇民。至今那些未改日式姓氏者，在戶政事務所，都還存有當時的日本國民戶籍謄本存檔。

景雄六歲的時候，正是戰後那一年。他看到日本軍民，接著又看到新來的中國軍民。他覺得前後兩者的差別實在太大。在他小小的心靈上，也把本島人拿出來做比較。雖然他覺得本島人都與兩者不同，只不過在行為上，本島人比較接近日本人。這一點在接受過日本教育的人身上更為明顯，例如：當內地軍民紛紛遣送回日本以後，九曲堂丸安鳳梨罐頭工廠的大批庫存罐頭，引起小偷的盜取。當時在九曲堂國校的老師如吳德在、謝水亮、張啟章等人，自動組團前往日夜看守。等待國民黨官員一到，才放心的移交他們管理。不料中國官員一接收，卻全部搬運外出販賣了。羅安心接收鳳山園藝實業學校時，倉庫存滿藥品，當時鳳山商人鍾某建議羅校長開庫由他運出販售，言明所得五五分帳，羅校長說：

「這是新政府的財產，我必須保存到移交才可！」

羅校長原封不動，保留到移交為止。可是很快的，就被接收官員拿出去私自賣光了！

任教大樹初中的林劍雄老師說，他讀雄中的時候，看到國軍從高雄港下船，一路上以為日軍會再打他們，不敢走大路，改繞小路，經過五甲到達陸軍步校址。只見日軍早已將各項配備整理好，排列在廣場等待移交中國軍隊。不料第二天，鳳山街頭便有許多中國兵，把接收過來的日軍用品，排在地面販賣起來，引發市民們爭論不休。同樣的情況，在大都會更加嚴重，據傳高雄和基隆的碼頭倉庫，也都存有大批米糖等物質，最初也都由本島籍公教人員自動上前保管，等到交給國民政府官員以後，都被上海來的商船運到大陸販賣了。在當時本島和大陸，兩地的公教人員在行為上的差別真是太大了，使得民間對於新政府官員，普遍產生不良印象。時至今日，臺灣人的公教人員，似乎已經很難再能找出過去的影子了。也難怪景雄在二哥去世時，很佩服當時那位記者的報導：

「像羅文雄這樣清廉的公務員，今天的中華民國已經再找不到了。」他覺得那位記者真的是了解臺灣歷史。

日本時代九曲堂湖底溝，曾經有一次在夜間引發洪水氾濫，淹沒井仔腳許多民房，死亡很多人，隔天正逢禮拜日，可是任職九曲堂公學校的教員，不分內地人或本島人，都不約而同，一大清早進入災區救災：

「你豆桑中原先生，和松村校長足早就來到阮庄內。」羅安心的學生王先生，任職地理風水師，二十年前向景雄述說往事。這一故事使景雄想起幾年前，臺灣中部九二一大地震時，有一天在電視播放一名災民前往政府設在災區的服務所，請求救助。結果因逢禮拜日而找不到官員，事後政府單位還理直氣壯的辯解：

「是假日，為什麼要上班？」

景雄覺得相隔並不久，但是臺灣人的思想已經大大不同。他也覺得造成這種差別的原因，是不是統治者思想不同的緣故？

九曲堂在日本時代有七家鳳梨罐頭工廠，戰後廠內機器全部被國軍拆除，廠房被佔用為軍營及軍眷宿舍。工廠停工，許多員工因此失業。至於其他本島各地，也是大同小異。在今天學校歷史教科書的紀錄，死板的教師們依舊遵照課綱教學：

「臺灣由於受日本五十年統治，造成和祖國文化脫節，以致光復後引發二二八事件。」臺灣的學校課綱，將歷史課當做政治課在教學了。

景雄在戰後第二年，入學九曲國民學校。啟蒙老師林旦，是同村庄人。他比家中父親年紀大，父親在高雄州教育新生會議中，提拔他當教導主任。景雄隨著林老師學習國語課的注音符號拼音。第一學期終了，景雄領了成績單回家，兄姊們看了以後都嘲笑著說：

「你竟然可以得第二名，一定是歐豆桑提拔林旦當教導，所以他也給你第二名的。」

景雄二學年的老師是無水寮人連水順，三年級老師黃金城住同村，四年級謝水亮無水寮人。到了第五學年，換了大陸籍老師，他鄉音很重，學生都聽不懂。後來老師才說他們在大陸教學時，教育單位並不要求推行「國語」。說「國語」是政府撤退臺灣以後才推行的。那時候，校園也駐入一群國民黨軍隊。那些軍隊平日在操場整隊、操兵、埋灶做飯。每天只吃二頓飯，晚上才入住各教室，清晨又搬到外面。軍隊士兵常常被體罰，他們體罰的方法是由兩名士兵，將受罰人按住雙手，讓人趴伏地面，然後由另外一名士兵以大棍擊打受罰人屁股。因此上課時間學生經常可以聽到士兵哀嚎的聲音，使得聽者心情驚慌不寧。有時候走廊木柱也會綑綁著違規的士兵，或者不知何故被捉的村庄百姓。有一天一名羅家族人羅××，從村北田園工作完畢，扛著鋤頭回家，途中被士兵捉來綁在木柱。他看到景雄二姊急忙說道：

「你趕緊轉去叫阮叔仔來救我！」

當時大家都覺得奇怪，為什麼忽然來了許多大陸軍隊、老師和百姓？後來才知道是共產黨佔據了大陸，國民黨打敗仗了！景雄心中長時的不解：

「國民黨可以抗戰勝利，為什麼打輸共產黨？難道共產黨的武器比日本還厲害？」

這個謎底直到就讀高中時，才聽教官的課程得到解答：

「我在徐州會戰中，是一名裝甲兵。共產黨利用大批手舉鋤頭、鐮刀的農民衝向我們。我們先以戰車上的機關槍掃射，等到第二波再攻過來時候，指揮官覺得浪費子彈可惜，所以下令改用戰車壓輾，待輾完敵人以後，便叫士兵挖取卡在戰車鋁帶下的人骨。但是共產黨的農民太多了，到最後戰車還是被如潮水般的敵人湧上，全部被消滅了。」

幾年前景雄看了一冊《我的爸爸鄧小平》，作者鄧小毛，是書中主角么女。書裡記述國共鬥爭經過非常仔細。書中說中國人於內戰時，被國民黨所殺的人，遠超過被日軍所殺。蔣介石在大陸大受農民反感，才導致國民政府被共產黨發動農民趕出了大陸。時至今日（二〇一五年十月八日）國民黨為了即將進行的總統大選，預測情勢大為不妙，黨內面臨存亡引起大亂，乃至大鬧「杜下朱上」遊戲。國民黨再次面臨崩潰危機，黨員人心惶惶。景雄覺得國民黨自始至今，依舊不知親民，才造成接連不斷的不良後果。有一位天津的老學者劉伯午寫了一首詩，把國共的成敗說得非常恰當：

康梁變法徒虛語，孫黃革命竟何成？
爭向西方求真理，不知動力在工農。

景雄覺得國民黨慣以「君臨天下」的姿態看待人民，失了大陸以後，跑到臺灣，依舊進行殘殺、糟蹋臺灣百姓。

初中一年級時，音樂是景雄喜愛的課程。老師是女性，姓盧。上海藝專畢業，歌唱聲很好聽。她的唱腔是西方式的，很排斥流行歌曲。盧老師教他們唱的第一首歌是校歌，歌詞由當時校長鄭亨觀所作。曲調是屏東女中戰後第一任校長李志傳的作品。李志傳是早期臺南師範生，畢業後留任母校附屬小學任教，是羅安心的實習指導老師。羅安心組織高雄州教育新生會的時候，李志傳在屏東女中任教音樂，那時候他在臺灣音樂界已經享有名氣。羅安心特地請他出面共組教育新生會，一同指派戰後州內各級學校，本島籍首任校長。

在學一年間，學校發動「為太平艦沉沒捐款」活動。大家一同前往屏東公園體育場，和其他學校學生集合，聽長官訓話：

「我們的太平艦被萬惡的共匪打沉了……。」接著全部學生遊行市區，學生一路上跟隨著搖旗喊口號：

「打倒共匪！消滅朱毛匪幫！……」

景雄從身旁經過的卡車上，發現地理科陳老師坐在車上。陳老師的舉動使他大吃一驚，因為陳老師在車上是一副痛哭流涕、呼天搶地的模樣。那天大家在各校老師的鼓吹下，紛紛把口袋零用錢交出去，因為臺上老師們都說：

「我們要募款再建造一艘像太平艦一樣大的軍艦。」直到六十多年過去了，景雄忽然在電視上看到有人在政論節目上說：

「那一年我們都捐出了錢，結果並沒有造出軍艦，錢也不知去向！」

太平輪沉沒後，大約經過六十年，開始有研究事件經過的人士進行報導。他們說船沉沒的原因是駕駛者的運轉錯誤所致，並沒有受到外力的攻擊。想起當年學生時代，被錯誤的言論所惑，以致群起憤慨，覺得就像受到一場謊言的愚弄。

進入初二，國文老師換了一名上海大夏大學畢業的郭永漢老師。他會作詩，才從學校畢業不久。他說畢業時，寫了一首詩，還把那首詩寫在黑板和大家共享：

匆匆三年已滿期，東勞西燕悵分飛。
珍情師友同留贈，他日精神永不違。

景雄好像天生就喜愛詩句，雖然沒有用筆記錄，卻能夠讀過以後，便永記在心。其實他受詩學的薰陶很早，在幼年時便常常聽兄姊們談論同村詩人鄭坤五的詩，說他的詩如何好、如何出名等等。從此便種下他對詩學的嚮往。小學六年級時，父親帶他乘火車，跨過下淡水溪鐵橋，到屏東中正國校尋訪昔日「高雄州教育新生會」的「革命戰友」林彰校長。林校長早期畢業於臺北師範學校，年紀長於羅安心，是一名溫文有禮的教育家。而中正國小，從很早開始就是一所風評很好的學校，不但畢業生升學率高，而且學校設備齊全，也擁有游泳池。羅安心和林彰兩人相談甚歡，離別時把景雄留下，轉入該校當一名轉學生，自己一人回九曲堂了。景雄的新老師是蕭坤鳳，善於教授算術，每遇作文課，便另請一名善於作詩的老師指導。那位老師是鳳山人，姓名陳輝彩，年歲已高，是一名秀才之子。他每次上作文課時，一定先在黑板寫出詩作，並且吟唱讓大家聽。景雄被優美的詩歌所迷，自此特別喜歡作文課，同時也想學作詩，只是近體詩（律詩、絕句）不同於新詩，它有對仗、押韻的規定，所以還是不得其門而入。

轉學中正國校，雖然因環境陌生，造成景雄許多地方不能適應。但是收穫還是不少的，其中一項還讓他得到一股成就感，那就是游泳池使他名揚班上。原來有一天老師上游泳課，指定學生分組比賽。景雄被排在和全班最快的同學徐道良同組，結果景雄比徐道良早達終點。這一結果使得景雄被徐同學下令，於解散下課後不能離開泳池：

「九曲堂的，你慢且出去！」徐道良嗆道。

「你要做啥？」景雄低聲道。

「咱兩人再比一擺。」

景雄想起，剛才自己離開水面時，有一名洪同學說：

「徐道良！你輸九曲堂的噢！」

是這句話，使他下不了臺，而引恨再下戰書了。景雄心裡明白，自己絕對不可再贏，否則隻身在他鄉，日子肯定不好過。因此他不再採用「剪式」泳技，以一般都市孩子只會的「蛙式」慢游，並使對方先到終點：

「輸我了乎！」徐道良高興的說。

景雄默不作聲，他心中暗笑：

「我從小在下淡水溪急流中玩水，學會各式泳技，怎麼可能會輸在一群只能在池中玩蛙式的都市囝仔手下？」

景雄的作文經常得到高分，因為他讀過不少「模範作文」。那時候的模範作文，有一個得分利器，就是在文末會來一段「消滅共匪，解救水深火熱的大陸苦難同胞」的文句。這件事情，直到他有一天就讀文化學院文學系時，聽一位作家老師說：

「奇怪！我覺得許多大一學生的作文，在結束時，都會寫『消滅朱毛匪幫、解救大陸同胞』的語句。最初我想大概是論說文的題材，才會引來這樣的句子。所以有一次就試著出了一個題目〈樹〉，我想這個題目應該和『苦難同胞』無關了，學生們不會再有那種奇怪『八卦』文出現才對。不料還是有人有辦法把它連結在後面說：

『我們在這棵大樹下乘涼，非常的舒服，但是希望大家在享受之餘，千萬不要忘了大陸同胞，正生活在水深火熱的……。』」

景雄聽了老師的話以後，覺得羞愧萬分，他認為從前作文的高分都是假的，是「政治分數」，沒有文學價值。這時候他也看了許多名家大作，其中印象頗深的是夏丏尊的一句：

「不要從別人文章學作文，要從大自然中作文。」

景雄很幸運的能夠受教於琦君（潘希真）老師，從那裡，他學到了如何運用巧妙的修辭，寫出動人的散文、小說。也幸運的做為龔嘉英老師的弟子，從他的指導下，他完成了多年來的心願，學會了作近體詩的訣竅，並且很快的寫出人生第一首符合規律的的五言絕句〈夜讀〉：

展卷孤燈下，吟詩斗室中。
心無塵世念，意在學陶公。

龔老師江西人，祖父是前清探花（進士第三名），家學淵源深厚，年紀五十出頭，面貌清秀，溫文敦厚，常帶笑容。他與一般老師不同處很多，在此列舉數端，他曾說：

「同學們如果不交作業沒關係，我絕不會藉此『當』掉你們的。我一向對於會『當』人的老師，覺得做法很奇怪，為什麼非這麼做不可呢？」「我大學畢業時，投考司法官，錄取後家母大哭，事後才知道，母親認為我當了法官以後會判人死刑，缺陰德。所以我立刻表明放棄當法官，母親才安了心不再哭了。不久我隻身來到臺灣，後來家母過世，朋友勸我說：『令堂已經去世，你可以改行當法官了。』我因此申請到司法官訓練所，補受職前訓練。當結訓分發法院任職前，我又決定放棄了。因為我覺得自己當了法官，一定擋不住外來的賄賂。到目前為止，我覺得我的決定是對的，因為我認為最快樂的職業是老師。」

龔老師一到臺灣，便深深喜愛上這塊土地。他的原因和別人不同，他說他覺得很驚訝，為什麼臺灣有那麼多詩社？同時定期舉辦「擊缽吟」作詩比賽。到臺灣的那一年，他參加全臺作詩比賽，詩題是〈赤崁樓〉，限五律，一東韻。他沒有去過赤崁樓，只從文獻了解它的歷史，竟然被他奪走了左元（第一名）的頭銜，其作品是：

故壘斜陽外，崇樓大海東。
紅夷留勝跡，青史紀孤忠。
武庫降圖在，王城霸業空。
倚欄摩舊劍，翹首氣如虹。

景雄在龔老師指導下，時時以詩作抒發內心的情緒，並常常拿作品請老師批改，時常得到讚美。平時也閱讀名家作品，分享詩人生活，穩定了自己人生方向。由於投稿《自立晚報》的「自立詩壇」，認識了一些詩友，也受到詩界前輩陳逢源的贈送大作。至今景雄每與「詩」接觸，便會想起龔老師。正是：

每懷師表行三首
喜讀書生感萬端

第十四章

牽牛吃草稱遊綠野
跪地搓田說拜青天

農業社會的小孩，極少有不良少年。因為農家不論男女老少，每天都有做不完的工作，沒有機會學壞。他們依照體力，各做不同的事。小孩子們常做的是挑井水、放牛吃草、搓田草……。大部分的小孩國校畢業便投入田中工作。景雄在同村中，有四位同班同學，他們都沒有升學初中，個個從事農務。景雄雖然幸運的升學，可是每到寒暑假或者星期日，都會和大哥、二哥下田工作。那時候家中飼養肥豬，每天要用大灶煮大鍋豬料餵豬。家中田地有部分在二公里外的「瓦厝仔」，在那裡常年種植稻禾和番薯。每當番薯收穫的時候，經常由當時讀初、高中的二哥文雄趕牛車前往裝載。每次牛車出發經過村庄，車後便會跟隨一群肩扛鋤頭、草籃的少年。他們是要到田中撿拾主家遺漏的番薯。如果遇到父親也同行，待工作進行時，他便會叫撿番薯的孩子幫助收穫，然後每人送給他們裝滿草籃的番薯當代價，雙方都高興。在田中文雄二哥趕牛犁土翻挖出番薯，其餘的人如父親、母親、大弟敏男、景雄本身以及跟來的村童們，都忙著摘藤、撿番薯成堆、搬貨上車，直到天暗才由二哥趕牛車回家。車行時，景雄和大弟敏男會躺臥在車頂番薯藤上休息或睡覺。因為一天的疲累，常常使他們睡著。有一次連駕牛的二哥都睡得不省人事，牛車大約行經一小時到達了家門口，水牛自行站立不動，經過不知多久，待二哥醒來，才發現已經到家。那頭牛是沒有經過主人的控制，自行摸黑拉車，走過叉路到達門口的。有一次家中母狗「瑪莉」跟隨在回程的牛車後面，途中吊在車後的竹籃掉在路上，待回到家時，二哥發現不見竹籃，立刻騎車沿途摸黑尋找。待找到時，卻見「瑪莉」蹲在籃邊守候。農家的牲畜和家人一樣，都忠心於「自己的家庭」。從田園到家的中途，會經過一處跨過鐵道的上坡，有時候載貨太多時，或遇水牛太過疲勞，會爬不上坡頂。這時候就要以人力幫助推車，構成一幅人畜合力破除困難的畫面。由於上坡車行緩慢，如果正好火車開到，就會發生大事故。有一次上不了坡頂，牛車從坡上倒退，栽入左側稻田而翻車了，弄得全家動員善後，幾乎大家整夜未眠。不過還算幸運，人和牛都平安。如果當時牛車是往右側翻覆，那就災情不堪設想了，因為右側正是曹公圳大溝。能夠避開大災難，完全要感謝二哥文雄的熟練牛車控制技術。

景雄的年紀少二哥七歲，所以田間工作都是文雄帶領景雄和敏男。他們常做的農事是「搓田草」、除鳳梨草、施鳳梨肥。後兩項的工作則大致由父親帶領二姊麗昭、景雄、敏男三人操作。至於「搓田草」就是水田除草的工作。當秧插種田中以後，必須經四個月的發育，才能結穗收割。在這四個月成長當中，必須經過三次的除草、施肥動作。每次除草前，一定要先在前一夜把田水放出。除草人進行工作時，只能穿著一條極短褲，雙膝跪入爛泥中，雙手在稻田苗四周泥土反覆搗翻，使長在爛泥上的雜草埋入土中。除草人就這樣雙手除草、雙膝跟著跪行前進。稻田是毫無遮避陽光的場所，所以遇到烈日高照的時刻，頭上的炎日曬背，田下是熱泥燙腿。有時候田中水蛭會趁機附在雙腿，大吸一餐人血。那種田中水蛭多得很，當牠附著在人腿吸血時，並無痛感，只會令人覺得皮癢而已，等到發覺時，想要把牠拉出，還要費力才能拔開。牠的生命力很強，伸縮度又大，有如橡皮筋一般，想要殺死牠，最好的方法是放入鹽中。所以有時候搓草人工作時，還會掛一小罐鹽在脖上以備應用。

搓草的工作，最方便處理的次數是第二次。因為那時候，稻苗已種植一個多月，稻株已穩固，不像第一次才播種不足滿月，株苗尚未穩定，容易受雙手弄泥土而歪斜。也不像第三次時的稻禾已經茂盛，稻葉會把雙腿摩擦得紅腫難耐。由於搓草的速度緩慢，通常一區水田如果超過三分地以上，便會雇請搓草工幫忙。做搓草工作是農村人比較不費大體力，也幾乎人人會做的工作。她們也樂意賺取零用錢，以貼補家庭開支。尤其是婦女們，在每一村庄都有搓草婦女等待這一份工作的到來。景雄常常擔任雇請搓草工的連絡人，每到搓草前一天，父親便會向他下令：

「今晚你出去請六個搓田草工，明仔載要搓頭前田三分八和烘爐窯那兩塊。後日和下後日，要搓瓦厝仔甲外地。先去庄內找裕琳仔叫工，若是庄內叫無工，才去無水寮請朝虎仔叫。」

父親的「同庄人相照顧」觀念很重，所以叫工人一定從庄內做起，然後是鄰近村落。連使喚小孩買物品也會交代一句：

「去庄內阿筆仔的店仔買，若買無才去車頭（今久堂里）產婆的店買。」

當田間搓草工作進行的日子，通常是景雄從家中提飲用開水，水中放些決明子，然後送到田中，以備工人解渴。自己再和家人，如母親、二哥、大弟等四人一道加入工作行列，以增加工作人數，減低家庭工資的開支。

農村子弟做搓草工作是很普遍的事，有些幸運升學初中的農家子女，在假日都會跟著長輩做。那時候的學生，不像現在的少年，放假時不知要幹什麼？其實從前的孩子也想利用假日打球或玩樂，只是農家人工寶貴，一放假便被長輩們叫去田間當幫手。有時候景雄會偷利用機會到溪中玩水游泳，母親一發現便責罵：

「走去沐水！吃飽換枵（餓）！」

母親那一代的人，都認為吃飽飯就是為了產生體力工作，如果把它用在玩樂就太浪費糧食了。

景雄入了初中以後，由於通學的關係，和班上兩名同學常在一起。一個是家住潮州的張木輝，另一個是田草埔的林平介。木輝是廣東潮州府人，戰後隨叔父來臺灣屏東縣的潮州，家中開「金仔店」。平介家務農，家庭環境和景雄類似，他也是一到假日常常和兄弟們在稻田中跪地搓草。他有一個特有名詞，用以形容搓田草的狀態：

「我昨日歸日攏跪躕田裡拜天公！」

平介是一個樂觀的少年，很會做農事、很會吃苦，而且沒有怨言。他把辛苦的搓田草說成是「拜天公」，真是一個懂得快樂的人。這三人曾經在初二放假時候，一同矇騙家長說要參加學校的童子軍露營，然後跑到三地門一起搭棚野營三天。至今三人都成老人，但是往事依舊引為共同懷念的話題。

景雄讀初中時，每天放學從屏東乘火車回九曲堂。如果在夏秋季節回到家時，太陽還未下山。遇到家中水牛沒有耕田，被整天綁在牛舍時，他便把水牛牽出外面吃草。因為水牛整天沒有人工帶牠到野外吃草，不但飢餓，而且沒有活動，所以一旦被牽出野外自然興奮。每當他一面牽著牛，找草肥的地方看著牛吃草時，一口又一口發出「刷刷」的聲音，覺得音調很優美。牛雖然沒有表情，但是看得出牠是心存快樂感謝的。這時候牽牛的人也跟隨著快樂了。偶而景雄也放開雙眼，遠望無際的綠色原野、雄偉矗立的大武山，覺得沒有任何圖畫，會比眼前那一片大地在夕陽照射下還要美麗了。自古以來，人人都說放牛的小孩命苦，景雄卻把它當做是野外散步踏青。大凡快樂不快樂，對於不同的人都有不同的看法。景雄自小就是在這樣的環境中，培養了對人生的樂觀態度。

不久之前，國民中學流行把不認真讀書的學生集合成班，稱做「放牛班」。但是自古以來，卻有許多命苦、吃苦的小孩，長大後成名的。例如元朝畫荷名家王冕，他小時候就受雇當了一名牧童；車城黃景川只小學畢業，小時候也受雇人家當牧童，為了擺脫眼前窮日子，卻能利用放牛時間勤讀書，成為一名法官、律師；還有景雄小學時代，同村學長陳義雄，就讀小學、初中時，課餘還須牽出家中一頭黃牛吃草，後來當了臺中高等法院院長。更傳奇的是不久前，有一名任職高雄地方法院的法官（忘了姓名），受邀到大樹國中演講法律常識，他說：

「我家父親是一名貧農，平日種菜維生。我小時候，都幫父親挑水肥（糞尿）澆菜。有一天父子在菜園中休息時，父親指著身邊的一雙大糞桶向我說道：『你如果書讀不好，將來這雙糞屎桶就讓給你繼承。』我被父親這段話嚇得從此埋首用功，否則可能自己至今依舊還是挑那雙屎桶過日子。」

每當稻穀收割時候，就是全家人最忙碌的時刻。因為收割稻穀需要很多人工，所以一定要雇用外地工人。南部的收割時間分別在農曆四、十兩月。中部稍晚，北部又更晚。不同的收割時間，使得人工可以南、中、北的彼此移動交替支援。在高屏地區，每到收割季節，便有大批來自中部的人工（俗稱北路工），他們攜家帶眷，如同遊牧民族似的遷移到各地。

他們會借住在農家倉庫，早睡早起，一地又換一地的割稻，賺取工錢養家餬口。看他們在田中勤勞的畫面，比任何美術作品都來得美麗感人。今天一般民眾看了世界名畫「拾穗」，並不覺得有什麼特別，可是卻有一部分人會受感動而不忍離開眼光。差別就在於這些人曾經住在農村身歷其境，有些人卻沒有，自然就少了一分感情。

羅家的稻穀收割以後，便會以牛車載回放在曬穀場曝曬數天。曝曬的時候必須將穀粒平均披開，並弄成一壟一壟的長列，以便時時翻穀曬日。這項翻穀工作，通常是由母親擔當，有時候會由小孩們替代，並固定有人在場驅趕雞鴨偷吃穀粒。這項工作對一般農家人來講，算是輕鬆但卻是枯燥乏味的。到了傍晚，大家又要合力把分散開來的穀粒全部堆集到場地中央，然後將稻草覆蓋在成堆如小山的穀堆上，以防夜間露水或偶來的雨水淋濕。到了翌日才又重新掀開稻草，繼續進行曝曬工作。當稻穀在夜間集合成堆以後，文雄都會在穀堆旁，用稻草搭蓋一小草屋，裡面舖上一張草蓆，晚飯後便邀景雄一同睡在草屋中，以便防止小偷盜取稻穀。這件事是景雄最樂意的。文雄除了這件事使得景雄懷念以外，便是在下淡水溪種西瓜的時候，文雄也搭了一棟草寮在瓜園中。到了瓜熟時段，景雄每晚就高興的陪同二哥睡在溪床草屋中。他覺得野外過夜，是一件很快樂的事。另外還有一件也使他一直不能忘懷，那就是小學五年級時，父親和屏東大姑丈林義謙，合伙承租臺糖在嶺口山坡上一片地，他們在地上種甘蔗。收穫時和同村東來兄在山上看守甘蔗，過了一夜。這些農村經驗養成了景雄日後喜愛野營、喜愛土地、喜愛種植、喜愛大白然……。連帶的養成了勤儉習慣，然後把存錢拿來購買土地。景雄的兄弟六人，姊妹三人，從大弟敏男以上的兄姊六人，人人都勤勞的做過農事或家事。後面妹、弟三人就不同了，他們只有讀書不做工作，如同時下的孩子一般，養成生活不尚節儉，以致日子過得不充裕，性格古怪的現狀。景雄自認不具大哥、二哥的才學，但是他比任何兄弟姊妹多了一個特性，就是「愛買土地」。他也是唯一繼承祖父福亮特性的傳人。至今景雄早已從教職退休，年紀七十五的老人。在他腦海中時時思考：

「為什麼弟妹生活拮据？性情暴戾不定？為什麼現今社會不良少年很多？犯罪者層出不窮？」

他覺得今天會產生這種和以前不同的怪象，絕對和現在的孩子過慣養尊處優生活關係密切。工業社會使得從前農村樸實生活的影子消失了，人性也變了。如果長此以往，社會的亂象必定日漸嚴重！

羅安心在戰後第五年，和妹婿義謙在嶺口山上，原旗尾糖廠土地種甘蔗，是由義謙所提議合作的。當時義謙任高雄農業改良場主管，是一名學有專長的農業專家。日本時代畢業於東京農業大學。父親林振興是屏東戲院的老闆，原先擁有土地八十甲，賣了三十甲蓋那一棟古典歐式的三層看臺戲劇院，名響高屏地區。不過到底「錢財是身外物」，誰知臺灣歷經多代的殖民統治，從未有統治者「沒收」地主土地情事，卻到了國民黨殖民時代，使得地主們一夕變成無產階級！

義謙一面委由妻子玉裡掌管戲院，並兼開一間西藥房，自己則當一名公務員。戰後的戲院，是義謙從父親手中接管的。由於後來無暇兼顧，所以放租給商人經營。不料後來的承租商人來自大陸，他們的「習慣」有異本土。當社會物價上漲時，一般機關、公司的員工薪資也會跟隨提升，租金通常也都會調整。當義謙向租商提出租金漲價時，對方說：

「你和我簽的契約，並沒說過了多久就可以調整租金！」

「那麼我不願再租給你了！」

「可是契約也沒註明租給我的期限呀！」

「照你的意思是主人不可調高租金，也必須無限期的租給你了！」

「正是！除非我自動不再續租，願意還給你。」

屏東戲院就這樣，繼林振興的田地被「耕者有其田」條律被「沒收」以後，變成了主人也被「挾持」的局面。這種現象是本土有史以來未曾發生過的。

林義謙的妻子是羅安心的大妹羅玉裡，屏東高等女子學校第二屆學生。這個「高女」頭銜在當時是大樹庄第一位的。由於她在學校成績優良，所以卒業後，立刻被新園公學校任用為教員。不久她又轉勤回九曲堂公學校，和兄長變成同事。這一轉變使得羅家的名聲又得到了「加持」作用。因為在當時社會，若有家人當老師，便會受鄰里敬重，何況他們一家出了兩名老師。

在九曲堂公學校任教的老師中，有一位本島籍女教師林淑真，她和羅玉裡頗有交往。其原因是因為她夫家在九曲堂經營輾米廠生意，頗有經濟基礎，但因結婚多年未生子女，很想抱羅家景雄為養子，以便將來繼承家業。據說羅安心夫婦，由於已經育有子女多人，也有意把景雄送給她家，所以她便時常藉故走訪羅家。每次都會攜帶糖果、餅乾送給景雄。當時景雄已經兩、三歲，每當有糖果吃時當然高興，也在兄姊面前顯得驕傲。可是後來兄姊們不知是否因嫉妒而加以嘲弄：

「你看林先生又來了，她要抱你去做子了！」

經兄姊們這麼嘲弄，使得景雄後來每次遠遠看到林老師往自家走來，便逃走避開了。

「你實在有夠笨！你若乎林先生做子，咱就有車頭前的這塊地，我就將這塊地好好起一間足美的厝。」

到今天，老婆淑敏依然隨時這樣的消遣著景雄。

景雄的阿姑家，在屏東是望族，她也很照顧娘家親人，羅家晚輩們也常常到屏東找她，為的是可以在她家的戲院看免費電影。景雄由於國小六年級和初中都在屏東就讀，所以更有機會往她家跑。小孩子容易餓，也好吃，更想看免錢電影，姑母也不吝嗇，所以景雄一到她家，便會有飲食店人傳來烏龍麵或杏仁凍，至今景雄每一想起都會既感謝又羞慚。羞慚的是自己父親雖然當校長，但是薪水很少會拿出養家，以致母親沒有現金提供子女零用。就讀小學時，比較沒有關係，因為學校就在同村中。等到通學在外求學就苦了，因為發育時期的少年容易消化，所以常常餓肚子。身上沒錢買零食，只好厚著臉皮往姑母家跑。羅家子女在外求學的時段，早晨都是自己裝便當。家中稻米不缺，白飯自然有，可是青菜不方便當便當配菜，所以經常白飯上放的是王梨仔（鳳梨醬）、豆腐乳。有一次景雄便當中只放上幾塊豆腐乳，中午吃飯時，同學聞到那強烈怪味道大喊：

「是誰帶的便當有拉屎味？」

景雄羞愧得趕快合起飯盒，不敢再吃，以免被同學發現。讀中正國校時，景雄和二哥文雄一樣通學屏東。二哥讀屏中高三，他們偶爾會向母親要到一點零用錢，便在前往學校途中，順入屏東菜市場買一些瓜子醬，帶到學校當午飯配菜。遇到身上沒帶零錢，就只好單吃白飯了。有一次二哥在市場買了一個鹹鴨蛋，切成兩片帶到景雄樓上的六年忠班教室窗外，向蕭老師說：

「請問這班上有一位羅景雄嗎？」

景雄看到二哥在窗口，立刻上前。二哥便將鴨蛋的半面交給他。這時全班的同學眼光都一同注視著，使得景雄非常感動，至今不能忘懷。下課後同學們爭相問道：

「九曲堂的！你兄哥讀屏中喔！」

因為當時屏東地區的學生，流行第一志願考屏中，所以大家開始對他另眼相待，連老師似乎也有這種跡象。

「讀中學時，遇到學校要學生交雜費時，我常向母親討不到錢，以致每次都是全班最後交錢的。常常被老師半責罵式的催錢，真是丟臉！」

景雄結婚四十年，已經記不清老婆發過類似的牢騷多少次了。其實景雄他自己的狀況比老婆嚴重，只是家醜不願外揚罷了。景雄夫妻兩人個性差別很大，只是有兩點非常相似。一點是「節儉、存錢買土地」，另一點是「不讓子女窮困」。所以一對子女，每天早晨通學屏東之前，母親一定塞給他們固定的零用錢。

像景雄夫婦，少年時代的「窮狀」也是當時農家子女常有的現象。原因固然不只一端，但主要的是在於當時有許多家長的觀念，比較不珍惜小孩子。記得名列現代臺灣畫家的李澤藩曾經說：

「我為了要買畫紙，向父親討一角錢。結果連續跟隨父親腳步，走了好幾位他拜訪的朋友家以後，父親才不得已拿給我。」

李澤藩早期畢業於臺北師範學校，他是諾貝爾物理獎得主李遠哲的父親。

羅家長子華雲九曲堂公學校畢業以後，考入屏東黑金公學校（今唐榮國小）高等科就學。在學中，適逢高雄工業學校成立，他便參加第一屆生入學應試，以三十名報考生才錄取一名的難度得到錄取。家人中最興奮的是祖父福亮。當時的政府為了「南進政策」，所以非常重視高雄的工業化。總督府還特別選派一名號稱「日本全國發明大王」的學者擔任首任校長，並特別分配一部配有司機的自用車給他。羅華雲考上後，到了辦理註冊時，父母都沒有想要給他錢。祖父知道以後，才拿給他前往學校辦理。到了畢業那一年，由於正逢大戰最後一年，美國戰機猛炸高雄地區，火車交通遭到炸毀，有幾名家住大樹的學生，因此駕駛學校的卡車回家。車行到鳳山東門，穿越小火車平交道時，卡車與火車相撞，卡車上同學全體受重傷，倒地不起。消息傳到羅家，祖父福亮立即駕起牛車，趕路到八公里外的鳳山，把長孫華雲運回療養。這件事一直存在華雲腦中不散，因為到了華雲五十歲，有了自己的長孫啟宗以後，與他同執教大樹國中的景雄常常聽到大哥在會議席上說：

「如果沒有重要的事，那就散會吧！在這裡浪費時間，不如回家抱孫子！」

羅華雲特別疼愛長孫，也特別熱心在清明時節到祖父墳前除草，家人中只有二哥文雄和景雄才知道原因。

景雄到了年老，想起身邊所見所聞的種種親子教育和互動的不同方式，覺得自己也分辨不出，那一種才是對的。因為他想如果李澤藩的父親，太方便把錢給他買畫紙，也許他就不知珍惜學習機會，以致日後不能成名。但是反過來說，也可能如果盡量滿足他買畫紙的要求，他便更容易發揮才能。相同的，羅安心的父親如果不拿出錢讓他乘坐馬車到鳳山讀公學校，而如同當時村童一般的一生務農，也許日後他就不會賣掉田產，好好做了一名顧家的篤農。羅安心到了中年，每天赴大樹農會上班途中，常常會特地轉身進入就讀小學的「尾仔子」三奇的教室，在全班同學的面前拿零用錢給他，羨煞了同學們。三奇也從來不像兄姊一般，一面讀書，一面還要務農事或挑水、掃庭院的家事。結果到了後來並未造就他如意的環境。

景雄覺得人在小時候，應該如何給他們教育？怎樣照顧？怎樣訓練？真是一門既深奧又重要的學問。然而這一切卻都被今天一般大眾所忽略了。正是：

只重尋求富貴術
卻輕訓導子孫方

第十五章

教育可增人智識 規則會阻民才能

國民政府在臺灣的中學教育，是採用硬性學習各項學科方式，也就是每一個學生都要求各種學科都及格。在眾多科目中，又分主科和副科。主科是國文、英文、數理。倘若主科成績不好，幾乎就可以註定不能在求學的道路上走得順利。景雄從小就有「享受人生」的觀念，無論工作、讀書都會把它們當成樂趣化、實用化。他對於古人所謂苦讀頗不以為然，他認為工作和讀書都應該是快樂的才對，否則就毫無意義了。這個觀念雖然使他享受了人生樂趣，但是卻也使他在求學道上受盡坎坷。

從初中開始，學校的課程就有了代數。景雄覺得這門功課，在一般人的生活中最用不到，它應該是給特殊職業的人，去做研究才對的。但是學校硬要每個同學都要重視，而且授課時間佔用很多。他喜歡文學，他覺得將來想走文學這條路的人，卻天天都要花很多時間玩弄ｘ＋ｙ的遊戲，實在非常浪費時間。可是規則是現實的，一個想在大學讀文學的人，如果在入學試中，數學成績不好，便很少有機會進入學校就讀。這樣不合理的規則，常常使得具有文學才能的人，被拒於大學門外。著名小說家瓊瑤就讀高中時，曾經參加全國作文比賽得第二名，但是數學成績不好，導致不能考入大學。然而許多能夠考入文學系讀書的人，卻又不能如她一樣，日後在文藝領域大放異彩的。景雄在初、高中求學時段，就在他所不喜愛又與文學無關的數學、化學中浪費光陰。他內心雖然想讀大學藝文科系，但是數理成績低落，終不得如願。高中畢業後，在父親的介紹下，進入大樹國民學校擔當一名代理老師。他任教班級是四年忠班，原導師涂鎮方臺東師範畢業，因為入伍當兵，所以景雄補缺代理。在代理的一年中，景雄嚐到了當老師的樂趣。每天在課堂向學生上課，課外又和學生互動，覺得樂不可支。在班上有一位同學陳麗妃，成績表現特優。有一天景雄到她家做家庭訪問，與她的祖父談話，才知道對方是早期臺灣醫學專門學校（今臺大醫院）出身。初到大樹開業行醫時是一名公醫（日治時代具有公務員身分的醫生）。他在大樹山區有許多荔枝園，自己經常乘轎子巡視果園。陳醫師既富又有仁心，曾在昭和年間，井仔腳因湖底溝洪水氾濫時，捐獻死難窮災民們全體棺木，在地方上引為佳話。景雄在大樹國校不自覺的一年將屆。有一天在同校任教的大嫂向他說：

「三叔仔！這陣教育局正在辦理教員檢定考試，你去報考！」

景雄聽後猛然驚醒。心想：

「原來自己的職位是臨時的，不考試就不是鐵飯碗。」

景雄因為沒有心理準備，也不知如何準備考試，所以不敢報考，只有茫然等待政府不久傳下征兵令，入伍當兵去了。在兩年的軍伍生活中，由於所分發的單位是通信部隊，較有自由時間，有些升學失意的同伴，不忘再度考大學，所以一有空閒便手不釋卷，準備升學考試。家住龍目井，小學、初中都曾經和景雄同班過的謝安田，便是一心利用時間準備聯考。結果第一年暑假便考取中興大學，驚動了全部隊官兵，這真是一件不容易的事，因為當時臺灣只有六所大學和六所專科學校。謝安田雖然考上大學，但是只能暫時辦理休學，因為他的兵役期限還有一年。到了兵役將滿時，次年的大學聯招又開始，他又請假報考，結果考中臺灣大學農推系。雖然在榜單中，他是排名在後，可是最後第一名畢業。從此在求學路上更為一帆風順，後來拿到美國哈佛大學博士學位。

景雄從軍中退伍後，並無人生方向。因為父親在自家土地「竹坑」開了一條道路通往下淡水溪，做起了採砂生意。他便在溪床管理採砂場，幫父親賣溪砂。父親並在道路入口建了一棟白色房屋，準備住在那裡永久收取賣砂錢。他認為人類的建屋習慣是不斷的，而河流中的流砂，也是源源不絕的，只要住在道旁屋中，錢就會源源不斷的流入手中，父親給了他的採砂行名叫「石光砂石行」。他說年少時和祖父福亮相依為命，兩人每年曹公圳外溪水壩動工時候，一起撿大石投入牛車，使祖父賺了不少錢，從此他認為石頭就是寶貝，它可以改善人的生活，因此為自己取了別號「石光」。

石光砂石場，平時生意並不特別，但是每年一入颱風季節，便生意興旺。因為場所地勢較高，其他砂石場都因溪水高漲，卡車無法進入，以致產生「獨市」現象。在那季節間，原料供不應求，因此常常要收購西瓜農已收穫的種瓜砂地，以備繼續挖砂出售。瓜農的目的是種西瓜，所以溪砂被挖以後，每年一次的洪水又會帶來新砂，所以賤價便可以購得砂地。在那段時間，砂場的收入可達每天五千元，而所花費購地成本才只有二十分之一。因此大發利市，羨煞鄰里親友。當時教師每月薪水才一千元左右，這樣的生意，一時也曾使景雄動了終生以此業為生的念頭。

羅安心自從五十歲辭去校長，進入農會以後，生活環境有了大轉變。簡單的說，學校是單純的社會，而農會卻是龍蛇雜處、三流九教活動的場所。農會人員上酒家、走茶室是平常的事。羅安心一入農會以後，在一些部屬的引導下，涉足了風月場所，自此迷戀了風塵女人，也從此更加不負養家責任。然而卻更努力開闢財源，購置運砂石卡車，增加收入以便滿足「細姨」的需求。所以雖然「拼經濟」，但家中生活並無改善。最誇張的是祖先的遺產，都在全家人毫不知情的狀況下，一塊塊的出賣。

景雄見父親的行為，決定離開父親的砂石場，自尋出路。那段時間正是春天時分，「一年之計在於春」，景雄嘗試各項工作，以謀自立。他當過合板工廠操作員、當過工地管理員……。但是都只上了短時間的班，就自認不適合而退卻了。他左思右想覺得還是上大學，將來才有適合自己的工作，因此跑到補習班試聽人家授課。結果他覺得在補習班聽數學課程，只有浪費時間，不如把這些時間，好好花在強記就可多拿分數的史地、三民主義等科目上。因此他毅然決定拋開數學參考書，搬了一張竹椅放在遠離住家屋後五十公尺，家人少到的刺竹林下，猛記史地、三民主義科目。他覺得聯考的錄取規定，取決於總分的多寡。如果數學考零分，但是其它科目拿高分，只要總分達到錄取標準，依舊可以錄取，依舊可以讀大學。就在他的決定下，經過四個月的「閉關式」勤記，考取了文化學院。

在學中，有一科文選與習作，老師琦君（潘希真）使用司馬遷的《史記》當教材，她把作者善於應用寫作技巧的地方都特別的提示解說，使得景雄受益良多，也因此迷上文藝創作。他首先依據名家要領寫了兩篇散文〈葡萄棚下〉、〈釣魚〉投稿雜誌，然後再拿給潘老師，請她指導，受到老師很好的獎評，並受贈兩冊老師的大作。從此寫作不斷，變成他業餘最大的嗜好。另外是詩選與習作一門，在龔嘉英老師的指導下，他不時的投稿《自立晚報》的「自立詩壇」。他首先把就讀二年級時，曾經異想天開，特地辦休學跑到泰國想要從此經商，在泰國閒住六個月的往事，用五言律詩和七言絕句加以呈現，經老師修正後定稿：

〈旅泰謁鄭和祠〉

久慕暹羅景，欣遊三保宮。
祠堂依舊港，寶塔峙長空。
智勇番邦服，神威海嶠崇。
登樓頻寄慨，低首拜英雄。

這一棟鄭和祠，矗立在泰國舊城王朝的故都，離曼谷有一小時的車程。那一天不論祠堂內外，都是人潮，景雄從此更加佩服大明帝國航海家鄭和的偉大。

〈參觀曼谷華僑中學〉

殊方創校已多年，孔孟書聲未絕弦。
幸喜我身羈異域，卻聞漢韻震夷天。

景雄在曼谷交了幾位華僑的第二代，他們的父母大致來自廣東潮州府，潮州人很喜歡看的戲是「陳三五娘」。他們認為臺灣人就是福建人，和陳三同鄉。因為五娘是潮州人，所以景雄在曼谷也受僑民歡迎，常常帶他去華僑學校打羽毛球。景雄也來者不拒，但是他興趣的不在打球，而是在課堂中上課的情形。

〈潑水節〉

泰國多奇俗，宋干最覺鮮。
姑娘潑聖水，情意寄清泉。
盛節街中踱，飛淋衣上濺。
尋源驚玉貌，語隔失良緣。

每年四月中旬是浴佛節，也是泰族人的過年。在那幾天，街上到處有人提清水向行人潑灑。最早期是用於祈福，後來演變成姑娘向心儀的男子表示愛意。那幾天也叫做「潑水節」，泰語發音成「宋干」。前兩首詩，由龔老師將原本「俯」字改成「低」字、「正」字改成「幸」字，使景雄澈底了解練字要訣。同學中潘敏雄善於作詩，他的詩作也曾經登載在「自立詩壇」，畢業後和景雄一直維持交往。

到泰國為的是做生意賺錢，結果夢碎而回。唯一收穫的是得到一些生活體驗，獲知華僑世界的故事。他把那些故事寫成散文或短篇小說，其中〈異國生涯原是夢〉，寫的是華僑的異鄉奮鬥史，內含自己的旅泰故事。這一篇小說參加《民眾日報》舉辦的「南部作家作品大展」入選。另外一篇〈還鄉〉寫的是景雄同鄉前輩陳家永的故事。陳家永九曲堂公學校畢業，考入當時為了「南進」設立的貿易學校，後來被派入泰國桂河大橋建造的行列。戰後留在曼谷經商，曾經發達到擔任旅泰國臺灣同鄉會會長。〈還鄉〉寫出他在泰國奮鬥以及懷念故鄉的情形。這部小說獲得高雄縣文化中心的評選，列入公費印刷出版典藏的獎勵。

景雄所唸的是夜間大學，他為了吸收小說題材，同時藉以賺取生活費以求自立，所以在學中就參加社會工作人員和監所管理員兩項特考，獲得錄取。他曾經進入臺北市政府任職，後來又到臺北看守所，當了一名看管犯人的「牢頭」。在職中深入了解犯罪者的許多特殊故事，也看過五名死刑犯執行槍決的過程。他把這些平常人不知道的犯人故事寫成小說，讓大眾了解圍牆內犯罪者的生活內幕。

在夜間部求學期間，景雄由於一面在外工作，添增了小說創作題材收集。在臺北看守所任職滿八個月後，他回南部尋找他最喜歡的工作——「當老師」。這時候也正好他完成了大學教育。回想文學系求學的歷程，真是受之於幾位師長的指點很多。尤其是潘、龔兩位恩師更是無法忘懷：

星點長空夜色寒，燈明黌舍絃歌讙。
每懷師表行三省，喜讀書生感萬端。
程戶坐風蕭正煖，驪聲震腑淚將乾。
循循教誨恩何報，唯有更爭百尺竿。

景雄由父親帶領，前往旗山國中，向校長林福星求職。父子倆原本都以為不會很順利，想不到林校長見父親本人拜訪，異常高興，立刻通知人事主任送來聘書，並說：

「自從我做校長以來，這次是破例。通常我都要利用幾天，等待做好身家調查通過後，才會發聘書的。」

在東港的同學潘敏雄，曾經渡船到小琉球，得到琉球國中校長的首肯，願意聘用他。敏雄並向景雄報知該校尚有國文老師遺缺，鼓勵景雄前往應聘。景雄本有意到離島生活，就在抉擇未定之間，聽高中時就讀旗山中學的王光輝勸止道：

「不要去旗山國中，林福星很兇，他兇到連老師要進校長室都要喊報告才行。」

景雄覺得有這樣的校長真是稀奇，由於好奇心的驅使，所以他便決定隨父親前往旗山應徵了。

旗山國中設有能力分班，林校長特地分派景雄任教二年級的「好班」。景雄第一次站在國中講臺，也第一次向國中學生講話。他並沒有立即叫學生翻開課本，只是先做簡單的自我介紹，然後向學生述說文學的重要：

「人生不能離開文學，如果一個人就算能賺取再多錢財，但是遠離文學，那麼他的一生還是低俗無味的；人如果一味的追求官位，那麼到最後必定是空虛寂寞的，因為一旦沒有了官銜，那麼身上就什麼都沒有了。不信的話，大家想想看，詩仙李白至今大家都認識，往後的人也會不停的閱讀他的詩作。但是今天有誰能夠記得當時李白故鄉的縣長是誰？」

學生們大概是看到來了一個新老師，所以全班都肅然無聲。他們聽景雄這番平時少聽到的話以後，更加興味的靜聽。景雄再接下說：

「大家不要以為國文科很簡單，只要自己讀就懂了。其實存有這樣觀念的人是錯誤的。因為如果抱著只求讀懂、記住的心態，固然可以在現行的考試制度中得高分，但是他們永遠超越不了原來文章的作者。簡單的說，讀文學必須做到讀作者的好文章以後，自己也能寫好文章；讀了人家的好詩、好詞、好曲以後，自己也要會作出好詩、詞、曲，才算讀懂了這一科目。這些話也許各位同學還不能完全理解涵意。所以老師現在改變方式來向大家證明在現實社會中，國文科的重要地位。各位讀的是『好班』，人人目標都是想考上名流的高中，聯考的分數是大家都重視的。在聯考的規定中，有一點是很多同學不了解的，那就是國文科的分數比其他科目貴。怎麼說呢？如果一個學校要錄取的名額中最後一名有兩人以上同分，但因為只能再取一人時，就是以那一位國文分數較高為錄取依據。如果又有兩人以上國文同分時，便要以那一位的作文得分較高做決定。」

同學們這時候都更聚精會神的傾聽了。景雄又說：

「現在老師再以更現實的話告訴大家，很多家長都希望自己的子女將來變成『專家』，所以從小就帶他們補習鋼琴、小提琴、畫圖、書法……。這些項目都要花費許多補習費、材料費，一般家庭無法負擔。可是很多人不知道，有一項才藝是最受社會尊重，卻又能不花費錢就可學習的，那就是當一名作家。想想看：一個字的稿費是五角錢，它所花的材料是一支原子筆可以寫五萬字、一張稿紙可以寫六百字。寫完一支五元的原子筆，三百張稿紙也花不掉幾塊錢，卻可以得到二萬五千元的稿費。大家想在這世界上還有比寫作更好賺的行業嗎？就以老師自己的經驗來說吧！我經常投稿報社、經常收到報社寄來的稿費支票。每次到郵局領錢時，郵局窗口人員常常會以羨慕的語氣說：『這是稿費！你是作家！』弄得郵局中的客人都往我看，使我覺得挺不好意思，卻又甜蜜在心頭。另外還有一點就是凡人都會老、體力會衰退，有很多行業就因此不能做了。比如說運動家不能跳了、鋼琴家不能彈了、書法家手腕無力寫了……。但是作家的筆，不論人如何老都還可以寫，而且人是越老生活經驗越豐富、越可以有更多創作。所以作家的人生是不會有年老無聊寂寞、年老沒錢收入的狀況發生的。」

第一節課的精神講話完了，有一位同學張建昌立刻跑向景雄面前：

「老師！我想寫文章，請老師以後能夠指導！」

過了幾天，張建昌果然遞給景雄一篇散文，景雄覺得訝異：

「這樣年紀的孩子，竟然可以寫出這麼好的作文！」

所以鼓勵他把文章投向國語日報社。過了幾天張建昌興高采烈的拿著刊登文章的報紙給他。第一次在報紙刊登自己的作品，使得張建昌因此特別愛上國文課。

本來張建昌在學校功課中，最得意的科目是數理科，同時他在其他科目也是領先全校同學。旗山國中每學期都固定舉辦「校長室抽考」。這項考試的評分非常公正，它是將全校各年級的考卷集中放在同一辦公室，由老師們抽籤決定評審項目。例如某甲抽中評審作文，則全校各同一年級同學的作文都由某甲評定分數。每位老師評定考卷成績只能在固定辦公室，不可將考卷帶離他處。也就是某甲今天的時間只能評分十名同學的作文，等評完就又把試卷放回固定地點，等到改天再來取出繼續評審其他未評試卷。某甲在不評試卷時間，其餘評審老師隨時可以利用各自空閒評審他們抽中評審項目。每次抽考各年級前三名都可以在制服上衣口袋左上方佩一枚榮譽徽章。張建昌就是從入學到畢業六次考試中都得第一名，所以畢業時一共佩帶六枚徽章。他的作文屢次代表學校、鎮公所、縣政府出外參加比賽，揚名全校。但是也許因各項學科表現優異，以致養成驕傲態度，引起很多同學的反感。學校田徑隊同學有人放話說：

「你只能在教室中的科目出風頭而已，到了運動場就沒辦法了。」

「好！我就在運動場上表現給你們看！」

張建昌自從說了那句話以後，便每天放學後，在操場練習長跑，在籃球架下一個人練習投籃。

旗山國中成績優秀同學的升學第一志願都是雄中、雄女、南一中、南女。張建昌平常對同學不但自信，而且幾乎是達到自傲的地步。他曾經向同學們說：

「我自小就不知道補習是什麼！我也絕對不考雄中、南一中。」

「那麼要考那裡？」同學們疑惑的問。

「如果不是建中，我就不讀！」

同學們看他驕傲的模樣，個個咬牙切齒。可是消息傳到景雄耳中，卻令他覺得興味濃厚。全校老師自從看到這麼成績優良的學生，每天降旗後一個人在校園訓練運動，都覺得不可思議。到了畢業，張建昌向他父親張文登拿了車資、旅社住宿費，一個人搭上火車，前往他從來未曾去過的臺北，參加北部高中聯考。他是第一次搭乘火車，所以免不了心中惶恐不安。他向座位旁一位穿軍裝的人問道：

「請問你要坐到那裡？」

「我要到臺北。」

「啊！我也是到臺北。那麼我就跟隨你下車好了！」

張建昌就這樣隨著陌生人進了臺北，還由那位熱心的阿兵哥帶引直到南海路建國中學。等到考試後，放榜時果然如他所願考上了建國中學。那時候景雄正好離開旗山國中，回到家鄉大樹國中任教。張建昌特地寫了一封信給景雄，信中曾說：

「如果不是因為我在作文上拿到這麼高分數，就無法考上建中。」

張建昌是旗山國中，有史以來第一個考上建中的同學，也是第一個從未上過補習課，考上第一志願的畢業生，更是一個運動項目也厲害的全能優秀生。後來校園中就因鍾勳郎老師為他取了一個外號「魔手」，而流傳至今。

有傳奇學生，也常常會有傳奇家長。張建昌的父親張文登的身上也充滿故事，他原本家住旗尾，年少時父親務農，擁有不少土地。但是不努力農作，經常酗酒忘了工作，弄得不斷變賣土地。到了文登就讀旗山中學初一時，家中土地已被賣光，只剩一頭水牛和一張犁。張文登為了讀中學，只好趕牛為別人犁田賺取註冊學費。沒錢買書、買鉛筆，只好借用年長學兄用過的舊書、撿別人削得已極短不能再握的鉛筆，自己再取一段竹管接上寫作業。一學期後他的父親又把最後的財產水牛也賣了。張文登只好被迫輟學，為了生活在學校四周，為「香蕉大王」盧廷除香蕉園的雜草。當兵退伍後，當一名彈珠汽水運貨員。那時的運送都以腳踏車為工具，每次出勤都要在後架上疊裝箱，高度達兩公尺。就這樣每天踩著單車，翻山越嶺到達幾十公里外的甲仙地區。到了張建昌就讀高中時候，張文登已經變成一名高雄市擁有多輛遊覽汽車的老闆，大大的改變他家人的命運。正是：

懶惰能翻富貴命
勤勞可改貧窮身

第十六章

內門列嶂隱文豪
旗鼓雙峰名氣高
無際蕉原春染綠
偶來驟雨更風騷

旗山自古就產生許多傳奇人物，而且文風鼎盛，隱居了不少詩人。景雄認識一位詩人劉福麟，受贈一本他的大作《筱樓詩謎集》，書中有一首七言絕句〈旗山懷古〉最引起他的興趣：

旗山踐約會詩豪
羅漢門猶氣勢高
昔日逃禪懷沈老
曾從此地振風騷

景雄也如古人一般，利用這首詩的韻腳「豪、高、騷」三字，附庸風雅作了前列一首，來和它的韻。「和韻」的詩是古代詩人們相聚時的一種遊戲。它是西方世界詩人所沒有的現象，也可以說是華人詩學上，值得驕傲之一。景雄任教旗山國中期間，住在宿舍三樓，在樓上從窗口遠望，可看到聳立的旗尾山、鼓山以及一片無際的香蕉園。人只要站立窗口外望，便是一種視覺享受。如果下起春雨，聽雨水滴在蕉葉便可以享受古人「雨打芭蕉」的聽覺快樂。到了夏季偶爾從內山由遠而近的趕來一陣西北雨，那豪壯的雨聲便如萬馬奔前一般，令人覺得既興奮又刺激。

一般的單身老師都住在三樓宿舍，景雄和來自仁武的林老師共住，所以在一起閒聊的機會較多。他們幾乎無所不談，由於都達適婚年齡，尤其景雄已經三十五歲，又覺得自己職業已定，所以常常和林老師談論有關找對象結婚的事情。每當夜間和伙食團同事們用過晚餐以後，他們大部分的時間便相約到街上閒逛。有時候也做學生家庭訪問。有一晚兩人同乘機車到內門，林老師班級一位同學家中。景雄利用那次內門之行，大概瀏覽了內門的環境。他覺得那裡山勢奇特，民風純樸，難怪四百年前臺灣詩學的始祖沈光文會選擇在那裡隱居，並且倡導詩教。加上國民學校畢業旅行時，全體師生曾經路過旗山。景雄第一次看到滿街的拱形町仔腳建築，心中便註定愛上了旗山。因此在大樹國民學校代課期間，學校辦的一日旅行，景雄便決定帶領學生從大樹乘坐小火車，前往旗山公園遊玩。那時的鼓山公園日本神社還在，參道兩旁的石燈完整美麗。可惜到了景雄任教旗中時間，發現所有石燈都已經被拆除，被任意放置地面，或作石桌，或作為踏石板了。

當教師的身分在南部依舊受到民眾的尊重，這一點和處身臺北不同。單身教師們在旗山，時常有人要替他們作媒牽紅線。景雄當然也不例外，遇到有人要介紹女朋友時，鄉下的習慣是經常會做「探聽」的事前動作。有一次有人要介紹一名蕉農兼青果理事的妹妹給景雄，那位理事便事先到學校向林校長做探聽：

「這個老師你不免太過考慮啦！你若去大樹請裁探聽羅安心這個人，人就會攏講乎你聽！」林校長向前來探聽者說。

在校園中，師生們都暗中稱呼林校長「烏軍」（象棋中的將），人人確實都怕他。林校長平時少有笑容，無論老師或學生見面向他行禮問好時，他不作回禮，有時頂多從他口中回一聲「嗯！」就已經夠禮貌了。但是有一次禮拜六下午放學時，大部分單身老師都已經回鄉，景雄在學校附近路上遇見林校長，不料林校長卻向景雄先行禮招呼：

「你担會還未轉去？」

景雄把林校長曾經見面時，先向人招呼的情況告訴幾位老師，卻沒有一個人肯相信事實。

「其實理由很簡單。」景雄向一位知己的老師說道：

「林校長因為幾年前一心熱衷於政治活動，結果花了不少錢，為了周轉有時要借貸。」

那是因為有一天景雄下課走過總務處，主任潘成助上前說：

「你後節課替我去上體育，校長這陣叫我馬上想辦法弄五萬元要急用！」

景雄替潘主任上體育課，他依照一般體育老師的習慣，先進行學生整隊後，下令全體跑操場一圈暖身。當隊伍不整的學生紛紛跑經校長室門口時，卻被林校長全體喊「立正」站在原地不動了。不久校長室的「助理」職員受令跑到景雄面前說道：

「校長叫你立刻到校長室！」

「報告校長！」景雄在校長室門口，拉高聲音喊道。

「入來！我一再蹛校務會議中強調：上體育課的時陣，老師一定愛穿布鞋。你看你穿皮鞋就在上體育！另外學生上課嘛愛有上課的款，你看你的學生踅運動場，未輸放粉鳥四散飛……。」

景雄站立在桌前，每聽林校長罵一句，就故作緊張一下，任由林校長一直罵，都不回應。大概是罵累了，或者是罵的人心裡覺得奇怪，為什麼被罵的人都不辯解？所以林校長便聲調緩和說道：

「你有什麼話要講無？若無你去上課。以後入來校長室不免佫喊『報告』。」

「報告校長！其實我無體育課，是因為阿助仔叫我代伊的體育課，講伊臨時有緊急的大志要辦！」景雄裝作不知真相的說。

「若安尼你就叫學生自習就好，不免佫出來運動場！」林校長的語氣完全軟和而且含帶歉意了。

景雄了解林校長的個性，完全是一副傳統「老大」的作風。這種風格的人是充滿統御慾望，卻又會保護部下的。如果能夠好好尊重他的「領導」，那麼身為「小弟」的人，也就不會受到外來的欺侮。景雄在當臺北看守所「牢頭」期間，曾經在這方面受到一位「高人」的指點，所以他很巧妙的善用要領在自己與林校長之間的關係上。果然受到對方另眼相待，讓同事們看在眼裡，也都想不出道理。由於受到林校長的喜愛，所以在景雄往後回到大樹經歷的人生波浪起伏中，受到林校長極大的助力。其事件始末在此暫且不提，留待後面再詳述說。

平時沉靜寡言的林校長，每次和景雄單獨相處的時候，幾乎是無所不談。在當時高雄縣教育界給他一個封號，就是「校長的校長」。其原因有二，第一他是縣教育會理事長，縣內的校長們都以他為「龍頭」。這一點使景雄想起自己隨父親前往旗山國中求職時，林校長把父親當前輩看待，第一次見面就把聘書送給他，因為父親是戰後首任教育會理事長。第二是他提拔的校長，在縣內有很多人，所以每次舉行校長會議時，大家都聽他的。他的影響力甚至可達縣教育局。有一次一名督學因受理檢舉私自在家補習案，到學校調查一名蔡老師。督學進入校門後，先是見林校長：

「我受令到貴校調查蔡××在住家補習案。」

「你先坐，不必忙著找人。」林校長授意督學坐下，不讓他傳喚蔡老師。然後繼續向督學說：

「不會啦！蔡老師不會有問題的，你可以放心回去做交代了！」

督學就在林校長拍胸坎担保下離開，這時候林校長立刻傳喚蔡老師，經過詢問屬實厲聲說道：

「從今天起，立刻停止補習。」

林校長的作風就是這樣，凡是老師們遇有困難，馬上挺身處理，所以雖然外表看起來兇，但是卻廣受老師們的尊敬。

總務主任潘成助最喜歡替景雄作媒，後來經潘主任自我介紹，景雄才了解他的父親是一位早期的老師，在日本時代就當過校長，這一點在當時是本島人少有的殊榮。他們一家族人都清楚景雄的家庭狀況，所以景雄一到旗中，就受他特別關照。另外有一名故鄉在六龜的劉武雄老師，也想要替他作媒，劉老師曾對他說：

「我大哥當六龜鄉長時，曾經介紹六龜國民學校郭新富校長的女兒給你二哥文雄，雖然沒成功，但是這次我希望可以為你作媒成功。」

景雄就在家人和同事們的牽線下，相親了幾乎多達三十次，但是都無緣而散。雖然失敗原因很多，但是大部分是「男方有心，女方無意」。景雄於是對婚姻覺得失去信心，也感到疲倦，因此暫時休息，不再做無謂的「相親」了。過了一段時間，心中卻又燃起想成家的慾望，這次他改變了方式，他覺得「找對象何必假手他人？」於是他把目標放在學校單身伙食團的女老師身上。在伙食團中用餐的女老師中有一位章老師，他試著向她表示欣賞之意，經過一段時間以後，雙方開始交往。半年後經過女方同意，景雄由大姊夫、大姊的陪同共赴章老師的家中提親。結果女方母親私下向景雄表示：

「你若欲娶伊就愛蹛高雄買一間厝。」

隔天回旗山後景雄為了「高雄買屋」的事，與章老師發生了爭執。章老師堅決表示自己母親的看法為是，翌日又向景雄表示：

「我今天到保健室，護士張小姐也說人人都希望日後生活能夠過得好一點。我希望你……。」

聽到這裡，景雄已經感到自己和章老師又要「無緣」而散了。景雄天生「臉皮薄、自尊心強烈」，他覺得必須再買房子才肯嫁女兒，表示自己被看成分量不足，既然被「棄嫌」，就不要在一起，以免受人輕視。這一點有不少他的同學、朋友的做法正好相反。他們有的是被女方家長當面嫌學歷低、有的是被嫌長得太矮……。而且女方家長都是毫無保留的當面表示，甚至厲聲批評的。但是由於他們抓住了女主角的心意，加上本身不具自尊心，所以都成了「眷屬」。日後他們與朋友相處之間，還都引以為傲的說給大家聽。

景雄有一位小學同學黃丁三，他在國際商專教書。有一天隨他到高雄租屋處，認識了他的室友羅老師。羅老師很熱情，與景雄相談投入以後說出他的人生遺憾：

「我這幾天心情壞透了，因為我做錯了一件事，使得心愛的女朋友離開了我。」

「為什麼要離開？」景雄表示關心的問。

「因為我叫女朋友，在婚禮那天請她的媽媽不要出現。」

「那又為什麼？」景雄又不解的問。

「因為有一天她媽從鄉下到高雄找她，我看到她媽一副鄉下婦女模樣，覺得如果出現在婚禮場合不體面，想不到自己竟然講出那一句不尊重別人的話，結果女朋友就決定不嫁給我了。」

景雄覺得羅老師的女朋友所做的決定不但很對，而且相當令人欣賞。

在學校功課受大家的重視，但是人生有一項事情，應該比功課還重要，卻從來不被老師們拿來做為教學項目的，那就是「慎選結婚對象」、「如果不被尊重，千萬不可結婚」，否則肯定不會有幸福人生。其實在古代婚姻就被視為人生最重要的事項，這一點從文字的制定就可以獲得證明。例如「甚」字的構造是由「甘」和「匹」結合而成，甘字是甜蜜的意思，匹是匹配的意思。兩字結合以後構成一個特殊警惕世人的字，它就是「找到彼此被看得起的對象，才算是一輩子幸福的」。

景雄的婚事不成以後，有一天潘主任突然向他說：

「我來替你和柴老師牽線，你今晚飯後到她家去！」

離開潘主任以後，景雄心中一直盤旋著最近的往事：當自己進入旗山國中任職期間，經常發現柴老師騎腳踏車往來學校。他覺得這位女老師頗有一分淑靜的特質，由於好奇心所使，就在一次和潘主任的閒話中向他說及，未料當潘主任知道景雄和章老師的婚事不成以後，便主動想牽起這條紅線。景雄如約前往柴老師住家，受到柴老師及她兄嫂的歡迎，接著便和柴老師兩人天南地北的閒談，然後辭別回學校宿舍。連續大約一個月的時間，都是這樣的經過，其間兩次星期假日相約共乘機車出外踏青，使離鄉的遊子，也得到些微如同有「家」的感覺。後來不知是否景雄覺得單方的主動太感「疲累」，所以在一次談話中突然提出：

「柴老師！不知妳感覺如何？如果可以的話，我們訂婚好嗎？」

「啊！太快了！既然能夠單身這麼久，為什麼不要再等一段時間？」

景雄心中只覺羞愧萬分，沒想到滿心誠意卻因只差不能體會人意而被拒絕，從此他便無顏再前往找人家聊天了。

不順意的事情使景雄不斷的思考著：

「一定是自己的條件不夠優秀，才會在姻緣路上坎坷難行。」

景雄突然覺得自己長得不像父親，否則一定會像父親一樣，在臺南求學中常被一群高校女生，互牽手圍路的。想到這裡在他心中產生了一個大決定，然後把這項決定提出，找林老師一起研究：

「你覺得我們，尤其是我自己在找老婆的路上，走得很不順利，到底原因在哪裡？」

「這個嘛！我一時想不出來。」

「我想主因在於人長得不夠緣投。你想如果我們都長得像法國影星亞蘭德倫，然後向女子提及結婚，她們還會要求買屋或嫌訂婚太早嗎？」

「唉！你說的真是一針見血！」林老師也表現恍然大悟的神態。

「所以我覺得我們要改造人種，不要再讓我們的下一代遭受我們一樣的命運。」
林老師一時間也不知如何回應，於是景雄又說：
「你想想看，人類真是聰明，他們自古就懂得改良家畜的品種，注重優良品種的培育。但是卻有人不注意自己也應該好好傳延優秀的子孫。俗話說『種豆得豆』，我們一定要在選擇老婆上用心注意，以便改良後代。所要注意的項目雖然很多，但是首先必須選擇外貌漂亮的老婆。因為漂亮的母親會生漂亮的兒子，如此一來我們的子女才會有一副人模人樣的外表，他們也才會在社會上做事方便，尤其是在找對象上順利，不必再重蹈他們老父的覆轍命運。」
景雄這項提議受到林老師的贊成，於是兩人便合力進行他們的計劃了。不久在某一天的黃昏，走經客運總站北方土地公廟前時，林老師發現一名剛下車的女子單獨而行，他立刻通知景雄說：
「你看！就是這個！」
景雄順著林老師手指看去，見一名面目清秀女子，確實也使他驚嘆著：
「啊！對。其實心中所求就是如此。」
就在談話中，該女子消失不見人影了。過了幾天晚上，兩人行經媽祖廟後方一家百貨店門口時，林老師突然又驚訝著說道：

「啊！在這裡！那位小姐在這裡！」

兩人隨即進入百貨店內，果然在化粧品專櫃裡站立著先前所看到的女子。林老師領先走到專櫃，直接坦白的向對方說：

「啊！小姐妳真漂亮！我這位朋友，前幾天就偷看過妳了，他想和妳做朋友。」

專櫃小姐見林老師毫不保留的言談，覺得不知如何是好。只不過景雄和她兩人就在很自然的狀況下進行互動，也在女方從無「嫌棄」、雙方彼此尊重中，很快的經過半年，在景雄任教旗中第二年暑假，雙方在九曲堂住家舉辦婚禮了。至於林老師也找到了目標，早在同年暑假之前在仁武故鄉成親。那年暑假景雄和林老師都離開旗山，回自己的故鄉定居，並且各自轉勤到家鄉學校任教了。

三十年後景雄從教職退休，雖然平時日子過得平淡，但是樂觀的景雄覺得生活美滿。因為老婆很會理家，不但居家每天弄得整潔、每日三餐親自料理，極少讓家人外食，而且節儉持家，長於理財，存錢購買不少土地，頗受鄰里讚揚。其中還有一項最引景雄自豪的是「老婆果然按照景雄所願，生了一對面貌好看的子女」。景雄直到年老才向女兒和兒子述說長久以來隱藏心中的秘密：

「你知道你們都能夠長得廣受同學、朋友們喜愛，是怎麼來的嗎？……」

他們聽了父親的婚前「偉大計畫」以後，都產生了一份既崇敬又感謝的態度。

「我童年時候，常常被人家選去當婚禮的花童，至今回味無窮。」女兒宛詩說。

「我求學時，就時常收到不具名女同學的信，在上班時，也常常有一名女護士站在身後，看我為病人看診，直到被院長制止才停。」兒子振岡也得意的說。

在景雄的心中，覺得自己一生雖然沒什麼表現，可是至少如願完成了心中的計畫，也頗自我安慰了。

人生旅程不可能十全十美，這是在每個人都有的現象，如果一個人能夠有一項自豪的事完成，那就不虛此行了。

「我們都各自成就了一雙俊男美女，你不覺得這是一件偉大工程嗎？」年老後，在一次相處中，景雄面帶笑容向林老師說道。

林老師也開心的笑了！他的喜悅只有景雄能夠了解，一般親友是無從知道的。正是：

一心想改子孫命
全力遵從計畫行

第十七章

特工二現欲繩入罪
好友雙扶化險為夷

結婚之後，景雄夫婦與父母弟妹們同住九曲堂老家。平日除了授課，剩餘時間也會夫妻共乘機車，走訪林老師，日子過得平淡。有一天突接潘成助主任來了一通電話：

「你是做什麼大志？調查局的人那會走來欲找你？」

「伊有講什麼沒？」景雄問。

「伊講你寫文章投美麗島雜誌罵政府！」

「喔！有啦。我兩個月前有投一篇。」

「我已經給調查局的人講『這個老師不會啦！伊是一個標準的好老師，不會做這款大志。』然後伊就轉去了。」

翌日傍晚，大樹國中又有一位老師傳話給景雄：

「今天降旗後，學校來了一名年輕調查局人員，他是政男仔的同學，他想要找你，結果碰巧遇到政男仔，政男仔向調查人員說：

『啊！無可能啦！這個人認真教冊，那會做什麼反政府的大志！』」

在旗山國中任教的時候，景雄和林老師經常逛旗山街上的書店。景雄對當時發行的雜誌《美麗島》特別感興趣，所以每期出刊都會買來閱讀。有一期報導省議員張俊宏質詢省主席×××的對話：

「臺灣省的警察局，包括分局、分駐所、派出所，總計達×個。所有的局長、所長全部都是外省人，找不到半個本省人，這種情形對嗎？」

「臺灣自從光復以後，大陸三百萬軍民轉入臺灣。這三百萬人都是優秀人材，有才能的人做主管，來領導我們並沒什麼不對。」×主席答道。

景雄讀了他們兩人的對話以後，覺得身為本省人的×主席不應該不了解臺灣人在當時就有很多各方面的人材，因此他便提筆寫了一篇反駁的文章，題目名稱〈烏白講〉，寄給了《美麗島》雜誌社。文章大意是說：

「戰後的臺灣，許多機關的首長職位都由外省人佔據，但是部分的外省首長，並不具備該有的專長或操守。例如最大的公營企業，臺灣糖業公司所有糖廠，廠長都是外省人，但是他們並不懂工廠如何操作運轉？蔗作如何栽培？一切都靠原有的本省老幹部帶領。又如學校老師，大部分外省老師不會說國語，鄉音太重，甚至重到學生聽不懂程度，而且大致不會教音樂、體育等現代化技能科。再如警界的首長，本省有好操守又有擔當的人材，如莊順安等人也都不能被重用。所以省主席×××說：『外省人移入臺灣的三百萬菁英可以領導臺灣人。』是『烏白講』。他是違背良心，故意在『主子』面前講人家喜歡聽的話，以求自己利益，而不顧族群尊嚴的。」

這篇稿件，根據內行人說：

「應該是到了臺北郵局，就被駐在局內的『安全人員』所攔截閱讀過，並將作者列入黑名單。」

景雄於是變成被逮捕對象。當旗山潘成助來電通知時，他心中已抱定最壞打算，所以告訴老婆：

「如果有一天，我突然失蹤了，妳要……。」

幸好有潘成助和政男仔兩位好友雙助，化險為夷。至今雖然已經事過四十年，但是景雄依舊謹記在心，永遠忘不了這段恩情。

後來因《美麗島》雜誌引發了高雄「美麗島大遊行」，帶頭的施明德、陳菊等人被捕入獄，成為國際新聞。

出獄後的施明德競選立法委員，獲高票當選。陳菊任高雄市政府社會局長，之後當選高雄市長，成為高雄市首任女性市長。縣市合併後更連任兩屆大高雄市長，因美麗島事件而入獄人士，紛紛受民眾擁戴現象，深深的打擊著國民黨蠻橫的作風。陳菊的奇蹟令人無法忘懷，景雄特地留詩以誌所感：

巍哉民運士，鳳邑展才華。
德政蒼生惠，鴻猷海內誇。
勤耕雙十載，澤被萬千家。
彷似秋冬菊，寒天遍放花。

景雄從小就喜愛學校所舉行的遠足、旅行。在大樹國中任教期間，第一次帶領班級學生旅遊時，夜宿中部谷關旅社。他被周圍雄壯的高山、潔白的溪水所迷，傍晚一個人走出戶外，不由自主的一面走動，一面觀看眼前美景，幾乎忘我似的吟出一首七絕：

綿峰萬里入天邊
碧水千迴奔眼前
近晚山風驅俗念
狂歌絕嶺宛如仙

旅行使景雄的心胸開闊，大自然的偉大使他覺得人類的微不足道。但是這個微不足道的生物，自古以來卻一直在世界上興風作浪，永不停息。

學校本來就常常舉辦旅遊活動，這也是景雄所以選擇教職的原因之一。藉著它也會給他帶來一些小說、散文作品的出現。尤其是詩作，更是他常用的記錄心得方式。有一次帶領二年級生登阿里山，遊覽車長時間在山腰盤旋爬坡，從車窗往外望，不同山勢、不同樹木、不同飛禽、不同雲霧不斷在眼前變幻。直到山頂，只見高聳插天的紅檜大樹，群立在眼前、群立在雲層飄浮間，不由令人驚嘆造物的神奇：

輾轉對山旋，輕車到嶺巔。
閒雲迎面過，古木指天延。
放眼低綿岫，振衣遠俗煙。
突思追老檜，避此享高年。

在同校任教的陳正民老師也喜歡作詩，他寫了一首〈臺東奇景，水往上流〉的七絕一首，還特地使用「水往上流」四字當每句的句首，堪稱一首妙詩：

水道彎彎穿野畦
往將來客論高低
上蒼造物稱奇景

流向何方總是謎

景雄欣賞同事的好作品之餘，也以其韻腳「畦、低、謎」口占一首，作為和韻：

一條白水劃青畦
常引人爭那裡低
世界本來藏萬象
形形色色好多謎

自從調回大樹國中以後，每遇學校舉辦教職員工「自強活動」，景雄一定夫婦兩人一同報名參加。有一年林務局開放保有大批老紅檜林區的「拉拉山」，學校搶先舉行入山參觀。那裡除了尚存許多老紅檜以外，還出產臺灣難得的水蜜桃，所以一開放便吸引了許多遊客。

想不到中央山脈深處，依然存在這麼多巨大神木。每棵樹木旁邊，林務局分別立下解說牌，介紹它們的樹齡。對於老樹得以長壽，景雄深感佩服並口占七絕二首，以誌感懷：

其一

橫柯蔽日蔭周圍，古木群生氣勢巍。
記板紛紛標老壽，人生一瞬顯輕微。

其二

秦皇霸業早成煙，老檜同齡氣數延。
枉費遍尋長壽葯，不如大樹自高年。

正當景雄夫婦一對兒女童年時候，有一年冬季邀同吳龍一、王光昭兩位老師，各自駕車乘載妻兒遠遊合歡山。當到達大禹嶺時，即逢雪花紛紛飄落。這是景雄第一次看到下雪，心中異常興奮。他覺得地球上與臺灣同處緯度的陸地很多，下雪的狀況極少，在臺灣卻能夠賞到雪景，不禁讚嘆：

合歡山頂雪花飛，遠近白峰列四圍。
綠女紅男戀絕境，不聽鵑鳥叫人歸。

進入大樹國中以後，景雄發現這裡和旗山國中有著極為不同的生態。就是大樹國中的行政人員很高傲，教師很膽小，經常被行政人員欺侮，而且被欺者只敢怒不敢言。這種現象看在景雄眼裡，很不自在。他固然覺得行政人員的作威作福不應該，但是教師們的奴性才更令他覺得不滿。有一次看到一名教師在座位哭泣，經詢問才知被某組長指派出差，因拒絕而被罵。景雄便利用校務會議發言：

「請問組長可以指派老師出差嗎？請問你老師並不是你的部下，你知道嗎？」

從此以後那位平時常常酗酒，喜歡管人的組長，變成很客氣了。

景雄常常聽一些女教師們埋怨：

「我就是家中孩子小，沒太多時間當導師，但是學校卻永遠不讓我當專任。可是那些有特權的人，就是永遠可以當專任老師。」

景雄覺得如果有不合理的現象，應該在會議中提出，為什麼只會在背後埋怨。

「如果提出由大家輪流當導師，是不會被採納的。」某位老師說。

「為什麼？」景雄問。

「因為這樣一來，校長就喪失了一份權力。」另一位老師說。

在當時各地國民中學，傳聞如果想進學校當老師，有些校長會收取「紅包」才用人的現象。校長有任用權，以致產生許多教育界弊端、產生社會對學校的壞印象。

大樹國中在丁××校長任內，很喜歡召開會議。在會議中時常規定老師必須擔當各項任務和遵守他指定的規則，弄得許多老師非常緊張。因為校長自己也經常一大早就站在校門口，平時稍晚進校門的女導師，更是擔心害怕。在九曲堂有一慣例，就是地方機關首長，如電信局、郵政局等局長都會舉辦定期餐會，新來的丁校長被他們邀請參加。會後局長回到家中告訴當老師的女兒：

「你們學校新來的丁校長，他說他還有許多規定，要老師們一定做到。」

「規定什麼？」

「他並沒說出來。在宴席中，只因有人讚美丁校長很有辦法，能夠管理學校，讓全校老師都不敢偷懶。結果丁校長卻得意說道：『我還有許多辦法沒有拿出來，等我拿出來以後，老師們就會更認真了！』」

丁校長說的話，傳進學校以後，校內的緊張氣氛更加瀰漫，造成老師們不敢晚入學校、不敢隨便離開學校。男老師有幾位兼任行政工作的人，也一大早就站在校門口，陪伴校長看著學生魚貫進入學校。不過有些年資較深的男老師，並不跟隨大家起舞，依然不把事情看得太嚴重，同時心中還覺得丁校長的行為太使他們不滿，以致罵聲連連。他們雖然心中不滿，但是卻只是大家在一起時，彼此在背後說說而已。不料有一天教育局傳來一則消息：

「有一名不具名的老師，檢舉丁校長授意教務主任使用坊間測驗卷、指使訓導主任在升旗典禮時間，公然鞭打學生屁股。」

消息傳來，丁校長立即著手調查檢舉者。「安全秘書」尤老師也突然向全校老師宣佈：

「為了重新建立老師們的新資料，請各位老師各寫一份自傳限時繳交。」

內行的老師都知道，平時性情溫和的尤老師是故意拍丁校長馬屁，想要對照筆跡，以便抓出檢舉人。

有一天景雄在升旗典禮時，陳××老師向他說道：

「到底是誰檢舉的？真是不顧學校名聲！」

「為什麼不可以檢舉？難道使用坊間測驗卷、體罰學生是合法的嗎？今天有人勇於檢舉，應該受到獎勵，怎麼反而大家都在議論檢舉人的不是呢？」景雄仗義的說辭，使得陳老師一時不知如何是好。

在景雄的心中，早已略知大概，他覺得平時和自己談話非常投機的衛生組長×××，一定是檢舉者。這是從平時的言談、行為上獲知的。景雄把自己和陳老師在升旗典禮時的對話說給×××老師聽：

「雄仔！我足欣賞你的態度，我的看法完全和你同款！」×××第一次伸出雙手，緊緊握住景雄的右手。

過了三天，×××組長特地找景雄，拜託陪伴一起共赴一場約會：

「今天晚上請你陪我到磚仔窯牛肉爐店約會。」

原來是丁校長已經查出檢舉人就是×組長，所以透過旁人要他赴會談論。景雄接受×

組長邀約前往，到了指定地點，發現丁校長一共邀集了前任校長林××、主任羅××、組長陳××三人到場。當菜餚上桌，大家互敬第一杯酒後，林××校長首先開口道：

「今天希望丁校長和×組長，雙方都把話說清楚，以免日後再生枝節。我想×組長也絕對不含惡意，一定會到此為止，不會再堅持下去，其實他已經很怕丁校長了。」

「說實在的，×組長就像一尾無毒的蛇，不會咬人的。」陳組長接著說道。

「希望兩位剛才說的都是事實，否則我是絕對不肯罷休的！」丁校長最後說道。

「來啦！大家都沒事啦！喝酒啦！乾杯！」

不知是誰催促舉杯，大家都一起暢飲了。景雄跟著大家迷糊的灌入一杯啤酒，心中卻不斷沉重思量著：

「受丁校長邀來的三人，每一個都是×組長多年的同事。他們和丁校長都只有短暫的認識而已，同時整件檢舉事件，都是丁校長違法，但是卻有兩名發言者，都表示×組長不對，請求違法者丁校長的原諒。另外有兩人不作發言的就是景雄兄弟了。雖然他們沒有說話，但是景雄自覺也很不應該，因為他們也應該仗義發言，指責丁校長的違法才對。」

景雄把自己的儒弱記在心頭，他訂下一定痛改自己的缺點，期待日後自己能有不同表現的機會。

平時景雄在辦公室，遇到沒課的時候，會如許多同事一般，喜歡批評行政人員的毛病。鄰座有一位他初中同校的學弟×老師，他也很看不慣行政人員的神氣態度，因此兩人談話投入，形同知己。不久×老師被丁校長聘為訓導處訓育組長，兩人才從此分開座位。

有一天訓導處傳來一份聘書，要景雄暫時代理三年級某班導師。因為原導師謝三郎車禍腿折，請假療養。景雄代理的班級是「放牛班」，學生大部分不想讀書，規矩較差，喜歡逃課外出。有一天班上一名同學，名叫林×興的爬牆外出，正巧被丁校長抓到。校長大為生氣，特別交代教務、訓導兩處，向兩位主任說：

「林×興不可以畢業！」

景雄調查林同學將近三年來曠課記錄，發現曠課時數很多，又被校長指定不能畢業，所以為他著急，因而找他來商量：

「你想不想能夠畢業？」

「想！」

「可是校長不讓你畢業，你想怎麼辦？」

「我想不出辦法！」

「這樣啦！從今天開始，你不要再逃課，到時候老師保證給你畢業證書，好不好？」

「好！」林×興爽快的回答，果然從此天天照規定到校上課。

「林×興已經依照我和他的約定，天天到校上課，不再逃課了。我也保證老師可以讓他畢業，所以請打消不讓他畢業處分。」景雄特地前往教務和訓導兩處，向兩位主任都說完上述請求，結果都一樣的接到兩名主任的回絕：

「林×興依法不能畢業。」

景雄聽了兩名主任的回話以後，都分別向他們放出下面一句話，然後離去：

「我還會再來，直到事情成功才停止。」

過了兩天，景雄再度前往教務處，適逢主任不在，註冊組文組長問道：

「有什麼事嗎？」

景雄又把林同學的事，向他說了一次，不料文組長也說：

「林×興依法不能畢業！」

當進入訓導處時，主任又不在。在座位上的×訓育組長也說：

「依法林×興不能畢業，你不知道嗎？」

以前×訓育組長和景雄鄰座時，兩人曾經同仇敵愾的議論行政人員的驕傲態度，不料他當上組長以後，竟然一副十足的官僚。因此景雄便在他的面前座椅上坐下，然後慢條斯理說道：

「你說依法嗎？我問你，現在你、我和阿武仔（陳剛武管理組長）三人都在這裡，坦白說我們三人都有依法在做事嗎？尤其是你，你平時不是常常自以為了不起的說：『我在家補習數學，如果想來我家補習的學生，在校成績不到八十分就一概不收嗎？』我再問你，老師可以私自在家開補習班賺錢嗎？你只要求學生依法，卻自己暗中專做違法的事，有資格當老師嗎？」

說到這裡，只見×組長臉色青白，默然不語，完全失去先前的驕傲神態。

林×興同學的家長聽了景雄報告以後，決定把×組長在家補習的真相，向教育廳提出檢舉，他說：

「在×老師家補習的學生，我認識很多人。等一下我就親自到他家，問他如果要依法，就大家一起來依法好不好？」

當天晚上，景雄在家裡接到一通史老師（×訓育組長太太）的電話：

「今天林×興的爸爸到我家來，聽說你鼓勵他提告我家開補習班嗎？」

「是啊！沒錯。」

「這樣的話，那麼你很惡毒喔！」

「你說我惡毒沒關係，但是到時眾人會說我是消除教育敗類的英雄，說不定教育局還會發獎狀給我的。」

電話就在對方不再回話中掛斷了。第二天在學校，程老師找上景雄，以嚴肅的語氣說：

「如果家長和老師們發生爭執，老師們應該團結對付。」

「我才不聽你這樣的歪論咧！當一個老師最重要的任務就是愛護學生，如果老師對學生『以強欺弱』，旁觀的同事還要助長惡勢，這樣的學校會變成怎樣？」

程老師和景雄平時在一起，是無話不說的同事，只是程老師還沒完全了解景雄的個性，聽到這段回話以後，也不再言語了。最後景雄說道：

「其實我也不想告他，因為每一位老師的職業都來得不容易，人只要知道認錯，我就不做檢舉了。」

當天晚上，×訓育組長夫妻提了一盒禮餅，進入景雄家中：

「昨晚我在電話中，對你說了不尊重的話，真是對不起！」史老師說道。

「啊！無大志、無大志！大家有話坦白講就好。」

×訓育組長的事件落幕了。景雄接著又到教務處，第二度找教務主任張××：

「林×興依法不能畢業，你不知道嗎？」張主任理直氣壯說道。

「你們只聽校長那句話，就把它當成聖旨遵守，未免太死忠了吧！」

「你說的什麼話？」張主任臉上顯現怒氣了。

「你剛才說學生要依法，那麼你要不要依法？」

「當然要啊！」

「如果你有做違法的事情，我可以檢舉嗎？」

「可以呀！」

「好！教務處每星期六、日兩天都在大禮堂舉辦升學模擬考，那些測驗卷都是從坊間書店拿的。你明知政府嚴禁學校不可使用坊間測驗卷，卻大方的使用，現在我就來檢舉你沒有依法好不好？」

「好呀！」

景雄料不到張主任會大方的接受挑戰，但是卻又內心一股「只要認錯，不害人無頭路」的初衷油然再生：

「我不慣在對方不情願的狀況下攻擊人家，所以我再等兩天，只要你認錯，我就不檢舉你。」

過了兩天，張主任沒有動靜，所以林×興的家長向省教育廳提出了檢舉。由於證據十足，所以教育廳下令縣教育局進行調查。導致丁校長緊張的向平時消息靈通的吳××老師打聽消息，待了解真相以後，向吳老師說：

「××仔做大志那會安尼？那會欲和景雄仔對立？真正是不見棺材不掉淚！」

根據消息傳說：

「本來從丁校長以下，教務主任張××和教學組長等三人都要懲處。最後教育局李代局長做裁決只懲處張主任一人了事。同時縣教育局也來了一通電話警告學校行政人員：

「不可以口口聲聲『不讓學生畢業』，學生有偏差行為，站在教育立場要盡全力輔導，務必讓學生改正才是要務。」

為了貪戀兼任行政職位，就拋棄老同事交情、就不顧是非道理、就一心傾向權勢、就不知教育原則，這樣的兼任行政教師，真是令人覺得可惡，卻又令人覺得可憐！正是：

只重長官命令

不察教育初衷

第十八章

校長濫權私立法
教師忍辱自求生

丁××校長自從平定×××檢舉事件以後，實施加強「管理」教師動作。利用各項會議，進行對教師的約束。除了例行的每學期兩次校務會議以外，還有每星期一次的導師會議、每個月的動員月會，以及不定期的臨時會議，所有會議都由校長一人當主持人。雖然名義上都是討論學校事務，其實幾乎都是校長一人在對教師們「訓話」，教師們極少有人發言。不過大家在私底下卻又對丁校長的生活有許多流言：

「昨天丁校長夫婦又一起在××家打了一夜麻將。」某甲說。

「前幾天深夜，校長的房東向我投訴，說他們兩人吵架。校長說：『你就是什麼事都要管我。』夫人說：『是呀！你在學校管老師，我在家管你！』」某乙接著說。

因為丁校長租屋在外，夫妻吵架的情形很快的流傳在鄰里間。地方耆老梁連成先生有一次向羅安心提議：

「像這種愛博局的校長，應該不通留在地方教壞子弟。」

「唉！想不到×志傳竟然有這款的侄仔。」

景雄覺得丁校長的行為已經令眾人輕視，卻又喜愛濫用權力，只顧管別人，不知自己缺點。所以在一次動員月會中提議：

「動員月會的章程，並沒有規定首長是永遠的主席，而是由與會者互選『主席團』，然後輪流主持會議的。校長如果沒輪到當主席的時候，就不可以坐在主席臺上。」

「雖然法令是這麼規定，但是校長還是『當然主席』。」丁校長說。

「沒錯。但是主席不止一人，必須以輪流方式進行會議才是。」景雄說。

於是會中立即採用景雄的提案，選出五名主席團，景雄是被眾人選出之一，同時也被選為『糾察小組』成員。從此以後，每當校長在月會中，沒有輪到擔任主席的時候，便和一般老師坐在臺下了。因此動員月會舉辦不久，就被丁校長取消了。

丁校長雖然取消了動員月會，但是他卻增加了臨時會議，常常利用早上八點之前的半小時，召集會議。景雄參加了幾次以後，便決心不再參加了。結果卻收到人事主任發下的一張公文，大意是：

「臺端不參加重要集會，依法必須懲處。請於文到之三日內，向人事室提出說明，否則……。」

景雄接到公文後，並未到人事室說明，他也依樣畫葫蘆，寫了一張公文給人事主任，內容是：

「其一、七時三十分並非上班時間，誰有權力叫人家參加會議？其二、既然本人已經違法，怎麼可以向臺端『提出說明』以後，就可以免懲？請三日內提出說明。」

文末景雄還署名「動員月會糾察小組」發文字樣。

當人事主任收到景雄的回文以後，氣得全身發抖，見人便說：

「反了！反了！」

衛生組長×××自從在磚仔窯牛肉爐店，被丁校長當壞人遭恐嚇以後，便努力尋找丁校長的違法事項。有一次值夜時間，特地通知景雄到學校，兩人一起進入總務處，搬出許多帳冊，將有疑問的收據拍照收集。其中有一張是民國六十七年九月，「中秋節教職員摸彩禮品」的報帳收據，景雄特地將它影印。

王文輝老師平時和景雄頗有往來，只是兩人個性不同。當丁校長調來大樹國中時，王文輝常向同事表明：

「丁××和我很熟，他對我很友善，就像兄弟。」

在初期，凡丁校長有需要協助的地方，王老師都會挺身處理。例如早晨也會陪伴丁校長站立校門口，看學生入校門。不過到了一年後，聽景雄表示將對丁校長有所反擊，而正忙於收集資料時，他向景雄說：

「我也有許多對他不利的資料，到時可以提供。」

景雄覺得奇怪的是，王老師一向迎合丁校長，怎麼可能會幫助自己？丁校長初到任的第三個月，張××主任替丁校長招「互助會」。當張主任向景雄勸募時，才知前面七個月都不可以「標會」，全部由會頭丁校長無息領取。大家都覺得這樣的「會」是第一次遇到。可是景雄發現參加名單已達二十多名，名單中清楚的列有王文輝三字。景雄看了名單以後向張主任說：

「我的收入只夠參加一個會，現在學校中還有洪正常老師向我『邀會』。由於洪老師已經和我同事三年，而和丁校長間只共事三個月，所以我必須參加洪老師的『會』。」

對於王文輝老師所說，可以提供「資料」的事，頗讓景雄覺得奇怪！「為什麼王老師會一反常態，對丁校長反感？」經過訪查以後，才知道原來是丁校長不再把他當兄弟看待，已經用長官的姿態對待他了。

和×××組長在總務處收集的帳單中，有一份是「校長室裝設電話費一萬三千元」。電話機的裝設地點是九曲堂菜市場邊，某住宅的三樓，正是丁校長的租屋處。景雄和林組長兩人都覺得丁校長的人格真是低落。過不了幾天，學校傳聞羅華雲主任受丁校長的拜託：

「羅主任啊！我不做校長了啦！無論如何你要替我解決這件事，拜託你啦！」

原來是丁校長在屏東開了一家工廠，由他的妻弟當廠長。每天有大樹國中三年級生，在工廠從事「建教合作」。一天廠長不知因何故，竟然命令一名學生跪下，然後以螺絲起子猛刺學生的身體，造成該生傷痕滿身，引起學生家長反彈，即將告發校長。景雄打聽學生家住溪埔村，便利用放學時間到溪埔村，尋找初中時代的老同學鄭××：

「那個學生就是我的侄兒。昨天你大兄羅主任帶丁校長到我二哥家中，丁校長口口聲聲求我們原諒。最後我們兄弟都看在羅主任面子，所以才放棄提告的。」

當時的「建教合作」，雖然是政府所准許，但是廠方必須斟酌發放學生工資的，然而學生們都未收到分文。

丁校長到校的第二年，授意人事主任制訂「大樹國中人事規章」。並將該規章每一人發放一冊，傳令人人必須遵守，使得校園中緊張氣氛更加瀰漫。景雄決心遏阻丁校長的囂張行為，但是卻不願造成雙方失去職業，或遭政府懲處的狀況下，讓丁校長收斂，所以事先在學校同事間放話：

「我要在校務會議中提議校長必須宣佈『大樹國中人事規章』作廢，如果校長不聽的話，便提出檢舉校長全部犯法事件。」

學校的老師們聽了景雄的宣佈以後，表現各異，有的興奮、有的存疑、有的期待、有的擔心害怕被牽連。然後景雄還表示廣求同事間，若有人收集校長違法事件者，希望能夠提供。結果除了林××組長以外，便沒有其他人了。景雄就在丁校長接任的第二年開學的校務會議臨時動議中，在校本部與分部全體教職員，將近一百人的面前，向校長提議道：

「校長發放每人『大樹國中人事規章』，請立即宣佈作廢。因為沒有經過立法程序，私訂法律就是違法行為。同時規章中有一條『教職員必須參加升降旗典禮，否則每未參加一次，便以遲到一次論』，句尾還括弧註明是依據『省教育廳勤惰差假管理辦法』第二十條。但是據我對照原法令，並不是那麼說的。原法令是說：『職員必須參加升降旗……。』校長又把『職員』改成『教職員』，便是私訂法令……。」

「我自從調入本校，就一心要把學校辦好。如果學校要辦好，各位老師就一定要有一切為教育犧牲奉獻的精神……。」

丁校長不做正面回答，以一貫的在教師面前說教的方式敷衍了事，並未把景雄的話放在心上。時間過得真慢，景雄好不容易等到學期末校務會議，他再次慎重提議：

「在本學期開學的校務會議中，我向校長提議廢止『大樹國中人事規章』，沒有被校長採納，現在我第二次再提出，請校長能夠明確回答。如果等一下校長又『顧左右而言他』，我就會有更嚴重的話要說。」

「老師要有熱心……。」

丁校長依然不正面回覆，還是說了一大堆道理，所以景雄只好翻臉了：

「果然不出我所料，迫不得已，今天我只好不客氣了。我一共收集了校長三十件違法事件，其中有七件，我事先拿給一位調查局同學過目。他說這七件的任何一件，只要交給他，他就可以收押校長。現在我請問校長，如果要整頓就包括校長在內，一同整頓。讓該記過的老師就記過、讓該抓去關的校長就抓去關，好不好？」

「好呀！」校長聲音低沉無奈的回答了。

「那很好！我從來不匿名提告別人，也不願意在對方不情願下攻擊人家。既然校長已經公開同意，我們就進行我們的約定了。當然我也歡迎校長檢舉我的毛病，我絕對欣然接受。就算校長不檢舉我，如果我對校長的檢舉失敗的話，我也會自動離開教職工作的。」

話說完以後，景雄便離席。校務會議完畢後，依慣例全體本部和分部的教職員一同聚餐。散席後黃金華和謝三郎老師一同到景雄的住家表示關懷。

「沒事啦！我只求消除他的氣焰。」景雄回應他們。

「在宴席中，校長夫人也坐在他旁邊，夫妻兩人一面說話一面落淚……。」黃金華老師說。

第二天景雄在學校遇到王文輝老師：

「你曾經說，手上有校長違法資料可以給我，現在請拿給我吧！」景雄說。

「丟掉了！」

「再找找看嘛！」

「找不到了。唉呀！我告訴你啦！如果老師和校長相告，老師一定會輸啦！」王文輝老師說。

「如果換成是你的話，就一定會輸，是我就一定會贏。」

「咦！這是什麼道理？」王老師神情不屑似的。

「因為在你的心中，存在著『只想打人，不願被打』的觀念。我就不一樣了，我是抱定『必死之心』做事的。另外是我自己有兩張特考及格證書，如果不教書，我還可以當公務員養家。而你和校長都只能在學校任職，所以自然就膽小『未戰心先怯』了，結果一定勝利在我，你就等著看結果好了！」

在校園中，景雄依舊和平時相處的老師們來往如故。只不過大家的話題，都放在校長和景雄的事件上打轉：

「到尾仔一定有人會出來搓圓仔啦！」×男仔說。

「無可能啦！任何人出來講攏無效啦！在這個世界除非一個人，其他的人都勸我不動。」

「那一個人是誰？」吳龍一老師問。

「就是林福星。」

過了幾天後的一個星期日，景雄特地拜訪前任校長林××，林校長欣然接待景雄對坐：

「聽說你和丁校長……。」

「是啦！伊已經答應我提出檢舉。其實我所收的資料，對伊足不利，譬如講這一項就好……。」

景雄說著，同時把那張民國六十七年九月新舊任校長交接後，第二個月的「大樹國中教職員中秋節摸彩禮品開銷假收據」（因為學校並未辦摸彩）拿給林××校長看。過了一個禮拜的禮拜日，突然林校長造訪景雄，要景雄同他一道前往旗山拜訪林福星校長。於是兩人一同由以前曾經在學校承包工程的老闆「簡的」開車前往：

「啊！若講到丁××這個人，真正是無大無細。本來圓富國中是旗山國中分部，六年前獨立。伊來接第一任校長，連來到我門口招呼一聲都無。無採（可惜）伊的阿伯是教育界人格者，人人尊敬的前輩。安呢啦！後禮拜日，咱大家攏做伙去高雄華王『飲茶』。」

約定前往華王飯店那天，到場的人計有：林福星校長夫婦、丁××校長夫婦、林××校長和景雄六人。當天早上十時，餐館開張，六人就全部到齊。當大家還未用餐時，林福星校長就先開口說道：

「今仔日景雄對丁校長的行政有意見，請丁校長放開心胸接納，不通固執。日本人有一句話：『主管親像榻榻米同款，無論安怎新，用棍仔楨落去攏有土粉。』身為主管的人，有真濟事項在做，其中一定會犯錯，這點做主管的人一定愛小心注意。若是講著景雄仔，伊是少年有為的老師。伊的精神不輸我的少年時代。而且伊的老爸羅安心，若是提著伊的名，連我都愛企立正的一個教育前輩……。」

林校長講完話以後，景雄把一張紙條傳給丁校長，內容是「引用的法律條文不當，必須作廢」。

「這個意見沒問題，人事規章我答應作廢。」丁校長爽快的回應。

「喔！安呢足好啦！來！大家用菜。」林福星校長說道。

當大家消除一片緊張氣氛，輕鬆用餐時刻，景雄心中一直思考著：

「丁校長是光明正大，命人事主任每名教職員發放一冊法令。現在雖然答應廢止，但是卻只在幾個人面前表示作廢，似乎不太適當。」

「丁校長！請你也如同公佈『大樹國中人事規章』一樣，用白紙黑字宣佈，表明法令作廢。」

「那不必啦！」丁校長回應著。

「如果不這麼做，那麼你下個月打算發放老師們的聘書，就不必發給我了。因為『良禽擇木而棲；君子擇主而仕』。我不會在你主持的學校教書。」景雄嚴肅的述說著。

「愛啦！愛啦！若無你就學我的做法，寫在一張紙裡乎大家傳閱簽名。」林福星校長提議。

「像林校長所提議，乎大家傳閱也好、貼在公佈欄也好，只要是白紙黑字就可以了。」景雄說。

到了這裡，只見丁校長的人，完全癱瘓似的斜躺在椅背，長時間不發一語。景雄的心意在於讓丁校長「知難而屈服，消除囂張氣焰」。不想讓事件走入檢舉之路，導致影響對方的職業危機，所以儘量替對方舖設後退之路：

「丁校長！我建議你可以不用校長的名譽聲明，你可以下令人事主任出面來做，因為人事主任是你的部下，你可以命令他。」

「羅老師！我問你！你說人事主任是校長的部下，你嘛是『校長的部下』，為什麼你在校務會議上，竟然對校長講那種不敬的話！」坐在丁校長身旁的丁夫人，理直氣壯的對景雄叱責著。

「碰！」景雄用右掌猛拍桌面，然後充滿怒氣說道：

「我不是丁校長的部下喔！不相信請林校長講乎你聽！」

「依法老師不是校長的部下，但是若依人情就可以講是。」林福星校長講。

「你看！莫怪林校長人人尊重，因為林校長事理分明。丁太太！今仔日我若是兼任組長、主任，或者是行政人員就是校長的部下，其他一般老師就不是了！」

「羅老師！失禮啦！因為我不知教育法令。」丁太太語中充滿歉意，已經失去先前的憤怒神態。

在幾個月前，溪埔分部曾經傳揚學校指派詹××老師出差，遭受詹老師拒絕。結果發生校長夫人親自入學校，責罵詹老師事件。這消息景雄聽在耳裡，覺得很想能有機會，教訓一下校長夫人，消滅她的傲氣。未料真的被他逮到這一次機會，使他感到心中舒暢。

丁校長不發一言的現象，持續大約三小時後，眼見餐館中食客都已經離席。這時候，林福星校長首先起立說道：

「丁校長有欲做無是愛你家己決定，這陣我欲先離開啦！無愛佫踹這了時間！」

林××校長就坐在景雄右側，他見林福星離席後，小聲的向景雄說：

「好了！我們也該回家了！」

「不過丁校長還沒有答覆。」景雄說。

「會啦！會啦！」林××校長用左手肘碰了景雄右肘說道。

這時候，一直不言語的丁校長終於突然開口了。雖然那只是簡短的一段話，但是那段話從平時趾高氣揚的丁校長口中說出，卻令人感到說話人是多麼的無奈！又多麼的令人感到同情：

「羅老師！我的ㄌㄢˇ ㄆㄚ煞乎你ㄌㄚˋ ㄉㄧㄠˇ咧！」

景雄獨自一人，從華王飯店樓下，騎著摩托車回九曲堂。由於經過三小時的緊張言語「糾鬥」，一路上胃部產生劇痛，但是心情卻嚐到有生以來，從未有過的一股舒暢滋味。

正是：

古聖云謙受益滿招損
先賢謂德不孤驕致亡

第十九章

浪雖已靜卻餘波蕩蕩
心尚未平然反撲慨慨

華王飯店的談判落幕以後，丁××校長果然如林××校長所言，下令人事室遵照校長指示，每人發放一張傳單，註明「大樹國中人事規章」作廢。一群平常在科學實驗室「茶店仔」喝茶的同事，不知由誰發起，一同邀請景雄於校外聚餐慶祝。消息傳入丁校長耳中，竟然變成：

「一群人快樂的舉辦慶功宴。」

這一傳聞，使得丁校長惱羞成怒。過了幾天，報紙登出一則消息：

「大樹國中專任教師羅景雄，不參加升降旗典禮，也不盡新生訓練導師職務，學校當局特報請縣府記二小過處分。」

新聞發佈當天，校園內即議論紛紛，許多同事關心的慰問景雄。景雄安慰眾人說：

「沒事的，到時候你們就知道了。這只是校長向縣政府提議要記我的過，要記過之前，還要經過縣政府派員調查屬實，才會正式記過成立的。但是大家放心啦！其實我如果有犯錯，被人提告也是應該的。更何況我既然已經出手打了人，如果對方不回拳的話，就不好玩了。」

當天放學回到家中，景雄父親神情異樣的問道：

「聽隔壁當警察的『甘的』講，報紙講你被記過了。我講：『那只是校長向縣府的提議，事情還沒有確定。』他硬說：『已經確定了，因為記者說景雄以下犯上……。』到底實際情況是怎樣？」

「唉！『甘的』不懂事啦！記者嘛和一般老師同款，攏認為老師是校長的部下，奴才性足重。」

又過了幾天，就是新學期的開始。眾人未料到政男仔辭掉了教學組長的兼職，羅華雲也辭去主任工作。

「已經和人家在談判中說好了，事後又反背，這樣是男子漢的行為嗎？」景雄詢問政男仔辭兼職的原因時，政男仔憤慨的責罵著丁校長。

景雄心中一陣歉意心情油然興起，想不到因此讓政男仔和大哥辭去了兼職。大約過了一個月，縣政府來了三名督學。人事主任通知景雄立即到校長室報到，接受三名督學的調查。在校長室內，除了三名督學以外，還有丁校長、人事主任和景雄一共六人。

「羅老師！你為什麼不參加升降旗典禮？」一名督學首先問話。

「是誰說我沒參加升降旗典禮？」景雄反問。

「是學校人事室提報的。」

「那麼請問人事主任，我到底那一天沒參加升降旗？」景雄轉向人事主任問道。

「……。」人事主任在眾目睽睽下，連一句話也沒有。這時候景雄補上一句：

「我從來就沒有缺席過任何一次的升降旗典禮。大家不要以為抗議制定不當法令：『硬要老師參加升降旗』者，就是不參加的人。」

景雄說完以後，發現三名督學都在臉上泛出了笑容，同時也都一齊看了一下丁校長。

「那麼我再請問羅老師！在八月二十、二十一、二十二連續三天，你被訓導處指定當新生訓練某班級導師，為什麼都不到？」

「那三天我確實都不到。但是如果因此要記我過的話，應該連陳×明老師也要一起記。」

「為什麼？」督學問。

「因為那三天雖然我沒到，但是我卻私自拜託張水金老師代替我的職務。而陳老師不但沒到，也沒有找人代理，像這樣學校只單獨記我的過合理嗎？」

說到了這裡，只見三名督學都把眼光投向丁校長。就在大家彼此目目相望，沉靜片刻以後，丁校長開口了：

「其實一切都是誤會，羅老師是一名標準的老師！」

「那就沒事了！」督學中另一人帶著笑容向校長說．

三名督學退出學校以後，景雄走入科學實驗室。楊金鶴老師忙著泡茶，一群老師爭先詢問詳情，使得喝茶的小房間充滿了喜意。只不過大家在高興之餘，為了避免節外生枝，就沒有人提議放學後再度聚餐慶祝了。

當景雄民國五十一年，在下淡水溪替父親管理砂石場生意期間，曾經陪同大哥華雲前往六龜鄉，向郭新富購買一對小鹿。在郭新富家中，他認真的傾聽郭老先生養鹿致富，以及他自己如何從一名貧窮小教員，以致後來有能力栽培一群兒女個個成為留美博士的經過：

「我結婚的時候，夫妻雙方家長都是窮人家。我們沒有辦理什麼儀式，只是老婆從家中揹了一個包袱就過門了。婚後省吃節用，每餐主要的菜餚是豆脯。吃飯的時候捨不得一下就把整粒吞下，而是咬成兩片。所以一粒豆子吞進肚裡是要分兩次才吞完它的。有一天當我到山上一位生徒（學生）家中做家庭訪問時，經過一家民房，發現門口綁了一頭公水鹿，我問了門前坐著的老太婆，和她做了下面的問答：

『妳縛這隻鹿欲做啥？』

『這隻鹿公每年會替我生一對鹿茸。』

『生鹿茸是什麼錄用？』

『伊一年生一對茸，就有夠我一年吃穿的所費。』

『什麼人會來給妳買？』

『每年春天割茸的時陣，就有一個臺南府城的好額人，坐轎來到這買。』」

郭先生說，自從他聽了老婦人的話以後，便決心養鹿。到了「臺灣光復」，家中已養有三頭公鹿。每頭公鹿，每年所得的收入，可抵一個校長的收入。當時他在學校中，有一名從軍中轉任過來的外省老師，經常對他百般搗亂，他覺得總有一天自己會離開校長職位。但是他心中卻不擔心生計，因為他說：

「我家中已經養了三個校長（公鹿），任何時間都可以離職。」

景雄的父親平時喜歡下圍棋。他常常用下棋的道理向景雄談論人生：

「下棋的時候，不可一味只顧攻擊對方。一定要記住，必須先站穩自己腳步，然後才能出手攻打對方，不然就會自取滅亡。」

前輩們的生活經驗，使景雄不敢一日或忘。當他確定自己從無缺失，立定腳跟以後，才向丁校長提出挑戰。類似這種校園中，教師和校長發生摩擦的事件，層出不窮。不同的是大部分的事件，都因為了自身利害所發生，很少像景雄這樣，都為了眾人權利的爭取而引起。無論性質如何，最後幾乎都是校長們得到勝利，教師被記過收場。所以難怪一開始王文輝老師，就認定景雄會「打敗仗」。但是王老師缺乏對景雄進入深一層了解，他不知道景雄在自己家中已經養好了六頭水鹿的用意；另外他又具備了公務人員任用資格、兼又繼承了一些祖產，然後本身奉公守法，種種條件都是對手丁××校長所沒有的。

在課業上，景雄除了教材的授課以外，也會向學生們傳授「如何適應社會生活的知識」。在初到大樹國中的第一批學生中，柯武村同學最受他的影響。當柯武村進入社會生活以後，便時時引用景雄的經驗，做他處事的標杆。例如他常向人說：

「我們老師在畢業同學錄上，勉勵我們的話就是『小心做事，大膽做人』。」又說：

「我們老師喜歡寫小說來教育學生，例如他寫的〈釣魚〉，就是勸大家要善於觀察別人，多了解別人的特性。」

其實丁校長也很努力的希望畢業生，能夠比往年多幾個考上第一志願高中。只是景雄一直覺得丁校長似乎太流於「現代化的首長觀念」，缺乏本土和前朝（日本時代）主管的「以身作則」精神。景雄更進一步感覺：

「為什麼他沒有同鄉（萬丹鄉）許仰仁的精神？」

丁校長常常在會議上，鼓勵升學班老師們：

「請大家加油！希望今年能夠多幾個考上雄中、雄女。」

景雄覺得只用口喊話，沒有拿出實際誘因，所以長久以來，放在心中的話，終於在一次會議中稍微向丁校長提示：

「重金之下必有勇夫，請校長訂立獎金制度，如果能夠考上幾個就發給金牌。」

景雄之意，希望校長能夠自己掏出錢發放金牌，就像前輩許仰仁、羅安心……一般。不料接下來聽了丁校長的回應以後，卻令他失望了：

「可是學校沒有這一筆經費。」丁校長還是不了解景雄的意思是要他自己拿出錢當獎金。

大概自從民國六十八年開始，教育部在幾所公立大學，設立「暑假國中校長教育碩士學分進修班」，丁校長報名參加了。那一年暑假，學校南側教室為了加蓋三樓，所以做了增大廊柱的改造工程。有一次禮拜日，黃金華老師當值日，遇到卡車擅自進入校園運走鋼筋，黃老師立即以電話請示縣政府，結果得到的回應是：

「不可讓他們運走鋼筋，如果已經運走了，必須把車牌號碼交給縣政府。」

經過縣府調查以後，又查出廊柱所加鋼筋比原設計少放了好幾條……。包商偷工減料的現象，非常嚴重。事後上級進行調問丁校長：

「為什麼讓包商運出鋼筋？」

「暑假期間我請假北上進修，職務由教務處邱明聰主任代理。」

結果邱主任成了代人頂罪者，被記過了。

「你為什麼不向調查員說校長並沒有請假，所以你沒有代理校長職務。」景雄說。

「他本來是沒有請假，但是事情發生以後，又辦理補假手續了。」邱主任說。

「他既然補請了兩個月的長假，但是卻又領了暑假學生輔導費的薪資，就變成冒領津貼了。你可以提出告訴，把該記的過，還給他自己！」

說到這裡，只見邱主任默然不語。景雄覺得同樣是校長，林福星和丁××兩人的作風卻完全不同。

這一年的後半年，似乎時間過得很快，轉眼到了過舊曆年。大年剛過，景雄就逢值夜。他一個人獨處值夜室內，雖然心中有一股孤單感覺，但是並不如其他人一般的厭惡值勤工作。因為他覺得如果學校沒有實施教師的值夜，就沒有機會和×××進入總務處收集資料。那次值夜之後，還特地寫了一首五律以作紀念：

甫過新年樂，值勤倍感仃。
崗房偏北角，椰影晃東櫺。
寒氣穿門勁，犬聲亂夜寧。
東方忽日出，整晚竟清醒。

丁××校長在大樹國中任期屆滿後，並未做續任的申請，調往茄萣國中去了。新來的校長是曾經在林××校長時代擔任主任的游秀成校長。偕同游校長調來的總務主任是王方化老師。游校長很具親和力，見人都是有說有笑的，讓人不感隔閡。他經常主動找景雄閒話家常，兩人相處融洽。而王主任過去也曾經在大樹國中任教過，和大家往來和氣，頗有人緣。那時候景雄擔任二年三班的導師，那是一個「次好班」，全班學生大約半數以上還是想讀書的。有一次的星期一，早上七點二十分，景雄走到教室走廊時，遇到學生吳自方的父母在教室窗口。兩人向景雄致意以後，說出來意：

「自方頂禮拜六，乎警察打傷，老師敢知影？」自方的母親說。

「我不知咧！到底是安怎？」

「我接著警察的電話就到派出所，看到陳正典老師和六、七個學生企在大廳。警察在我的目睭前摃阮子吳自方。」吳母停了一下又接下說：

「我說：『唉喲！你奈一直摃阮子啦！』想不到警察聽著我的話了後，並無停手，繼續佫摃落去。甚至口中佫講：『你不曉教子，我替你教示啦！』」吳母一面說著，一面拿了一張兒子在醫院的驗傷單給景雄看。

「咱來向警察討醫藥費。」景雄說。

「毋免啦！阮家己糊牛屎（自費塗藥）就好。」

「若無愛，你那會欲講乎我知？」

「啊就乎你知就好，阮無其他要求。」

「若無上小嘛乎警察來給你會失禮！」

「敢有可能？」

「你那是講好，我就包乎你『有可能』。」

「安尼嘛好！」吳母說。

景雄辭別了家長夫婦，立即登樓進入校長室：

「報告校長！上星期六，我班上學生吳自方被派出所警察打得遍體是傷，我要求打人的警察出面道歉。」

景雄向校長述說到這裡，突然被入門的一名警官來訪打斷了話。

「游校長！後天請撥駕出席我們的宴會。」那位警官一面說，一面遞出一張邀請卡給校長。

「這位是新來的派出所廖所長。」游校長向景雄介紹了來客。

景雄向來客點頭示禮。原來訪客是例行每年一次，由九曲堂派出所出面，向菜市場肉、魚、菜各攤販「促捐」錢款，然後「借花獻佛」宴請地方單位首長們的。景雄枯坐一旁，待警官和校長寒喧完畢以後，逕向所長報告：

「前天我的學生吳自方，被貴所警察打得遍身是傷，不知所長聽說了沒有？」

「我們所裡警察不會做這種事！」所長說。

「這麼說，就是學生家長亂說了！請所長在這裡等待一下，我立刻再下樓找學生問清楚。」

景雄火速回到教室，叫出吳同學：

「警察說他們沒打你！」

「有啦！」吳同學拉高聲音說著。

「你現在隨我到他們面前說清楚。」

師生兩人進入校長室以後，景雄說：

「吳自方！你就在校長和所長面前，坦白說出被打的經過。」

「禮拜六中午，在中央庭院，大家準備排隊要放學的時候，陳正典老師把我用機車載到派出所，然後警察就一直追問木劍的來處。我說：『是家中帶來的。』結果警察認為我說謊，接著便開始打我……。」

「廖所長！你都聽到了嗎？」景雄責問所長。

「羅老師！我的部下很多，我沒辦法詳細了解他們的行動。」所長回答。

「那麼你剛才怎麼一口咬定，說你的部下沒有打我的學生？」景雄怒叱起來了。

「我限定你三天之內，帶打人的部下來校長室向學生家長道歉！」景雄見所長不發一言，所以接著再恐嚇道：

「如果三天內不來道歉，我馬上拿驗傷單提告。另外現在的派出所地主是家父羅安心，你們怎麼擅自在別人土地上加蓋車房？限你們定期拆除，否則一併提出檢舉！」

景雄說完，只見所長和校長都面無表情，不發一語。在景雄的心中，都是一本初衷：「不願讓人丟掉飯碗」。所以只求犯錯者能夠認錯改正就好，因此他又放低聲調說道：

「凡是人都會有做錯事的時候，只要錯了能改就好了！像我當老師的，每次錯怪了同學，總會向學生道歉的。你看我們學校走廊柱上，不是掛了許多名言，上面便有幾片寫著『常說請、謝謝、對不起』嗎？在教育上教我們要這麼做，現在警察打錯、打傷了人，向人家說一句『對不起』，有那麼困難嗎？」

不論景雄如何遊說，依然不見所長回應。景雄心想其原因一定是：

「警察擔心消息外洩，影響他們的官途。」

因此景雄又替他們想出一個辦法，以安其心：

「請放心！道歉當天，沒有記者，也沒有外人。只有學生、學生家長、校長和本人在場。」

想不到這時候，游校長卻開口替所長說話了：

「羅老師！你說做錯了事就道歉，那是『教育上的說法』，現在是現實，和教育是不一樣的！」

「游校長！請你把剛才說的話，用白紙黑字寫給我好嗎？」

景雄以認真嚴肅的態度，向游校長要求著給他紙條。只見游校長臉色更顯青白的不再說話了。

「廖所長！我就等著你三天內的答覆了。三天內如果沒有回答，那麼你就不要怪我無情了。」

景雄說完了話，逕自離開校長室，下樓走向楊金鶴老師科學實驗室「茶店仔」。幾位在室內喝茶的老師們，又開始議論起這一件「景雄鬥警察」的話題了。大約過了半小時，從窗口遠遠的看到游校長一直向「茶店仔」而來。當校長進了室內後，立即和顏悅色的在眾人面前向景雄說：

「就照你說的辦好了！當警察來道歉的時候，不要有記者在場。」

「剛才如果能夠這麼說不就很好嗎？為什麼校長竟然不顧學生的屈辱，還要替犯法的警察說話？像你這樣存著『別人的子死未了』思想的校長，有資格當校長嗎？」景雄一面責罵校長，一面用右食指在眾人面前指向校長的鼻尖。

原來這一事件是發生在一個禮拜前，週六第四節自由活動課時候。吳自方同學從家中帶來了一支木劍到學校，在校園後方荷花池畔，和大家一起做「棒打土糰」，似玩棒球般的遊戲時，被一群三年級的學生沒收了木劍。然後他們帶著木劍翻過北面圍牆，剛好被派出所巡邏隊遇到，便一起被帶入派出所拷問了：

「你們導師是誰？」

「陳正典。」

於是警察連絡陳正典老師到了派出所。警察繼續在陳老師面前，對學生又打又問：

「木劍從那裡來的？」

「從二年三班吳自方手中接收的。」

陳老師立刻騎上機車到學校，把正在中央庭院排路隊的吳自方載到派出所，交給了警察。

陳老師本來是警員出身，原先在臺中服勤。後來一面工作，一面在臺中體專進修。畢業後轉任旗山國中當教師，正好和景雄同時進入旗中，所以也是頗具交情的同事。當這一事件發生以後，景雄毫不客氣的責罵陳老師：

「你竟然擅自把我的學生，帶到派出所，又眼睜睜看著他和你的學生被警察打，這樣的『肚量』真讓我佩服！」

過了兩天以後，派出所副所長帶領打人的警察，依約到校長室。在吳自方、學生家長、羅景雄老師和游秀成校長等人面前表示道歉說道：

「你們當學生和家長的，很幸運能夠遇到羅老師。通常警察類似這樣的犯錯事件很多，但是從來沒有像今天這樣的輕易就會道歉的。」

事後景雄覺得游秀成校長和陳正典老師的表現，確實令他感慨萬千。正是：

警官權大排前面
學子勢微放後頭

第二十章

從循循教導中同沐浴三年歲月
在切切叮嚀下各奔馳萬里前程

丁××校長從旗山圓富國中轉入大樹國中，是帶著總務主任張政×、訓導主任張青×一同過來的。數年後再轉勤茄萣國中時，只有他一人單獨赴任。游秀成接任校長時，又繼續聘任張青×為訓導主任。張主任嗜好拉小提琴，也喜愛寫毛筆大字。就在游校長接任的第二年六月，張主任為了用對聯，以便張貼在畢業典禮會場大門口，所以請求景雄提供給他一副對聯。景雄經過一番思索以後，作出本章開頭的這一對對聯給他。另外訓育組長曾協平也請求景雄，希望他在畢業典禮中的「師長致詞」項目上，代表老師上臺向學生講話。景雄想起在現行教育制度下，有許多不喜歡數學的學生，被害得失去信心，以致喪失了上進心。又有很多學生，在開始的時候不知努力，成績落後他人，造成不健康的自卑心態。所以他特別在畢業典禮上，向畢業生講了如下的勉勵話：

各位即將畢業的同學們：

記得不久之前，你們都還穿著各國民小學的制服，帶著滿臉的天真，在大禮堂參加為期三天的新生訓練。從此便和同學們從老師們的循循教導中，同沐浴三年歲月。轉眼間三年已經過去，你們又在同一地點，在師長們的切切叮嚀下，將各奔馳萬里前程了。

求學歷程就像一場持久艱辛的越野賽跑一般，途中有高山、有河流等著我們去翻越、等著我們去涉渡；有歧路、有風雨等著我們去分辨、等著我們去克服。每當我們以無比的毅力，征服了其中一段路程，回頭看一看自己踏過的足跡，這時心中一定非常高興。所以我可以確定，今天大家心情一定人人興奮，因為你們可以回頭看到三年來所獲得的成果了。如果我說的話沒錯，那麼特別在這裡恭喜同學們三年有成！

也許有些同學在賽程中跌倒了、因為偷懶落伍了，以致不能達到預期的效果。這些同學請不必灰心氣餒，因為你們還有很長的路程，你們依然可以奮力奔跑，迎頭趕上，甚至於後來居上的。尤其是數、理兩科較差的同學，更不要因此洩氣。因為「行行出狀元」，只要具有一項專長，依然可以在社會上大放光彩。比如說現行的高普考、特考，便有很多類組都是和數理無關的，如果能依據本身性向，好好努力，相信也會有光明的前途。所以在今天，我特別提供兩點建言，請畢業生們能夠牢牢記在心上。那就是「認清目標」和「勇往邁進」。在認清目標上，特別請平時比較懶惰的同學能夠及時覺悟。因為時光是寶貴的，如果再繼續浪費，便永無成功希望了。在勇往邁進上，希望大家能夠繼續克服困難。雖然人生的道路崎嶇，但是我相信假使能夠耐得了千錘百煉必能成就大器。我也相信「一分力、一滴汗，都不會落空。」希望各位同學好好努力，開創美好未來。

過完了漫長暑假以後，新學期又開學了。張水金老師接受了游校長的聘任，當上衛生組長。有一天他向景雄說：

「縣政府為了提倡環保，舉辦中、小學教師徵文比賽，希望你代表學校交出一篇文章參賽。」

景雄對於近代工業發展以後，造成嚴重的污染感慨良深，所以提供了一篇家鄉所見的作文，題名〈留給後代美麗的世界〉參加了比賽：

我愛淡溪月，清輝自不同。
秋光明遠浦，皓影掛長空。
一鏡天垂鍊，雙橋波臥虹。
臨流頻寄慨，治績愧曹公。

這首五律是五十多年前的縣長陳皆興先生，為高雄縣八景所寫的〈淡溪秋月〉。從簡短的文字中，充分的證明了昔日的下淡水溪，是一條美麗迷人的溪流。每當面對學生上課時，談到詩詞欣賞，我總喜歡介紹這一類讚美山川秀麗的作品給學生們。可是曾經好幾次，學生們的反應是「作品很好，內容不實」。因為他們所看到的高屏溪是充滿了工業廢水、家庭污水、死豬死狗漂浮、臭氣沖天的河流。當我再三說了「五十年前和現在不同，那時候水流清澈見底，游魚可數；沙洲瓜熟纍纍，令人垂涎……。」這一些話以後，雖然大部分學生認同了我的說明，可是依然有同學表示懷疑，甚至說：「老師騙我們！」無端的把我加上違反「誠實公約」的罪名。於是我不禁猛然感覺到現在的小孩子們，雖然生活在物質充裕的環境中，事實上他們已經處在精神空虛、危機重重的世界裡了。因為他們已經忘記了自然環境的本來面目，遠離了清潔的水源、空氣……。他們更認為「魚躍深淵」、「清泉石上流」……只是天方夜譚、痴人說夢了。

生活在高屏溪畔已經五十年了，童年時代的夏日溪景已經不復出現，只能偶爾從睡夢中尋得了，那些夢境常常是：「午後一群群赤裸天真的男童嬉戲在清水裡；傍晚一艘艘滿載西瓜的竹筏橫渡於急流中。」這些景象已經和我們越離越遠了。連四十開外，身歷其境的人，腦海中似乎也已經逐漸在消失它們的蹤跡，也難怪現代人想要喝一口清冽的泉水已成過分的奢求。幾年前幾位家住市區的同事對我說：「羅老師！你是不是念念不忘故鄉？怎麼不搬到市區呢？」我說：「因為九曲堂的水甜呀！」然後我便親自帶他們下河床參觀他們「市內人」飲水的水源：

「這是造紙廠的廢水、這是兵工廠排放的鹽酸水、這是……。」

「啊！」

「令人驚訝吧！你們居然喝這種水長大的哩！」

從此以後，從市區遠來的老師們，每天放學回家總是人人車上放置塑膠水桶，個個裝了水然後滿載而回。因為本地的水是取自深井，而地層深處目前還保持清潔呀！每次看到他們排隊接水的景象，常常會自我安慰：「不是我買不起市區房子，實在是因為這裡的水太好了！」於是原本貧窮的我，忽然「富裕」起來了！

不少的親友從大陸觀光回來，他們常常驕傲的說：「大陸人生活太苦了，環境太髒了，尤其是廁所都是老式的糞坑。」聽了這些話使我回想從前的「便所」，那種入廁時沖鼻的難忍惡氣，入眼的怵目驚心，與現代人入洗手間的享受，真是天壤之別。只是一般人在享受現代文明產物之餘，很少想到如果污水處理不當，那麼這些「眼不見、鼻不聞」的廢物竟然都又流進河流，回歸大家的肚子中了。這麼說來，如果任意排放污水的現象再不改善，那麼從前那種「肥水不落外人田」，家家戶戶視糞坑的「產物」如寶貝，皆等待「貨滿」以後挑到田地潑灑曝曬的「消毒」方式，似乎又要比現在的化糞池衛生多了。工業進步了，物質享受提高了，但是由於國民的環保意識淡薄，災禍跟著降臨了。我們不禁要問社會確實進步了嗎？有幾位同事、朋友數年前相繼由於肝癌而英年早逝，醫生說致病原因是飲食和環境污染所致。他們都各自留下終生賺取的不少財富撒手西歸了。我們不禁又要問：「他們真正富有了嗎？」想到這裡，才使我對真正的富有找到了正確的答案，那就是：健康的身體。

不久之前，林園海濱因為工業廢水污染，造成農漁業損失慘重，從電視畫面所看到的海面油污，不禁令人愕然。回想高中畢業不久，有一天黃昏時刻，獨自一人踏上了汕尾渡帆，但見操舟的村姑以輕巧的技術調整布帆以後，一葉扁舟便破浪向紅毛港疾馳而去了。迎著夕陽和海風，但覺「風飄飄而吹衣」，自己居然也嚐盡了陶淵明悠遊山水的樂趣了。可惜這樣的經歷我再也不敢向學生敘述了，因為說了可能又會遭到違背「誠實公約」的罪名哩！但是我依然在期待著，期待國人環保意識的抬頭，並且落實環保理念，但願在不久的將來，高雄縣在工商進步之餘，再度變成美麗的地方。到那時我要高登鳳鼻頭山頂，重新觀賞新的〈汕尾夕照〉，並且將這首預作的讚美詩提出供學生們欣賞。它就是：

汕尾斜陽照，鳳山一片紅。
金波閃足下，倦鳥噪林中。
港闊艨舸聚，潮寬氣象雄。
古今人事變，景色依然同。

徵文比賽揭曉，景雄獲得第二名。他很想看一看第一名那篇作文，但是縣政府並沒有公佈作文讓大家閱讀。他想起同事陳正民老師曾經參加過縣政府舉辦的教師組作文比賽，當報紙登載得獎名單以後，陳老師立即打電話到教育局責問：

「比賽當天，獲得第一名的老師×××位置就在我的旁邊，他根本就缺席，沒有參賽，怎麼會得第一名？」

「啊！對不起！那第一名就是你！」

景雄覺得一般社會人士，都認為「清流」的教育單位，竟然也是弊端叢生，不禁噓唏長嘆！

景雄有時候喜歡在作文中，偶爾也附上詩作。這種作法在文化學院求學階段，時常受到「文選與習作」課程的指導楊向烈老師欣賞。記得在一篇習作〈文學與人生〉上，因為附有一首五絕，結果得到甲等的成績，同時在評語上也得到「論述條理，詩亦甚工」的鼓勵。有一次一位善於寫駢文的老師謝鴻軒曾說：

「我現在也在×大國文系教課，我覺得×大學生的文學程度不如你們。這大概是聯考制度造成的後果。因為文學基礎好的中學生，並不一定可以在聯考中考高分。」

大樹國中有時候會在校慶的日子舉辦運動會。就在張青×擔任訓導主任的最後一年，他又向景雄索求司令臺上的對聯。景雄在運動會前兩天，學生在運動場進行繞場預演的時候，看到壯大的樂隊，在隊伍當前導，鼓手們擊鼓的聲勢，加上運動場四周各班級不同的班旗飄揚狀態，所以作了如下一副聯，讓張主任以大毛筆寫貼在圓柱：

聽千鼓震吼尤增取勝志

看萬旗飄揚更啟奪標心

那一年各地向景雄索求對聯的人很多，有一位小時候的同學謝景明，在無水寮開設農藥行。他在店舖上增建二樓，前段供奉祖先神位，向景雄求取對聯，準備以水泥做出文字長久存留。景雄覺得他的住處面向東方的下淡水溪，所以給了他的一對聯是：

門迎旭日鴻圖啟
戶育賢才駿業興

謝景明很高興的把這一對聯，拿到住家斜對面，善於書法的張啟章先生家中，請他用毛筆寫好，然後再由泥水匠照形狀做在門柱。

接著是久堂村永豐餘造紙廠的警衛班，陳班長為了他們工廠供奉的土地公祠的對聯，也透過陳振芳老師向景雄索求，他寫下：

福至慧生事業亨通瑞氣久永
德修望重產銷順利財源長豐

這對聯也是利用水泥塑做長久保留，事後陳班長禮貌十足的包了千元紅包給景雄。景雄覺得替人做這樣的服務，是一件極快樂的事。他認為作出有意義的聯語，是很好的習俗。為了推廣並保留這項習俗，他曾經以「大樹文史協會」名義向政府申請經費，在久堂老人活動中心開辦講習會，並且應鳳山社區大學的聘請，在大樹區第二圖書館教導「詩詞欣賞及習作」課程。

就在這一段時間，有一天就讀國小的女兒宛詩從學校回到家中，一見景雄便說：

「爸！你知道我們這裡為什麼叫九曲堂嗎？」

「當然知道。妳呢？」

「我也知道。」

「是誰告訴你的？」

「我們老師今天告訴我們的。他說：『這裡從前的路彎彎曲曲，所以叫做九曲堂。』」

景雄認為老師隨便以不正確的方式，向學生教導鄉土歷史，是非常不應該的行為。所以便寫出〈漫談九曲堂地名〉一文投稿《臺灣時報》，之後又陸續寫出鄉內各地歷史報導。有一天突然接到一通電話：

「我是《臺灣時報》副刊主編，我想在本報新設一個『鄉土守護站』，請你能夠繼續賜稿！」

從此景雄除了短篇小說作品，時常在報紙出現以外，鄉土的史料報導也成為他的創作。有一天出生於同鄉，在報社服務的文字工作家莊金國先生，拿了景雄刊登在報紙的作品，到大樹鄉公所造訪鄉長黃保原：

「我想邀約羅景雄一同寫本鄉的史料，希望鄉長能夠支持，使這些作品讓鄉民閱讀。」說完以後便把報紙傳給黃鄉長。

「我對這個沒有興趣！」黃保原說。

莊先生離開鄉公所以後，逕自造訪景雄：

「我們兩人一起來寫大樹鄉史事，等到相當數量，我們再來找出刊辦法。」

景雄對於莊金國的提議非常同意，於是寫作更勤了。後來黃保原競選鄉長連任失敗，新當選的鄉長黃登勇有一天特別到學校找景雄：

「你登在報紙的大樹鄉史料，提供給我好不好？」

「你要做什麼用？」

「我要編印成冊，讓鄉民每戶一本。」

景雄喜出望外，把所有「鄉土守護站」登載的作品，全數交給了黃登勇。不久鄉公所編印了一萬三千冊《大樹鄉民間鄉土誌》贈送鄉民每戶，從此景雄變成鄉內人人認識的老師，鄉長又交待財政課長朱永贈送五萬元稿費。

民國六十九年，《民眾日報》特別舉辦「南部作家作品大展」徵稿。景雄以旅居泰國期間的故事為題材，寫了一篇短篇小說〈異國生涯原是夢〉，獲得入選。從此在《民眾日報》謝社長的牽引下，和南部一些小說家開始認識交往。

民國八十二年，景雄參加「臺灣史跡源流研究會」的論文發表會。與會人員多達四百人以上，是當時臺灣藝文界集會人數最多的。由臺灣省政府、臺北市政府、高雄市政府輪流主辦每年的定期論文討論。景雄於民國八十四年寫了一篇〈我的家鄉大樹鄉〉應徵，獲得第一名殊榮，從當時的臺北市長陳水扁手中領了獎狀和獎金。八十五年高雄縣政府徵選文藝作家作品，景雄以〈還鄉〉等十六篇短篇小說集獲得入選，並享縣政府公費印書發行，獲贈二百冊。民國八十九年集合民間鄉土誌所有篇數，由林瑞西先生協助，經大樹鄉井腳社區發展協會提出申請，向臺灣省政府文化發展基金會申請獲贈十萬元補助，出版《我的家鄉大樹鄉》一書，提供各地鄉土教材使用。該書隨後參加國立中央圖書館「鄉土書籍評選」，獲得佳作，被列入國家圖書館永遠典藏殊榮，並獲頒獎狀一紙，獎金二萬元。同年行政院文建會委由中央研究院舉辦「地方優良文獻書籍徵選」，景雄以《鄭坤五和鯤島逸史》一書參選，獲得中央研究院近代史研究所評審為「推荐獎佳作」。這部參選的作品是民國八十五年，高雄縣文化中心委託景雄補訂《鯤島逸史》，把鄭坤五原著加註新式標點符號、把臺語的詞彙加註國語解釋以後，重新出版的臺灣古典文學作品。當時適逢東海大學吳福助老師，每年定期舉辦「臺灣古典文學作品研討會」。吳老師特地邀請景雄撰寫研究論文，並且邀請他赴臺中親自在會中發表研究報告，事後景雄把他的研究論文向國家文藝基金會申請印刷補助，以及高雄縣政府金額獎助出版成冊的。

從民國八十年開始，高雄縣政府積極辦理中、小學教師「本土語言講習會」，並且委由編輯委員編訂臺語教材。景雄受聘為編輯委員，以及研習會講師。同時縣政府也每年舉辦中、小學教師和學生本土語言演講比賽。第一屆舉行時，景雄就報名參加，獲得河洛語教師組第一名。同年知名漫畫作家童錦茂等熱心本土文化人士，舉辦「打狗山腳講故事」的臺語演講比賽，景雄在參賽人數眾多中，得到第二名，當場領取現鈔獎金一萬五千元交給身邊觀賽的老婆，使老婆樂不可支。此後便時常受邀到縣內各中、小學進行有關鄉土方面的演講；也同時被余政道先生邀請同赴臺語電臺主持鄉土節目。

無論工作如何忙碌，景雄從不停止「文字工作」。他也如同一般國文老師，常常鼓勵學生「多讀」、「多寫」。只不過他不止於喊口號，而是身體力行的親自做到，所以他常常參加徵文競賽。有一次他參加了財政部「儲蓄標語徵選」，其規則限定十六字以內，最高獎金二千元。景雄覺得這個價錢很貴，雖然沒有古人說「一字千金」的價碼，但是至少也達一字百元以上了。所以他鼓勵學生嘗試，當然自己也投稿了，他所投稿的十四個字是：

一元一角積成富

一點一滴匯成湖

過了幾天，報紙登出得獎名單，景雄獲得了「特優」，郵差送達了一張獎狀和二千元獎金。景雄類似這樣的投稿動作，最大的用意是要鼓起學生們「學文」的動力，當然不停的累積獎項也是他認為增加人生美好回憶的方式之一，所以樂此不疲。後來景雄退休以後，把這十四個字書寫在木板，高掛在他的「隱老亭」，當作後代子孫們的傳家家訓。

景雄喜歡學生的天真本性，厭惡成人的虛偽表現。有一天報紙一則新聞造成學校一陣騷動：

「縣議會女議員蔡××在會中責問教育局鄭局長，有關大樹國中訓導主任陳××用剪刀剪女學生褲管問題，請教育局長速召游秀成校長到會說明。因游校長不在，所以由陳主任到會『被詢』……。」

景雄看完報紙，然後前往訓導處找陳主任：

「報紙上說你昨天到議會向蔡議員懇求原諒，並保證改過？」

「我越想越不甘心！我準備召開家長會，詢問家長們是不是真的反對我禁止學生穿喇叭褲？」

到了開家長會那天晚上，會場除了游校長率領有關兼任行政人員到場以外，大部分的大樹鄉民意代表也都來到，一群人連同家長們都齊聚一堂，等待著蔡議員的來到。當蔡議員一到會場，游校長立即請她就位，並請她首先說話：

「我是議會教育小組召集人，一向很注重教育。凡是縣府有關教育經費的審查，都儘量讓它通過。前幾天貴校陳訓導主任，以剪刀剪開學生褲管縫線的行為很不對！所以我才向鄭局長說：『陳主任不適合在大樹國中，你把他調到山區學校好了！』其實學生如果犯錯，陳主任只要用細竹條打他們就好，何必動剪刀？不過陳主任！今天請你放心啦！我不會把你調走的。」

蔡議員在縣議會是相當有名的女議員，因為她曾經讓余×發縣長丟掉紗帽關進監獄。理由是：

「余縣長私用了一包公有水泥。」

當蔡議員說完話以後，景雄立即起立發言道：

「我聽說高雄縣議員們的水準很低，今天果然證實這句話一點也沒錯。蔡議員不懂教育法令，竟然能夠當上教育小組召集人，真是笑話！我請問你！訓導主任的聘用人是教育局長嗎？怎麼居然在議會上說出『請教育局長把陳主任調到山區』的外行話？我告訴妳！主任和老師的聘用人都是校長。妳如果不懂，只要一進校門隨便問任何老師，他們就會告訴妳。另外妳剛才還說『用細竹枝打學生就好！』現在我請妳把這句話寫在紙上給我好不好？難道妳又不懂法令規定『不可以體罰學生』嗎？」

「這位先生！請不要誤會。我的意思是講陳主任如果不要留在大樹國中，請鄭局長替他安排調到他想去的學校。」蔡議員和顏悅色，語氣變得客氣溫和，一反先前的囂張神態。

翌日早上游秀成校長特地找上景雄說道：

「昨天晚上真的太謝謝你！今晚請你和我一起到高雄，我要請你吃一頓飯。」

陳主任接著找上景雄：

「真是謝謝你！」

「我看你接任訓導主任以後，就遠離了老朋友。每天和校長、教務主任，以及三名組長部屬往來密切，昨晚家長會他們都在場，我真佩服他們一群人，竟然都個個『肚量那麼大』，都眼睜睜看著他們的『好友』、『長官』被議員『修理』，卻又還能隱坐座位，毫無救你的意思。最後居然要由我這個與你很少來往的『小老師』來救你！我想你乾脆推荐我來當你的手下組長好了！」

「唉呀！不要這麼說啦！是你不願意兼職，如果想要，你早就當了！」

陳主任雖然被景雄「消遣」一頓，但是看他神色卻顯現一片感謝和喜悅，使得景雄也由心底高興起來。

午後本鄉籍縣議員黃登勇到學校造訪景雄，一見面便說：

「今天早上蔡議員一見到我就說：『喔！你們大樹鄉的人很兇！』我說：『知道就好！』」

景雄事後回想當晚所以仗義直言，完全因為「不願看到自大的人，一旦當上議員就神氣活現的糟踏老師們的尊嚴罷了！」正是：

議員仗勢欺凌夫子
同事挺身教訓劣官

第二十一章

組成文史協會 灌輸本土認知

黃登勇當縣議員的時候，就以「敢言」、「敢做」特質聞名。當上鄉長以後，行事更是獨特。他敢頂撞國民黨的威權，為鄉民謀福利。在這一方面最具體的政績，就算是「房屋稅免繳」了。他將「水權」收歸鄉有，大膽向高雄市政府、中油、臺塑、左營海軍等各機關、公司索求用水回饋，把所得用在替鄉民納稅，讓鄉民獨享全國僅有的「房捐免徵」。在對民間排解糾紛中，他也比較能夠是非分明，不偏倚上位者，也不偏護親友。有一次遇到一名親屬，為了女兒在校被師長處罰，向他投訴。待他了解是她的女兒不對時，他便直言：

「妳若女兒不讓人教，就把她帶回家好了！」

一般的議員都喜歡和學校校長攀交情，但是黃登勇卻把游秀成校長想續留二任的願望打破，所以游校長在大樹國中也只任職四年。游校長曾經為了挽回調往潮寮國中向景雄訴苦表示求救之意：

「攏總是登勇仔向縣長施壓造成的啦！……」

游校長離開大樹國中以後，新來了一名很有親和力的鄧勁伯校長。鄧校長最令景雄懷念的地方是「他很注意景雄的鄉土寫作」。有一天他發現報紙上景雄的作品，說道：

「請你把這些資料提供給學校，我來開闢一個鄉土佈告專欄。」

鄧校長的舉動使得景雄斷絕了原本一心想調往旗山農校的念頭。原來景雄由於懷念往日旗山國中任教期間，種下了熱愛旗山風土的種子，時常藉機走訪任教旗農的黃茂良老師，並表示很想能夠在旗農教書。一年後突然黃老師來電通知：

「羅老師！現在學校徵選一名國文老師，請你把握機會！」

景雄報名參加甄試，參加的人共有三人，一名來自圓富國中，另一名女性來自旗山國中。經過三人的試教以後，便是口試。口試官由學校六名主任擔任，高分限是九十分，但是也可以給最高標九十五分，只不過凡打九十一分以上必須註明理由。口試有一共同問題是：

「你贊成體罰學生嗎？」

在這一問題上，景雄的回答異於其他兩人，就是：

「贊成！」

「你不擔心家長的抗議嗎？」考官急著問道。

「我在國中體罰了學生二十年，從來沒有發生過家長抗議！」

「怎麼可能？」考官們群起懷疑。

「怎麼不可能！我對這個學生疼愛十分，然後打他五分，會發生抗議嗎？比如說不久之前，我班級謝憲樟同學犯了錯，我就打了他，家長還特地支持我，感謝我的教導。因為謝同學長時期患胃痛，每次病發都由我親自送他到醫院看病（當時尚無健保）。老師花錢花時間，曾經謝同學的母親還向我說過：『老師！你比阮佫較疼阮憲樟！』目前的各地校園，常常因老師體罰學生，而造成糾紛不斷，原因很簡單，因為老師從來沒有『照顧疼愛』過被他體罰的學生。」

六名考官中，有五名都給景雄九十一分，另外一名給旗中那位女老師最高標九十五分，理由是她「孝順公婆」。結果兩人平分，必須由六名考官再行會議討論錄取人選。由於有意幫助那位女老師的考官極力護航，站在同事的立場，其他五人不便彼此撕破臉，所以就錄取那位女老師了。事後據說那位刻意護航的主任，都被眾人責罵。因為當時該校出現嚴重學生難於管教情形，急需有能力維持學生守規矩的老師到校，偏偏所錄用人選並非大家所期待者。

六名主任口試官中，訓導主任楊潔明在甄試當天，才知道景雄竟然是文化學院中國文學系的學長。楊主任在急需加強學生管教的情況下，特別在過了一學期後，專程邀請景雄：

「這學期我們學校又有一名國文老師缺額，請你一定來應徵。」

「啊很遺憾！現在學校鄧校長已特別委託我辦理鄉土教學方面的課程，同時縣政府也忙著培訓和編輯臺語教材，這些工作我都已經答應給予協助，所以不便到旗山了。」

景雄除了忙於學校和縣政府所委託的工作以外，也應新任鄉長尹××的請求，成立了大樹文史協會。就這樣在學校、縣政府、鄉公所各方的配合下，全力做起了「本土文化工作」。

有一天一名自稱家住小坪村的人，特地登門來訪：

「小火車站前的舊鳳梨罐頭工廠貼上佈告，說明定期拆除建物，如果那樣的古典建築一旦被拆除非常可惜！」

景雄已經許久沒注意到泰芳鳳梨會社的建物內住戶已經搬出，原先佔用的軍眷們，都入住新建的軍宅大樓了。為了不讓國有財產局拆屋賣地，也為了保留文化遺產，所以立刻

左為C棟修復前，右為C棟修復後。

左為C棟修復前，右為C棟修復後。

左為北側圍牆修復前，右為北側圍牆修復後。

▲ 差一點就被拆除的泰芳鳳梨罐頭工廠，在大樹文史協會羅景川先生的奔走搶救下復活了，它也變成今天大樹區最美的建築物。
照片提供：高雄市政府文化局。

連絡尹鄉長設法挽留。經過尹鄉長的努力，聘請樹德科技大學老師做出研究報告，呈請中央政府給予保留。就這樣在大樹文史協會首任理事長羅景雄的推動下，連同曹公圳五空頷（入水門）、三和瓦窯、興化廍山頂莊家古厝，一併經過中央邀聘的歷史學家，高雄師範大學老師楊玉姿、張守真兩位的現場勘察以後，全部通過評審，列入「中央級歷史建築」。從此永遠保留，不得拆除。

尹鄉長上任一年後，有一天民政課長王武盛，突然來電請求景雄前往溪埔村果菜市場，因為那天有數位文建會委託的大學老師，要實勘那裡的一棟鐵皮屋。鄉公所打算將那間鐵皮屋設立「鳳梨荔枝文化館」。日前已由溪埔社區發展協會提出請求經費補助，但似乎在審查當日就遭受評審者質疑，據說她們曾經這樣的說：

「臺東也有鳳梨、臺南也有鳳梨，為什麼一定要在大樹鄉設立文化館？好啦！我們就找一天到貴地實地看看！」

鄉公所並沒事先通知景雄事由，也沒有告訴景雄實際狀況。景雄匆匆忙忙被他們叫去，到了地點才知道人家本來就已經把鄉公所打了回票，所以這次她們又說：

「像這種由鄉公所主導提出的申請，文建會通常是比較不感興趣的。何況在這樣的地方設館，好像也不具特有意義！」

鳳梨荔枝文化館的申請設立補助沒有通過，其實景雄認為應該設在久堂村的泰芳鳳梨罐頭會社遺址才對。但是尹鄉長的心中打算，景雄非常明白。鄉長完全是為了兌現競選「支票」，使北區也有建設，才極力主張設在溪埔村的。因為尹鄉長在競選時，北區鄉民常埋怨道：

「所有建設都偏重南區……。」

所以他便開出「支票」：

「如果我當選，一定南北建設並重！」

大概過了兩年，又到了開放申請補助的時候了。這一次從一開始，王武盛課長就開車到景雄家，邀他一同上車前往縣政府會場。景雄一上車就發現車上已坐著溪埔社區發展協會會長，所以就向王課長說：

「申請人都親自來了，我看到時發言的時候，就由會長上臺說明好了！」

「好吧！」王課長回應著。

到了會場，同鄉的申請單位還有佛光山藝文館的尼姑多人在場。她們都事先把過去的成果報告、照片分發給在場評審員和來賓。每一申請單位規定各發言十分鐘，發言完畢，評審立刻作回答。佛光山的發言安排在溪埔社區協會前面。當佛光山代表發言完畢以後，那位回應的主審就是上次的主審，她說：

「佛光山藝文館的過往成績斐然，幾乎沒有缺點可找。等一下申請發言的就是溪埔的鳳荔文化館，它的設立地點和佛光山距離不到幾百公尺，文建會是不可能在相距這麼短的情況下，同時准許兩處都設立的。」

主審的話已經很明白的暗示她們准許了佛光山的補助，也就是宣佈溪埔鳳荔文化館的申請無望了。

「我是溪埔社區發展協會會長，我們社區人口×××人、面積×××平方公尺、申請建物×××坪……。」

景雄聽到發言人講到五分鐘後，所有評審員都已表示了不想再聽下去的臉色，於是趕快趨向王課長：

「請讓他下來，換我上去講剩餘的幾分鐘」：

「各位評審！我首先要聲明一點，就是『大家不要以為臺南有鳳梨、臺東也有鳳梨，何必一定要在大樹設立鳳梨文化館』的觀念。我認為臺南、臺東都沒有鳳梨文化館沒關係，但是大樹如果沒有就不可以。因為從滿清時代開始，大樹就是本島唯一的鳳梨產地，今天大家如果翻閱古地圖，在當時有註明『王梨山』的地方就在今天的大樹鄉。到了日本統治臺灣，日本人被大樹鳳梨香味所迷，所以就在小坪村設立全日本國第一處種苗研究所，積極推廣鳳梨栽培。大樹的農民也很會種鳳梨，他們會利用各種方法改良鳳梨口味，也會把鳳梨株推斜，使它們提早結果，後來更研發利用電土（電石）催花，使整區的鳳梨結果，或者控制開花時間。這種電石催花術，至今各國都在使用。那是在日本時代，本鄉湖底一位黃姓農民發明的。在日本時代為了推展沖繩縣人種鳳梨，就鼓勵大樹人移民過去指導。到了戰爭結束，日本政府還在歡迎大樹的農民過去。如果不相信，各位評審可以到龍目村訪問，戰後是不是還有村民李明忠一家人，應日本政府邀請移民到石垣島種鳳梨？到現在為止，石垣島上計有半數人口都是臺灣人，他們大部分都是大樹人，他們是日本時代渡海到那裡種鳳梨的子孫。大樹農民種鳳梨的技術，不但受外國人重視，也被臺灣島內各地種鳳梨農民所尊崇。像臺南關廟、臺東、屏東等各地的鳳梨栽培，都是大樹人去指導、去開發的。大樹人的種鳳梨歷史，在國內外那麼有名，如果各位評審還說：『臺南有鳳梨、臺東也有鳳梨，何必一定要在大樹設立文化館？』這樣的外行話，難道不怕被外國人笑說：『臺灣的專家怎麼一點都不了解鳳梨文化』嗎？日本時代大樹士紳陳文忠先生為了改良鳳梨品種，陪同小坪鳳梨種苗研究所渡邊所長遠赴海外，尋求優良品種回鄉再加改良，才研發了今日所稱的第二代「土鳳梨」。戰後渡邊先生把在大樹的鳳梨栽培研究成果帶回日本四國故鄉，獲得日本第一位鳳梨博士學位，從此全力在沖繩縣推展鳳梨栽培，揚名各地。大樹的先賢，他們留下許多智慧，難道不值得設立一個文化館，以便把那些『智慧遺產』留在館內，當做永久性的教育資料嗎？再說大樹的另一項特產是玉荷包荔枝，它原本由大陸廣東傳種而來，但是經過大樹果農不斷研發改良，變成核小果肉多的玉荷包。最近每年都有大陸專家慕名渡海過來考察：『奇怪！我們的「妃子笑」怎麼一到臺灣就脫胎換骨似的，變成這麼優秀！』大陸的專家們，往往嚐試了玉荷包以後，都會說上這一句話。連大陸的專家們都對大樹農民佩服得五體投地，如果臺灣的專家竟然還說著外行話，不會被人笑死才怪！最後我要說：『准不准補助我們無所謂！如果再不獲准的話，你們幾位專家被人嘲笑「外行」才是大新聞！』」

經過一個月以後，景雄詢問王武盛課長：

「鳳荔文化館准許成立了嗎？」

「准了！」王課長說。

由於景雄時常帶領學生、學術團體、外地遊客、日本媒體做鄉內各地古跡「巡禮」，引發大家的興趣，使他覺得如果能夠再求深入，必定會更受歡迎。所以他企圖遊說尹鄉長邀請下淡水溪鐵橋建築監督飯田豐二的子孫前來大樹，經過兩年的努力，終於透過臺日交流協會高雄分會主任蒔田先生的幫助，找到了飯田豐二的孫子飯田慎一、孫女雅子、悅子三人。再由景雄邀請姊夫潘印雄以電話、書信方式連絡日方，終於在鐵橋建成的九十二年後，三名後代前來鐵橋下舉辦紀念大會。事後經日方的媒體宣揚，引起日本民眾的興趣，從此前來大樹的日本遊客增加，使得景雄也增加了一項接待日本遊客的工作。二〇一三年，鐵橋建成滿百歲，區公所黃區長在景雄協力下，由高雄市政府出面，再度邀請飯田的兩名孫子慎一、惠二來到鐵橋下參加鐵橋百年紀念及改建「天空步道」的開幕剪綵儀式，造成

▲ 飯田豐二的三名孫子到鐵橋下參加記念會。中穿和服者是悅子，其右身穿西服者是慎一，其左女性是雅子。
照片提供：羅景川。

盛大新聞。

因為鄉公所時常有日本人來訪，所以尹鄉長就請景雄出面做通譯。景雄自知自己日語程度只達一般對話水準，所以遇到正式場面的翻譯，都另求姊夫印雄協助。有一天尹鄉長來電，說有一對日本夫妻田中來訪，景雄和姊夫應邀前往公所。原來那位日人叫做田中大樹，因人名和鄉名一樣，所以特別到此遊玩。兩夫妻並且談及他們也曾經去過北海道的大樹町，景雄一時興起，隨便提議：

「那就請你們問看看北海道大樹町，要不要和臺灣的大樹鄉締結姊妹鄉？」

就這樣在景雄和潘印雄的催促下，三年後雙方成功的結成姊妹鄉，並且彼此互訪，確實做出了交流，並且互相簽訂下協議。

景雄自從民國八十年，成立大樹鄉文史工作室，八年後又成立大樹文史協會。這段時間內，學校教學之餘，不是寫稿出書，就是辦理文史解說員培訓，或做導覽解說工作。擔任文史協會理事長滿八年時，他決定無論如何一定換年輕人接任理事長。在百般的推選下，由鄉圖書館館長陳世宗接任。景雄任理事長時堅持文史協會出版的書一定要達到相當水準，追求所出版書籍要受到外界重視。因此除了供應鄉內機關、民眾免費贈送閱讀以外，也賣出不少份量。單以《我的家鄉大樹鄉》一書來說，就已經連印了第五版。景雄堅持不收文史協會入會員的會費，但是協會中卻因有書本出售，所以不缺經費。到了卸任理事長時，尚存十四萬元做了移交。卸任以後的景雄，以為可以稍微減少文史工作，改由年輕人代勞，不料依然不得清閒，特別是普門中學蔡副校長，就是堅持一定要他親自出馬為學生講解或導覽。對於蔡副校長的捧場，景雄至今還是由衷的感激！

大樹國中在游秀成校長任期中，成立了夜間部，聘請陳××老師兼夜間部主任。陳主任邀請景雄擔任國文科教學。因為夜間部的學生都是成年人，沒有升學壓力，所以景雄比日間部的教學更加能夠發揮所學，進行活化的教學。例如指導學生作詩、寫對聯等實用文學；詳細分析漢字、漢音的正確用法，指正目前「國語」的不當使用之處。例如「雞」字本音應該讀「ㄍㄧㄝ」，而不是讀「ㄐㄧ」；「走」字本來是「快跑」的意思，而非國語「慢行」之意。在〈空城計〉一課中：「丞相神機，神鬼莫測，若某等之見，必棄城而走矣！」其「走」字本來讀成臺語的「ㄗㄠˋ」音；馬偕醫院的「馬偕」兩字，是外國人名的音譯，應該讀成「ㄇㄚˋ ㄍㄞ」才對……。這一些都是教科書上出現的問題，只是一般的學生並不易聽到這樣深入的解說。景雄自覺他這種實用的教學方法很受學生喜愛，以致後來他辭掉夜間部工作後，學生群體向陳主任和劉縛組長抗議，要求他們再度請景雄能夠繼續上他們的國文課。

夜間部也設有日語班，聘請××幼兒園園長的女兒任教。景雄的老婆林淑敏，在開課兩週後繳學費報名參加。第一次上課時老師就要她用日語自我介紹，她以幼時聽父母對話學來的日語說：

「わたくし主婦です。」

不料老師竟誇大聲調，並且做出身體下蹲動作，加以嘲笑的說：

「くし！不就是蹲下去嗎？不能說わたくし！要說わたし才對！」

老婆受到老師羞辱回家，把事情告訴景雄。景雄立即走訪昔日的老師謝水亮和姊夫潘印雄。他們都說：

「わたくし是正確的呀！」

景雄每天清晨六點固定收聽教育電臺「空中日語」節目。有一天節目主持孫映華老師（淡大日語系老師）說：

「現在有些年輕人，把わたくし簡說成わたし，雖然成為一種流行，但是如果用在自我介紹時，一定要保留く音才不失禮貌。」

景雄覺得老婆想要向陳××主任要求改聘較好的老師不太妥當，因為這樣會使人家失掉一份工作的收入，所以他向老婆說道：

「妳明天就不要去夜間部上日語了！我用文史工作室的錢聘請姊夫來教好了！」

從此景雄以大學老師的鐘點費支付，並召集鄉內想學日語的人，包括同事盧榮賞老師在內，大家在精通日語的潘印雄教導下，老師領高薪、學員們享免費，快樂的學起了正統日語。正是：

教師不可誤門徒背正理
學生應該選聖哲求真知

第二十二章

校園競演強欺弱
勇士力防惡壓良

學校的生活已經是現代人生命歷程必走的路。在這一段路程中，應該是快樂的才對。在途中可以遇到許多美好的事物、可以結交知音的朋友，可惜的是時常會有強欺弱的情況發生。這種情況竟然發生在學校，確實令人覺得倍感遺憾，因為學校應該是污濁社會中的一股清流才對。在中、小學中常見的學生受師長欺壓事件，可說罄竹難書。例如強迫學生購買防癆郵票、購買救國團出刊讀物如《高縣青年》……，這些學費以外的雜支，對一些家境較好的學生並不造成家庭負擔，但是如果發生在貧困者身上，就常常讓他們產生困擾。許多人甚至因此對上學心生畏懼。景雄和妻林淑敏兩人在閒談往事時，就時常談及這種傷痛的往事：

「我常常為了繳交雜費，在上學前向母親討取，就是一直不給我錢，每次都是全班最後一名繳錢的學生，時常都因為被老師逼討而心生害怕！」林淑敏已經重複說過這句話不知幾次了。

景雄生性比較少談傷心往事，但是受不了老婆的長時埋怨，有時候也忍不住說道：

「我的情況比妳加倍嚴重！」

「怎麼可能？你父親當校長，我父親是做農的。」林淑敏說。

「我父親雖然是有月薪領，但是並不把錢交給母親。父親生性嚴肅，兒女都不敢向他要錢，只好拖到全班都將近收完錢時，才向母親開口要錢。母親大概也因為沒錢，所以要不到，常常要在母親身旁枯站很久，直到火車已經即將入車站時刻，才只好拔腿奔向車站，搭車前往屏東，準備到學校後，再度被老師責罵。」

景雄的同學中，像他一般狀況的不少。這種教師向學生催錢的現象，到了景雄當上老師以後，依然在校園中重演著。景雄發現班上學生因貧困交不出這種「雜費」的人不少，雖然他們並沒有人提出異議，但是有一年讓他猛然記起了少年時的痛苦回憶，因此他向學生們問道：

「你們要不要買防癆郵票？」又另一次問學生：

「你們要不要買《高縣青年》刊物？」

每次學生們的反應都是：

「不要！」

聲音不但洪亮，而且顯現興奮，呈現一股曾經被壓迫過後，得到解放的跡象。當時負責這兩件販售工作的行政老師是訓育組長何××老師。他是景雄小學同學，他見全校只剩景雄的班級未交販售的錢款，所以向景雄催討：

「全校就只剩你班上沒繳了！」

「沒辦法！學生都不買呀！」景雄回答。

「怎麼可以不買？這是愛心捐款呀！」

「你買了幾張？」景雄反問。

「我！我是老師呀！怎麼叫我買？」

「紅十字會有限定老師不可以買嗎？」景雄已經不顧往日同學之情，拉下臉了。

××××××

「《高縣青年》的錢，只剩你們班沒繳了！」又一次何訓育組長臉色不悅的向景雄說道。

「學生都不買，沒辦法。」景雄說。

「這是愛國刊物，怎麼可以不買？」

「如果是這樣，請你把這句話寫在紙條上，簽上你的大名給我好嗎？」

對於景雄的追問，何組長不敢回應，只好懷著滿肚氣憤離去了。

景雄覺得校園中強欺弱的現象，如果主角落在老師身上，真是萬萬的不應該，偏偏這種現狀處處發生，而且師長們往往不自覺，以致會有如下的對話出現：

「我們學校都是一團和氣，從來沒有校長、行政人員欺侮老師和老師欺壓學生的現象。」有一天景雄和鳳山某學校女老師對談時對方說著。

「請問你們今年合作社的福利金每人領多少？」

「兩千元。」

「那麼學生每人領多少？」

「學生沒領呀！他們怎麼可以領！」

「你錯了！應該是學生可以領，老師不可以領。」

「怎麼說？」

「因為合作社組織法上規定，學生是社員，入學時都交了會費。老師不是，也沒繳會費。

結果幾乎各校園中，該領錢的人都被不該領的人領走了！」

景雄對於人生有他的看法，只不過類似上述的觀念常常是不受一般人認同的，所以有時候會讓他覺得孤單，不受別人歡迎。

同事王今祥老師，每到暑假便北上×大修習碩士教育學分。有一天他向幾名一起同喝茶的好友說：

「今年暑假一起報名吧！在×大上課沒有壓力，而且每天早晨可以到後山爬一圈，日子很好過。」

景雄和謝又郎、陳振芳三人因此「響應號召」報名參加了。景雄報名的班別是教育行政組，開班的第一天，教研所所長劉××首先上課。劉所長先讓全班學員進行「自我介紹」。

「我來自××縣××國中。今天北上進修，完全為了追求學問……。」

景雄大略的統計，差不多班上有三分之二的老師在自我介紹中，都會說上「為了求知」而離鄉背井的謊言。其實景雄知道許多人的進修是為了「加薪」，因為修滿學分以後的老師都可以每月薪水增加五千元左右。另外還有一些人是為了考校長而鋪路，因為×大的老師常常會受聘為校長甄選的口試官。

大約在開班後的第二週，報紙刊出一則消息：

「教育部擬訂從今年開始，取消碩士學分修習教師的加薪優惠。」

消息傳開以後，班上同學紛紛表示要放棄進修，束裝返鄉。那些想返鄉不再讀下去的人，都是在自我介紹時，大言「我參加進修，完全為了求學問」的人。根據景雄大略統計，全班只剩下五人不因有沒有加薪，都要繼續進修下去的。幸好教育部的擬訂計劃沒有實施，不然就開班不成了。

×大暑修班，有一份月刊《×大通訊》。景雄投稿了詩作和散文，第二年被原主編林文平老師推荐為繼任主編。由於暑期班學生會長的建議，在刊物上介紹了兩名甫自美國學成回校任教的老師，因為沒有事先徵求劉××所長的同意而刊登，正好那兩名學者不是劉所長的同一派系，所以學生會長和景雄兩人被召喚到辦公室訓話：

「你們是為了拍那兩位新老師的馬屁，所以才刊登他們的事蹟，難道我不知道你們目的何在嗎？」

景雄覺得×大校園的人事關係，比起一般中、小學更加複雜，令人無法理解。而一般的進修老師似乎都早就司空見慣。因為從第一年入學開始，班級幹部們就都已經懂得安排好「該應付」的對策。例如選派班上漂亮的女學員，每當老師上課時親自走近講臺，沖上一杯咖啡或茶葉（事先已個別詢問各老師的意願）。如果不當面沖泡的話，老師們是不喝的。到了每學期中途，幾乎都會依據每位老師的意願，個別邀請到高貴餐廳，或到附近山莊用餐。對於特別會「當人」的老師，還會奉送金飾等贈品。景雄覺得這種進修方式，讓中、小學老師們在人格上是一大傷害，以致很想中途輟學，但是就是少了一份毅力。到了第三年，功課有一門選修的「教育法規」，×大沒有讓學生們自由選修權利，而是規定全班一律固定選修同一門，也規定全班要聽同一老師講課。教育法規的授課老師是劉××，年紀很輕，大約才三十出頭，幾乎學員都比他年紀大。劉老師是留日博士，講話口氣很自大，卻又內容枯燥，甚至沒有人知道他在講什麼？所講的課不但沒有書籍、講義可做參考，學員們只得根據他的口述猛抄筆記。由於他常「放聲」要「當掉」多少人，所以學員上他的課時，都是懷著戰戰兢兢的心情，使得教室充滿窒息的氣氛。他所口述的文句都是來自日本的資料，因為當時在臺灣沒有「教育法規」這門功課，而劉老師的日文翻譯功夫低劣，例如常常照唸一句「公的教育」一詞，景雄曾經試問過班上認真的學員：

「什麼叫做『公的教育』？」

「我不知道。」

「那麼考試時，你要怎麼答？」

「我只好靠死背。」

景雄略懂日語，他了解日語中「的」字，和北京話通常用在介系詞的用法不同。日文完全保存「的」字的原意，「公的教育」的「的」字，應該翻成「性質」才對。換句話說，劉老師不可以把那句話照日本漢字唸，否則沒人聽得懂。如果他能夠翻成「公立教育機構」，或是「非私立教育單位」，不就人人可以了解了。老師自己沒有著作，翻譯人家的功力又不高明，景雄怎麼心服？怎麼會讓自己也跟著別人盲目的死抄？死背？

有一天班上幹部安排大家赴凱悅飯店，宴請劉××老師。會中班代表拿一束鮮花，內放一枚金飾品，在大家的鼓掌聲中，代表全班贈送給劉老師。大家對劉老師的禮待算是最隆重的，因為劉老師素以「善打人分數不及格」聞名。過了幾天便是另請一位七十幾歲的老老師茶點，並跳交際舞。因為那位老老師喜歡跳舞，所以才投其所好。會中事先說好，由班上幾位善舞的美女輪流陪老師跳舞。其實那位老老師是一位老好人，不但不曾「當過」學生，而且性情溫和，只不過學員們自甘逢迎罷了。

景雄和中南部北上的學員一樣，都住宿在學生宿舍。每一學級的學員幾乎遲早都會被要「惡勢」老師教到。這些要惡勢老師中，劉××算是更出名的一位了。凡是上到劉老師課程的人，都天天戰戰兢兢不敢偷懶，甚至有些人整夜挑燈苦讀，只因為了死背他這一門功課，不敢入眠，只有景雄以輕鬆的態度處之，到了學期考試景雄自然是被「當」掉了。景雄早有心理準備，他想要把一份已經寫好的資料提出，讓媒體公佈，那份資料是這麼寫的：

×校長××鈞鑑：

學生羅景雄有幸於三年前得入本校暑期碩士學分班進修。本來滿懷希望，冀求教育課程的進一步精進，不料入學至今，所見授課教師，有多人學術低劣，素行不良，誠然教育敗類一般。例如擔任教育法規課程之劉××老師，不但所講課內容空洞，而且行為不檢。劉老師曾經在七月十五日，早上十時至班上授課時說：

「在這樣的大熱天，是沒有人願意來上課的，還好學校虛報鐘點費，把原先教育部規定的鐘點費七百元，多報成一千元，否則就沒有人想教了。」

另外全班於八月十四日晚上，特地邀請劉老師同赴凱悅飯店大開宴席，會中劉××老師公然接受學生的贈送金飾禮品。

以上兩項皆屬破壞教育形象的行為，本人曾把本信件拿給媒體人員過目，他們表示對以上事件極具興趣，希望本人能夠提供給他們，然而本人以為要不要給媒體人，必須徵求×校長、劉××所長，以及劉××老師等三人同意後，再行提供似較妥當。不知 鈞長意下如何？敬請賜知是禱！

學生 羅景雄 謹啟

民國八十一年八月二十日

當景雄把這份書信先讓宿舍中同學看過後，大家爭相拜託：

「請你不要寄出去，要不然我們就沒好日子過了！」

特別是第二學年的學弟們，他們人人擔心一旦惹怒了劉老師，明年他們就要碰到劉××的課程，到時他們一定沒好日子過。

景雄不得已，過了翌年暑假，進入最後的第四年時，重修被「當」的不足學分。當然他選擇了其他課程，原先的教育法規是×大違背自由選課之下，強制人家上的科目。就這樣景雄才好不容易通過了最後的一年獲得結業。在第四年中，有一門「教材與教法」課程，老師是一名上了年紀的男性。老師上課時，經常會讓學生發表每人在中學教學課程中所發生的問題，以便大家共同討論。有一天景雄發言道：

「國中國文課本中，有一篇岳飛的〈滿江紅〉，文中有一段『壯志飢餐胡虜肉，笑談渴飲匈奴血。』我覺得在今天主張『五族共和』中，出現在教科書上不妥當，是不是應該把它排除，不要再放在正課讓學生研讀？」

「放在課本當做正課有什麼不好？你怎麼會有這樣的問題？」該課程老師生氣的回答。

景雄曾經在課堂上，認真聽過這位老師的自述。他說他年輕時代適逢戰亂，經常沒飯吃，只好看那裡有飯吃，就投奔到那個單位。也許因為這樣才造成他的固執偏見，只是這樣的性情，在學校指導人家「如何選擇教材教法」是否妥當？

那一年的三年級學弟，凡是有上劉××老師課程的人，都叫苦連天，有一天在宿舍，一位學弟說：

「今天劉××在課堂說：『今年凡是屏東來的老師我一律不「當」。』因為我的姊姊在萬丹國中，被同事罵：『你弟弟在×大很會「當」！』為了不讓姊姊造成困擾，所以……。」

景雄一離開×大，修畢學分課程以後，立即把一年前寫好的書信，影印成三份。分別寄給×××校長、劉××所長和劉××老師。很快的在寄出第三天晚上九點，就接到劉××所長的電話：

「是羅老師嗎？我是劉××。你的信我接到了，×校長今天特別交待我一定要跟你連絡……。」

劉所長在電話中的語氣不但禮貌周到，而且溫和。和三年前景雄當《×大通訊》主編時，在辦公室罵人的狀況迥然不同：

「請問羅老師心中有什麼話，請儘管提出。」劉××所長說。

「我覺得像劉××這樣的老師，不但誤人太深，而且敗壞教育風氣……。」

「請你諒解！因為他是由前任所長所聘用的人。我儘量做看看，如果不能如你所願『不再續聘』，還要請你體諒！」

「好吧！有劉所長這一句承諾，那麼我就決定不把信件公開了！」

過了兩天，同級進修的班代表呂××打電話過來：

「劉××老師想要打電話給你，他要我先問你要不要接他的電話？」

「不要！如果有話要向我說，請他親自上門來。」

過了大約半小時，呂××又來電：

「劉老師說：『不接電話就算了！反正在×大的暑修班是客串性的，我真正的工作是在日本的大學教書。』」

翌年七月暑假，景雄參加暑期進修班結業週年同學會。景雄新購了一部雅哥美規轎車，他帶著妻兒一家四口，開車北上參加盛會。在會中遇到班上的美女孫兆霞同學，她因事所以在第三年申請休學，得以避開了劉××的課。見面時景雄問她：

「妳今年讀第三年，有沒有遇到劉××的課？」

「沒有！劉××已經沒有排課了，所以大家都很高興。」

「是嗎？如果這樣，大家應該感謝我！」

「為什麼？」

「因為這個。」景雄說著，同時把那份書信影本拿給了孫兆霞同學。

「原來是這樣！真的大家要感謝你的救苦救難！」孫兆霞看完信以後高興的說。

景雄看著別人高興，自己也高興起來。在孫同學的喜悅眼神中，更顯出她的美麗，使景雄再度看到她剛讀一學年時，她那種與人相處隨和，毫無拘束的述說她幼年時，和同伴一起「灌肚猴」的快樂神態。正是：

仗勢凌人惹眾怨
挺身打虎臻群安

第二十三章

只因一位高官蒞校　就要全園綠草開花

大樹國中在丁××校長私訂「大樹國中人事規章」，遭景雄的抵制，被迫宣佈廢止不久，有一名鳳山國中的×老師，經江依台老師的介紹，專程到大樹國中找景雄。她說道：

「我們學校老師，特別是女老師們，都被×校長和教務處×主任『惡整』，大家都過著度日如年的日子。」

「他們怎麼惡整法？」景雄問。

「例如老師們如果沒課時，趴在桌面休息，×校長就會在桌上敲打，然後說：『不要睡覺！』」

「那麼×主任是怎麼對待老師呢？」

「前幾天他把外出校門的老師名單交給校長，所以×校長又召開全校老師會議，當眾詢求那幾位外出的老師『應該受什麼處分？』」

「你們有人發現過×主任外出校門的記錄嗎？」景雄問道。

「×主任經常外出，他的老婆也在學校任教，每天都會在下午出校門，接他們就讀幼稚園的兒子放學。」

×校長是由軍隊退伍以後，擔任國中校長的。當鳳山國中校長之前，是林園國中校長。他的治校方法，完全是軍事化，徹底的把老師們當做士兵一樣管理的。所以早在林園國中就和老師們鬧得風風雨雨了，老師們都在他手中過著火熱的日子，但是他並不完全對每一個老師都能夠隨心所欲。在林園國中，有一名老師歐因×，是景雄初中時代同班同學。他有一次把×校長和專門包攬學校工程的商人，在校長室內的機密談話錄音以後，再提到校長室播放給校長聽，從此以後歐老師就受到×校長的特別禮待。景雄聽了×老師的訴苦後，向她建議：

「你們可以把×主任和他老婆離校的次數、時間記錄起來，然後再把×校長和×主任兩人如何惡整老師們的經過交給報社的記者，或者縣教育局。」景雄說完後，又補充一句：

「最好是大家聯名。」

「聯名的話，可能有很多人不願意。」×老師說。

「如果這樣，至少要有一個人具名。如果是匿名的訴狀，教育局不會受理。」景雄說。

「好！我們就請××老師出面具名，因為她不久就要移居美國。」

景雄為了×老師的事，特地詢問另一名鳳山國中的周×茵老師，周老師是景雄就讀文化學院的同學，她說：

「×校長有一次因為上級要視察學校，所以命令各班級整理花園，並且規定『各花園的花草，到了下午長官到學校時，都全部要開花』。」

聽了周×茵的話以後，使景雄想起服兵役時候，在剛入營接受新兵訓練時期，每當有上級長官前來連部視察時，連長便會下令封閉廁所，並令士兵人人手拿石頭磨廁所地板，務必磨到每一吋都光亮才止。這時候一連好幾天廁所都禁止使用，全連士兵的大小便只好都跑到營房外面甘蔗園解決。直到上級視察完畢，評分廁所衛生優等，方才撤離看守的衛兵，重新開放使用。當結訓前舉行士兵試卷測驗時，連長也會賜座監考官，請他們在一旁喝茶，令應考士兵作弊，以取高分……。這些現象都使人覺得新奇，看到這些從對岸傳過來的文化，使景雄想起五十年代的大陸，很多青年高喊「改革！」高喊「開放！」高喊「打倒×××」或許有他們的道理存在。

過了一個禮拜，×老師又專程來到九曲堂找景雄：

「羅老師！謝謝你的關心。很遺憾！我們的計劃取消了，因為原先要求××老師具名提出訴狀，結果被她拒絕了。」

「這樣你們只好忍耐過日子了，因為如果匿名告狀一定會輸的。」景雄說。

×校長的治校行徑，使景雄想起高中畢業時，有一天和朋友為了投考師專，到九曲國小與林×朗老師閒談，他說：

「高中畢業的老師沒資格當老師，但是許多老兵卻連初中學歷都沒有，他們都可以轉任當老師！」

林老師外型一表人才，氣質高雅，剛自臺南師範畢業不久。分發到九曲國小時，和景雄小學時代全班最漂亮的女同學曾端×結婚。婚後不到幾年，就被「情治」人員（大部分都是軍人轉任的老師）以「反判份子」入罪，在監獄關了十幾年。理由是他曾經在黑板寫簡體字，並且在課堂上說過：

「臺灣的稻米，一年收成可供全島人吃三年，直到國軍大批進入臺灣，便不一樣了。」

當時的臺灣，每個單位都安插了「情報人員」，連學校也是。而身為「老粗」的軍人充斥各地校園，更是當時世界上特有的現象。

從軍隊轉任學校當校長者，把學校當做軍隊管理，雖然是當時臺灣校園內的笑話，然而一般文學校出身的校長，也有不少人是善於濫用職權的，例如他們慣於發令上課前提早到校做早自修就是。如果只用鼓勵尚無可議之處，偏偏有許多校長會採取遲到者受處罰的措施。有一次景雄發現一名學生被罰站在校門口，他好奇的上前詢問：

「是誰罰你站在這裡？」

「校長！」學生答。

「為什麼被罰？」

「因為遲到。」

「你進校門時是幾點？」

「七點三十分。」學生答。

「好了！你沒事，進去吧！」景雄向學生下令。

過了不久，校長來到校門口，見了景雄問道：

「我在這裡罰站了一名遲到學生，怎麼人不見了？」

「我叫他進教室了！」

「他遲到，你怎麼叫他回教室？」

「誰規定七點三十分到校就是犯規？」

「唉！你怎麼這樣說話！」校長不悅的說。

「你不知道私訂規則，然後又處分不『遵守』的學生，一共犯了兩項罪過嗎？再說學生一大早到校，常常會遇到埋伏在校內的不良份子，容易遭受侵害，難道校長不知道嗎？」

校長不再說話，一副不高興的模樣，逕自離開了。又有一天早晨，景雄見一名學生被罰站在校門口。

「是誰罰你站的？」景雄問道。

「是訓導主任。」

「你沒事了！進去吧！」

訓導主任是×××，知道學生是景雄放走的以後，卻沒有找上門興師問罪。

景雄有一年帶了一班學生，升上了三年級，到了下學期，學校配合校外工廠進行「建教合作」，學生分批到各工廠做參觀活動。工廠老闆利用這項活動，以便吸收沒有升學的畢業生做他們的員工。教務主任未徵求導師同意，逕自排定景雄的班級參觀錦祥工廠。到了參觀當天，景雄詢問學生：

「你們願意參觀工廠嗎？」

「不願意！」幾乎全班同學異口同聲回答著。

景雄知道全班的同學都志在能夠升上好的高中，不想畢業後到工廠做工。為了不讓學生浪費時間，所以才替學生著想，然而卻因此得罪了好同事。同校中的女老師×××因為專心輔導學生考上好高中，拒絕了輔導室×主任的安排，不配合帶出學生做校外參觀，由校長×××動手開鍘，特地在當年七月三十一日，放暑假的前一天，應用政府法令「學校老師在非寒暑假期間，非因公務不得出國」條律，將×老師的考績打為丙等。因為×老師在那一天出國旅遊，正好那條法令的有效期限只到當天為止。校長特地抓住最後期限，把×老師做了處分。

有一次×校長找景雄討論一件事：

「羅老師！你是考績委員，我覺得像沈××那樣，上國文課竟然把學生帶到運動場活動，是不是應該把她的考績打為丙等？」

「也可以！只不過要打她不及格之前，還有另一個人更應該打不及格。」

「是誰？」×校長問。

「我先說他的狀況給你聽，然後你再問是誰好了。」景雄接著說：

「有一天我在某辦公室和一位老師聊天，一直聊到快要打下課鐘時，有一名學生走進辦公室，向那位老師說：

『報告老師，要不要集合點名？』

『不要了！叫大家自行下課好了。』那位老師說。」

景雄說完這段故事，然後慎重的詢問×校長：

「沈老師雖然國文課帶學生走出教室，但是至少她整節課都沒有離開學生。但是那位老師上課時間，人在辦公室，讓學生像放『粉鳥飛』一般，要不要打丙等。」

「啊！我知道你說誰了！算了！沈老師我不打她丙等了。」×校長雖然不悅，卻也只能無奈的離去了。

景雄知道×校長不敢向那位體育老師開刀，所以故意向他報告這件事，一方面用於救助弱勢，另一方面也想揭開時下「欺弱怕惡」者的面紗。

教務主任×××，因為×××老師指責：

「教務處參與選任導師時，有深厚的成見存在。因為教『壞班』的老師，永遠得不到好學生可教……。」

那一年新學期開學前，×主任分別通知一年級的導師，到教務處抽籤決定帶領班別。景雄接到電話後，立即前往學校抽籤。到了教務處才知道×主任並沒有把所有一年級十個班級導師全體集合，而是一個個通知分開抽取的。景雄抽到的是「壞班」，×老師如願帶了「好班」。開學後不久，有一天晚上景雄在學校運動場徒步健身，遇到同年級導師黃××，她埋怨道：

「我再三向教務處說明我的身體不好，不想帶『好班』，卻偏偏要排給我。」

「妳自己抽中的，不可埋怨！」景雄回應道。

「哪有！我根本就沒抽，就直接派給我了！」

聽了黃××的話以後，景雄才知道是×主任為了安排預設人事，並且避免紛爭，不得已才設定的計策。景雄了解真相以後依然認真，堅守本分，第一學期終了，班上共得五面秩序獎牌，以及五面整潔獎牌。反觀另一班由導師自己（姑隱其名）爭取到帶領的「好班」，卻未得半個獎牌，況且班級常規壞得連任課老師們都搖頭。所以該班導師常遭校長指責，最後變成自身毫無再帶下去意願，才由同事×××老師設法幫他找別人頂替他的導師任務了事。

景雄雖然帶的班級是「壞班」，但是他發現班上有一名學生特別與眾不同。那位學生姓名謝×昌，家住小坪頂，父親種鳳梨兼營「怪手」工作，常常工作到夜晚。母親也忙於農田工作，沒有太多時間照料子女。謝×昌好玩，因體弱常被同學欺侮。有一次被同學嘲笑化學成績太差，想不到他一生氣，竟然脫口說道：

「我下一次考八十分給你們看！」

結果真的被他考了八十幾分，是全班最高分。後來景雄時常詢問化學任課老師邱清榮，他說：

「謝×昌真厲害，經常考全班第一。」

景雄從此時常到謝家做家庭訪視，和謝同學家長建立了交情。到了升上二年級，學校鼓勵學生參加「課後輔導」，謝×昌也參加了。當景雄上「課後輔導」國文課時，謝×昌從未缺課，但是卻聽到其他課程的老師說：

「謝×昌都缺課。」

經過調查，原來除了導師景雄的國文課以外，他都逃課。他常到九曲堂街上一家網咖打電動，然後到了下課時間再跑回校門口，假裝上完課，讓在校門等候的母親載送回家。真相大白以後，景雄命令班上最魁偉有力的盧慰德同學，每天降旗典禮完畢，一定把謝×昌抱住，然後推向教室內不讓他逃走，直到任課老師進教室為止，就這樣終於使謝×昌定下了心不再逃課。好不容易度過了二年級，到了第三學年，有一天學校來了一批某私立高職的學生，在禮堂擺設許多儀器供三年級同學參觀。一開始時還由校長和輔導室主任向學生介紹，並推荐該高職教務主任演講一節課，供學生了解該校新設課程。內容大致不外述說就讀該校是如何有前途、教師群如何優秀、求學期間如何快樂……。最後鼓勵學生趕快簽訂契約，然後就可以立刻每禮拜有幾天由巴士載送大家到他們學校開始上課。許多學生在這樣的鼓動下，紛紛報名參加。景雄在當天聽完他們的宣傳後，回到教室就首先向全班同學聲明道：

「各位同學！首先你們要知道私立學校的學費比較貴，而且設備絕對不會比公立學校好。你們要知道父母賺錢不容易，人人要能夠替父母省錢才算是孝子。再說那位私立高職教務主任，一直說他們學校很好，但是你們可以去問他的兒女讀哪裡？告訴你們吧！他的兒子讀雄中，女兒讀雄女。你們想想看，如果他們學校有他說的那麼好，怎麼自己的兒女都不讀？同學們！大家要聰明一點，你們要去考公立學校，等到真的沒有考上那一天，再去報名他們學校，他們還會高興得請你們吃冰棒的。」

景雄的班上只有一名報名，是全校最少的一班，報名的人竟然是謝×昌。景雄希望謝

×昌自己到輔導室取消報名，但是一直沒受到謝×昌的採納，景雄只好親自出面找輔導室陳主任了。

「取消報名的期限已經過了。」陳主任說。

「無論如何一定要准他取消，否則……。」

謝×昌在景雄的強力決定下，退出了私立高職的就學機會，三年級修完後，順利考上公立高職。家長高興之餘，特地送來他親種，又新研發的鳳梨十七號給景雄。在學中謝×昌喜歡騎單車通學。一天傍晚，他放學回家，車行到無水寮紅崎，遇到景雄夫婦在那裡步行運動，他興奮的跳下車招呼著昔日老師。幾年不見，謝×昌已從好玩任性的少年，變成一位略具成熟穩重的青年了。不久景雄又聽說他進入了雲林科技大學進修。去年更聽他在菜市場賣雞的阿姑說他已經是一名科技公司的小主管了。景雄的仗義付出受到學生家長們的感激，讓他覺得是他人生最大的快樂。

像謝×昌這樣的學生，是在學術上具有潛力的，只因少年時代容易被外物迷惑，所以必須設法引導。但是有些人性向不同，他們對書本沒興趣，卻在今天的教育制度下，使他們不但浪費時間，而且受苦。景雄深深覺得所謂的教育專家，並未真正懂得道理。所以他經常會「不按牌理出牌」。有一次發現一名學生黃××同學，毫無讀書意願，但是對於勞動工作卻很勤勞。到了二年級時，景雄毅然違反教育法令，叫黃同學輟學回家種鳳梨。因為他家種了很多鳳梨，確實也需要幫手。過了幾年，有一天景雄在九曲堂街上行走，突然身後一部滿載鳳梨的貨車停在他身邊，司機探頭高呼：

「老師！」

景雄一看原來是黃××。他說他目前每天忙著種鳳梨，又載鳳梨到市區販賣，日子過得富裕，早已娶妻生子，家庭非常美滿。景雄心中覺得很高興，因為當時如果他一味照著教育法令，非要國民都修完國中課程不可的話，黃××早就和那一群「為非作歹」的同伴一直混下去不知自拔了。

景雄自從旗山國中轉任回鄉以後，先和妻淑敏與父母弟妹一同居住老家。不料母親不知惜福，對於會幫助家務、會代理她煮飯的媳婦百般欺凌，反而對不願和公婆同住、分擔家務的媳婦特別禮待。加上天天享用人家炊煮三餐的弟妹們也不知感謝，反而配合母親加以刁難。逼得一年後景雄偕妻搬離老家，遷居到昔日父親賣砂石的空屋。經過一番整修，原本荒廢的房子煥然一新。景雄給它一個名字「天然居」，就這樣夫婦倆在沒有鄰居的屋子住了下來。景雄的母親一心盼望能有媳婦同住，並且代她操勞家事。景雄結婚後特地從旗山調回家鄉，母親未加珍惜緣分，加上五弟××的慫恿：

「如果我娶了老婆，老婆沒有每天早晨在一定時間起床煮飯，我就叫她跪下！」

景雄的母親頭腦單純，以為××的話當真。想不到××一結婚，立刻帶著從未替母親煮過一餐的老婆遠住東港去了。母親只好再盼望么子的老婆能夠給她圓滿最後的心願，不料他們結婚後，老婆雖然住在同屋，卻每天睡得晚起，非但不替她煮飯，還要「老的煮給少的吃」。到此母親才知道希望落空，想起三媳婦淑敏的好，一天親到「天然居」要求淑敏能夠搬回老家同住，並說：

「我若死了後，干單剩央望你會給祖先燒香拜拜了！」

景雄的「天然居」臨近下淡水溪，他每天看著農夫從門前往溪床下去耕作，他也跟著利用假日下溪床耕地種植甘蔗。原先正當他缺乏務農勇氣時，幸好遇到樣樣農事都會做的黃金華老師，他說：

「我和你合作下田耕種！」

就這樣在黃老師的帶引下，兩人一起插蔗種、一起除草、一起施肥。到了收穫，景雄從糖廠領取了錢款，拿出半數給黃老師，卻被退還一部分，黃老師堅持要讓景雄多得。景雄在妻淑敏的協助下，向縣府水利局承租了一甲多河川地，有的種蔗，有的種牧草飼養水鹿。數年後河川地竟然也有人爭相購買。景雄把河川地讓渡，意外獲得一些錢財，改善了原本清寒的教師生活，也從此更加熱衷於購買土地。景雄的喜愛土地緣由來自祖父羅福亮的影響，當然也要感謝在旗山國中時候，由於藍森星老師和陳朝輝老師兩位的帶動。因為他們三人時常為了共同計劃，走訪旗山各地，想要共同購買三分地，以便從事心願中的農耕生活。雖然當時的計劃未成，但是這項「擁有土地」的心願，一直深植心中。

黃金華退休後的第二年，突傳他因為爬上芒果樹修剪樹枝，不幸摔落地面亡故。景雄猛然想起自己和他一起除蔗園雜草時候，黃金華的動作快速。他覺得是否黃老師也因爬樹時追求速度，以致失足跌落樹下？對於突然失去一位勤勞又優秀的正人君子，景雄心中確實感覺傷心不已！因此特地寫下一篇祭文，誦讀於他的靈前略表哀悼！

〈祭黃金華先生文〉

維中華民國九十八年六月二十六日，羅景雄謹代表大樹文史協會致祭於本會黃理事金華先生之靈前曰：

先生出世在忠厚、勤勞之農家，自幼接受嚴格庭訓，耕讀上進。在家庭是一位友孝，善為父母分憂之子弟；在學校是一名品學兼優，受師長呵咾之學生。自從中興大學畢業以後，立刻受甲仙國民中學禮聘任教，然後轉勤回家鄉服務鄉土，應聘為大樹國中教師及各處室主任，前後合計三十多年之久。

先生在課堂教學中，對學生則諄諄教誨，絕不言苦；在擔任導師中，則疼惜學生，視同己出；在擔任輔導主任中，則時時關心不幸家庭學生，並勤加扶助；在擔任總務主任中，則遵守廉潔，慎重開支；在擔任教務主任生活中，則致力學生升學率之提昇，爭取學校名聲。

先生不但在校中是好教師、好主任；在家庭中亦是好丈夫、好父親、好兄長。凡是家庭中大大小小、內內外外之工作，總必親自操作。比如講：農事中之「牛犁耙」不但逐項會，而且年節應時的「炊甜粿」，日常婦女家事中之「踏裁縫車仔」亦是做得一流婧，堪稱一位勤勞萬能的男子。

先生教職退休之後，亦如往常一般勤奮，不但操作家中農務，而且自願為退休同事服務，組織「大樹國中退休人員聯誼會」。不時帶領往日同事赴外郊遊，亦時常引眾人共敘聚會、或做卡拉ＯＫ之歡唱。不但如此，先生在百忙中，亦不忘進修，除參加大樹文史協會為會員及理事，推動會務之外，並加入本會日語研習班為學員，數年來未曾中斷。先生秉持認真學習之精神，如今已達日語通達之境界矣！未料在此先生之恩德亦正加諸於眾人之時；先生之典範並正樹立於鄉土之際，突然煙消於世！此情此景能不令人惘然！能不令人嘆惜！嗚呼！先生雖駕鶴而去，然典型將永遠存留於吾輩之心中矣！尚饗！

正是：

在校奉公守法認真教學堪稱師表

居家勤儉睦鄰努力耕耘可謂鄉賢

第二十四章

甄拔校長沒察他不認真教學
起用幕僚只重彼能聽話順從

在六十三歲那一年，景雄以在校勤務三十年，行政機關和服兵役合計三十三年的年資退休。年老後對於世事的因果關係，體驗特別深入。他深深覺得眼前的社會與年少時代變化很大，這些變化不可諱言的，都與教育息息相關。他覺得時下教育出來的學生，因為在校時偏重求知，忽略道德培養，以致造成很多人不知倫理、不務實際；人心注重利益、不守法律，增加了社會亂象；許多青年不願從事勞動工作，遊手好閒，甚至於為非作歹，變成了國內失業人口大增，卻又人工不足，必須引進大量外國勞工，否則就不能推動建設的奇怪景象。景雄認為造成這種現狀的因素，首推教育的失敗。大約在兩年前，電視上播放一則新竹某國小校長，因酒駕被警察施用手銬將他羈押在派出所，引起採訪記者訪問的新聞。那位校長說：

「中華民國像我這樣，經常喝酒應酬的校長，佔百分之九十。」

景雄老早就覺得，近來的國民學校校長品德大不如前。校長的品德一旦有了問題，自然培養出來的學生也就跟著會有問題。而這個問題的源頭，就要歸咎「校長、主任選拔制度」了。因此在他退休不久，應《三山電子報阿猴新聞網》社長康啟明的盛意，投稿幾篇有關學校教育的弊端，期待為政者能夠改善。在此特別再錄其中一篇，以便永遠存留於世。

國民教育的毒瘤「主任、校長考試制度」

國民教育的成敗，關係著國民品質的優與劣；學校主任和校長的優劣，則關係著學校教育成功與失敗。

每天打開報紙看到社會新聞中的兇殺、搶奪、詐欺……總會令人心驚膽跳。這些犯罪者大部分是青少年，他們大約都剛離開學校不久，甚至有的正就讀國民中學。這樣的社會亂象，似乎有一天天嚴重的趨勢。本來教育是用以變化國民氣質的，今天竟然情勢逆流，不禁要令人感慨我們的國民教育徹底失敗了。

國民教育失敗的因素很多，最主要的是：主任和校長的考試制度。

早期的教師注重的是傳道、授業、解惑的工作。到了年資久，再因平時熱心足、品德優，才自然的被推荐為主任、校長的。記得先父有幾位南師的同窗（日本時代第二屆），他們在臺灣光復的時候，曾被遴選為校長，可是他們都拒絕上任，理由是「自認資格不足」。

今天政府舉辦學校主任、校長遴選考試，好多教師熱衷於報名應試，也證明他們心中都熱衷於當校長，謙虛之心已蕩然無存。再者我們來稍微了解一下錄取的依據如何？它們所採取的是筆試和口試兩關，根本沒有把他們為師最重要的平時熱心教學程度、品德表現、教學年資列入最重要的評審項目。因此我們不難發現許多考取校長者，他們在教學上並不比別人優秀，在教育熱忱上也不見得比他人具備。但是他們卻會很賣力的準備自己的考試，他們在這方面的反常舉動不勝枚舉，例如他們上課時會向學生們說：「這一節大家自修，因為老師有重要的事。」然後自己跑到一邊準備他們自己的「功課」去了。

大家想一想，如果我們的警察局長的遴選也用考試的，法院院長也用考試的……那麼將會有一群不認真抓小偷、不認真審理訴訟案件，只認真準備考試的警察、法官才能當上警察局長和法院院長了！全國各機關如果都這樣，將變成怎樣的世界！

在考試制度下產生了不少劣質主任、校長，他們本來不熱心教學，卻做著領導學校教育工作，試想我們的教育會好到那裡？

孔子曰吾不如老圃
淵明謂彼本愛丘山

退休後的景雄，大部分時間都用在種植「無毒蔬菜」和整理土地。從務農中他獲得自在的生活，每天看到蔬菜的生長，使人覺得生命的奇妙，直接的由勞動而換取了健康，不但食用有機青菜，同時使家人遠離農藥，甚至減少了家庭開支。他覺得人本來就屬於大自然的，如果一旦遠離了大自然，常常會造成不平衡的現象。難怪古代的聖人、隱士都喜歡種菜、喜歡山野。景雄花費在土地上的時間和精力最多的地方，首推九曲堂派出所的「討回」和經營。原來景雄的祖父羅福亮和叔公羅辦共有一塊五百二十坪的土地，座落在九曲堂火車站前七十公尺處，自從日本時代開始就是派出所使用地。到了民國八十年，警務處為了改建辦公廳舍，準備一千兩百萬元向地主徵收。警政單位曾經幾度上門找景雄談論收購事誼。景雄最後詢問來訪警官：

「如果我們家族共有人不願意賣土地的話，你們要怎麼辦？」

「我們就請上級主管依法徵收。」警官答道。

「你們的主管是誰？」

「就是縣長。」

「這樣我知道了。」景雄說。

過了一個月，縣政府發文通知土地共有人到縣府會議廳參與九曲派出所土地徵購會議。景雄應通知赴會時，在會場發現警察局出席了幾位高階警官。警察還邀集了鄉長、鄉民代表、鄉籍縣議員、村長等一群人，打算以大眾來替他們聲援。出席的地主只有羅辦的代理人林梅生（阿狗仔，羅辦的外孫）和景雄兩位。會議一開始，先由警察代表人報告，接著由地主代表人報告。景雄報告說：

「九曲堂派出所這一塊土地，自從昭和十一年被警察佔用，戰後國民政府繼續無償霸佔使用。最近九曲派出所主管好幾次找我說：『警務處編列預算，要重建派出所，希望地主同意出售。』由於態度強硬，毫無商量餘地。使本人深深覺得『警察是人民褓母』這句話真是諷刺。因為如果真是人民褓母的話，應該趕快把土地還給人民才對，怎麼還一味的要造成人民的不利？本人任教的大樹國中，在前幾個月，禮堂被國民黨借用為黨代表選舉投票所。許多鄉內各級學校的黨員老師、黨員公務人員都放下他們的工作前來投票。當天的禮堂本來是用來做例行的學生週會場所，為了他們要辦選舉，只好停止了正常教學。本校陳××老師看在眼裡，特地寫了一張紅紙貼在會場門口以示抗議。紅紙上寫的是：『人民團體為了選舉佔用學生受教時間和場地，特此抗議。』陳××貼完以後，高高興興走到『茶店仔』向眾人宣佈。景雄覺得很有意思，所以立刻前往探視，卻不見紅紙條。詢問在場的鄉民代表趙晉芳，她說：『被我們民眾服務站主任撕掉了！』本人聽完以不悅的口氣向趙代表說：『請你馬上叫他二十分鐘內前來向陳老師道歉！』本人再回『茶店仔』，將事情告訴大眾。同事們有人說道：『你們兩人這樣頂撞國民黨，可能會無頭路！』本人回話說：『無頭路就無頭路嘛！這種使人內心不平的事，如果不講反而痛苦！』今天在會場的高階警官們！你們為什麼一再強調要將派出所土地『依法徵收』，而不遵守『警察是人民褓母』的原則還地於民？我想原因很簡單：『因為你們不敢違反上級的交代，恐怕會因此「丟官」或「降職」。』所以說起來，你們真是『太沒用』了！怎麼不學本人的氣魄：『為了正義，該頂撞惡勢力就頂撞，何必考慮會不會丟掉官位！』」

景雄說到這裡，發現在座的幾位高階警官都面如土色，而主席臺上的縣長余陳月瑛卻神采奕奕，專心傾聽。景雄接著說：

「最後一次警察到舍下表示如果地主不同意出售土地時，他們將請縣長『依法徵收』後，本人立即通知所有羅家共有土地人說：『今天大家請放心！我們的土地不會被徵收了！因為裁決的主管是余陳縣長。她在十年前當省議員時，曾經為了九曲村人抗議糖廠鐵道要改線穿過農田，大家共推吳順安村長帶頭，向一位省議員求救，結果該省議員不受理，不得已才由吳村長請求先父羅安心出面向余陳省議員訴苦。經余陳省議員向省政府反應後，林洋港省主席便親自會同余陳省議員到九曲村現場視察。在現場先父向林主席說：『如果鐵路從這裡穿過，這些良田就要全部破壞了！』林主席聽後向身旁的糖廠土地科王科長說：『我們不可以破壞農田，必須另外找路線。』王科長說：『另外一條計劃路線是沿高屏溪岸，但是必須多花二千萬元經費。』林主席說：『二千萬由省政府補助給糖廠，無論如何不可以破壞良田。』就這樣在余陳省議員的愛護村民努力下，爭回了大家的權益。所以在今天，當本人知道九曲堂派出所土地要不要徵收的裁決人是余陳縣長後，才高興的向家族眾人宣佈：『請大家放心！因為縣長在當省議員時候，就已經很會照顧民眾了⋯⋯。』

景雄說到這裡，只見臺上余陳縣長突然開口向在座的地政科官員吩咐道：

「你趕快拿九曲堂地區的地籍圖來，我們另外找公有地做派出所的建築地，絕對不可以徵用民地。」

不久地政人員拿出一本很大張的地圖，放在余陳縣長眼前翻閱。

「這一塊地應該可以。」縣長指著地圖說。

「可是這裡有一棟房屋。」有一名鄉民代表說。

「這裡是菜市場後面的車場預訂空地，是誰在這裡佔用公地？」地政人員說。

「那房子是黃鄉長的。」另一名鄉民代表說。

「黃鄉長！你侵佔公有地喔！」余陳縣長以訝異的語氣看著鄉長黃××。

「不是我啦！那是我父親佔用的啦！」黃××說。

就在這時候，座位上有一位警官急忙走到久堂村長旁向他說：

「你們快要沒有派出所了啦！趕快上臺去向縣長說啦！」

久堂村長是一位曾經患過小兒麻痺症的人，他艱困的被慫恿走上臺階，站在縣長身邊，然後指著地圖說：

「派出所不可以搬到十九間仔這裡，因為這裡靠近永豐紙廠的高壓電線網，會影響派出所的電訊通話。」

「你是誰？」余陳縣長問。

「他是久堂村長。」鄉民代表主席說道。

「我們不可以再佔用民地啦！」余陳縣長不悅的說。

過了不久，余陳縣長突然從臺上消失。這時候有一位縣府人員走近景雄身旁，低聲向他說：

「縣長在隔壁房間等你，希望你過去。」景雄起身走入隔壁，余陳縣長向他說：

「羅先生！我了解你的意思，我不會讓你失望。現在我有事必須先離開。」

景雄回到原座，向身邊同來的尤宏說：

「咱轉來啦！『牛鼻已經乎我拎牢啦！』余陳縣長私底下叫我放心轉去。」

「無啦！我愛佫起來發言才好！」尤宏說道。

尤宏本來是和景雄同行，要協力討取土地的。那是早在三年前，景雄的父親還健在時，曾經委任他負責推動警察局收購土地，打算將派出所土地出售以後，好好花用那筆錢的。尤宏經過多次向警察局交涉，都沒有成功，直到土地所有人羅安心去世後，第三年警務處突然進行收購全國現有警政辦公廳舍，凡是地主仍然是私人者一律依公告地價收購改建。因此遇到凡是和九曲派出所土地有關問題時，警方都還是會主動請尤宏出面。當尤宏上臺報告時，臺下人都沒有人聽他了，和先前景雄發言時，那種全體肅然靜聽的狀態有天壤之別。景雄因勸尤宏不聽，只好懷著愉快的心情，偕同赴會的妻淑敏自行回家。

第二天在學校時，突然縣議員黃登勇找他，見了面後說道：

「喔！我毋知也你遐賢講話！」

原來前一天在縣府的會場，黃登勇也是警察局邀請他赴會，希望也能夠支援警方的人。當黃登勇議員進入會場時，已經會議即將開始，縣府各部會官員都已經就位完畢。黃登勇一踏進會場即高聲向在座的一位財政出納主管說：

「×××你趕快多準備一點錢，好讓地主能夠少一點損失！」

在黃登勇的心中，他絕對是站在百姓這邊，不會被警局左右的。只是因為他不相信居然會有警察局鬥不過百姓的事情，所以才有一進門就向出納官員嗆聲的舉動。他想不到結果是由景雄一人的發言打垮了一批在座高階警官，和一大堆前往支援的民意代表。這種景象造成一向熱衷對抗強權的黃議員由衷佩服，以致翌日才專程登校向景雄說那句讚美的話。

景雄一向討厭惡勢力，更討厭懦弱膽怯的人。他有一名家住久堂村的小學同學曾枝田，是一名資深義警。有一天景雄在街上和他相遇，在閒談中說到派出所土地，景雄說：

「我很想討回派出所土地。」

「哈！那是絕對不可能的事！」曾枝田用輕狂的語氣說。

「是嗎？那麼我就討回來讓你看！」景雄不悅的說。

事情過了二十年，景雄每天早上、傍晚都在舊派出所地上整地、種菜。曾枝田經常會在黃昏運動健身時段進入園內，以佩服不敢再度傲慢的態度和景雄聊天。其實曾枝田說的也沒錯，在那一波警務處徵收土地中，只有九曲派出所沒有被徵收成功。事後大樹國中同事黃哲雄陪同他茄萣故鄉的堂兄登門拜訪景雄，為的是茄萣的派出所與九曲派出所狀況相同，黃老師和他的堂兄是特地要來請教景雄如何討回土地的。過了不久又有一名遠從美國回臺的鳳山人王柏壽，也專程到學校拜訪景雄，他說：

「我是鳳山第一任鎮長王連生的長子，昨天我應高雄縣警察局的要求，回臺灣處理警察局土地徵收問題。我在警察局聽一名官員說：『聽說九曲派出所裁定還地於民……。』所以我才特地前來請教你的。」

對於連續兩名同樣遭遇的人前來請教，景雄都把經過詳細說明，並表示自己並無通天本領。

目前景雄每天在久堂里，舊九曲堂派出所土地上種菜，日子過得非常快樂。由於夫妻兩人生活節儉，存錢買地。他們把叔公羅辦的後代羅一純的持分二百六十坪買來，又買了父親養女羅惠珍持分，再加本身遺產所得的三十三坪，合計三百多坪，完成了分割手續。他們把那三百多坪整理得非常漂亮，與另外十二人尚屬共有的二百二十坪地有很大的不同，就是對方的地是雜草叢生，而景雄夫妻的地是美麗的「有機蔬菜園」。景雄在菜園親手搭建一間小屋，也貼有一首七言絕句：

常言民鬥不贏官，本地歸還果困難。
總算衙門遷異處，老夫從此放心安。

其實使景雄獲得最大快樂的另有一項，就是他恢復了祖父羅福亮昔日受人尊重的光榮。因為自從祖父去世後，羅家族人不斷出售祖產，造成鄰里間不良評價。加上第三代子女只知爭產，不願奉養父母，唯有景雄夫妻願意把父親接到他們住處「天然居」一同吃飯、居住，共同生活了十年之久。到了父親過世以後，羅家的祖墳各散佈六處，本來由兄弟在掃墓時節分配負責清掃。但是不到幾年，只剩景雄一人依舊不斷履行約定。景雄只好把被他們放棄荒蕪的六處祖墳全部由他一人，在清明節時加以清掃祭拜。這些景象看在保守的鄰里人眼中，都讓他們有所感慨。還好大家對於景雄的表現都加以肯定讚美，尤其是舊派出所土地，以目前狀況來說，已經是大樹區最具價值的一塊土地。景雄在那塊地上工作時，常有許多羨慕的人走近他，並說道：

「這塊地如果蓋房子賣，就不得了啦！可以蓋很多間喔！住在這裡，不但靠近菜市場，又靠近九曲堂火車站。九曲堂火車站是二級車站，和屏東、鳳山車站同級，任何快車都會停站。住在這裡，將來子孫讀書通學都方便……。」類似這樣的話，常常有人向他說著。景雄聽在耳裡，高興在心裡，不時的使他想起幾年前曾經到過苓雅寮陳中和紀念館參觀，他發現館舍正門上方寫著「資訓堂」三字。才知道陳中和以這三字當陳家的家訓，勉勵子孫不要忘記「努力拼經濟」的教訓。也因為有了這一家訓，才使陳家後代保持繼續興盛，而不同於高雄另外一大望族，×××家的沒落。景雄自認沒有賺大錢的本領，但是他認為至少也應該效法祖父羅福亮的勤儉才可。所以他除了在自身努力實踐之外，並且用一片廢棄紅檜木片寫下「一元一角積成富，一點一滴匯成湖」，高掛在他的「隱老亭」上，聊作他的家訓，期待世世代代子孫們都能遵守，以便永享不虞匱乏的幸福生活。正是：

勤勞增產當然要注重
努力守成更應不輕忽

第二十五章

老友人多相訪　好山水少忘遊

自從減少與不必要的人往來以後，景雄把時間用在寫作、種菜上面。目前依舊保持連絡的友人只有潘敏雄等幾人而已，其中最常接觸的友人之一是老同事劉進財老師。劉老師自從退休以後專心玩盆栽，現在購買一分農地在井仔湖山坡，當地被一片翠綠山巒圍繞，雖然遠離鬧區，但是「山不在高，有仙則名」，每次造訪時，總是發現賓客盈門。他的盆栽園名為「梅隴」，園中設有泡茶亭，貼了一副對聯曰：

梅迎霜風伴暖意
隴斜花雨藏生機

景雄走訪劉老師，最大的目的在於可以得到互相欣賞詩作的樂趣。在去年十月下旬，他們隨團同赴江南做八天的遊覽。到了同理湖，觀賞天然美石以後，劉老師詩興大發，特地作了〈江南遊〉詩一首：

煙雨迷濛江南遊
垂柳戲石印深秋
湖光勝景收不盡
惟借隨筆一勾留

欣賞了劉老師的詩作以後，景雄也被激發了詩興，因此也以同韻腳占詩一首曰：

江南有幸老來遊
遍訪蘇杭在晚秋
滿目西湖風景好
除消煩惱不滴留

江南美景和史跡確實留給景雄永難忘懷的印象，因此他分別給比較特殊的勝景，借詩作留下感想：

〈見今人遊西湖感懷〉

人人皆謂愛西湖
柳影波光美若圖
可笑蘇堤疾走客
不如古代戀幽徒

〈乘船探西溪〉

西溪湖水道彎延
彷似龍騰變萬千
作客乘船窗外望
方知自己宛如仙

〈訪周庄沈萬三古宅〉

魚貫入周庄，萬三留古堂。
廂房擁六進，商道震一方。
少壯義扶主，功成謙返鄉。
不存權勢慾，故保福綿長。

〈謁寒山詩〉

古剎寒山詩，遊人滿佛宮。
門臨水道外，詩立楓橋東。
庭徑千頭動，殿神萬客崇。
姑蘇名氣盛，張繼列前功。

〈江南新印象〉

水鄉澤國果如聞
湖闊連天色莫分
跨岸拱橋無法計
當今大廈又成群

本來景雄近年腳力較差，不喜歡旅行。但因行程途經杭州，可以會見兒子振岡和他的女朋友張玲，所以便決定參加同行。果真在見了他們兩人以後，頗覺不虛此行：

〈初見準媳婦〉

旅杭初見準媳時
秀外慧中有禮儀
若使姻緣能巧合
弄孫可待享含飴

同團旅遊中的蔣萬益先生，曾經當過仁武鄉長。是劉進財老師知己友人，他見我們寫詩，也雅興大發，回臺後寫出：

〈同理湖賞印石〉

江南秋雨涼乍寒

館中定期印石展
欲睹珍玩尋無路
幸遇蒙娘得一賞

〈七十情懷〉

一、

忽爾醒覺已古稀
追昔撫今夢一場
英雄老去臨日暮
愛看青山舖夕陽

二、

多少童顏鬢雲改
青春已然如煙散
品盡是非和成敗
再尋既往徒輕嘆

蔣萬益先生覺得人生如夢，一覺夢醒已是七十歲，真是一點也不錯。景雄認識他們兩人時候，三人正值剛結婚，轉眼間彼此都已成白髮老翁。他們三人都看過人生百態，尤其是蔣先生本來在高職任教職，然後改行投入政界，對於人性洞悉更深，所以才有上述「七十情懷」的感慨。正是：

人間本像舞臺戲，善惡忠奸演眾前。
觀者喜歡看最後，騙徒終結受刑煎。

後記

熱愛臺灣的本土作家吳濁流對於文字工作者，因為被殖民者所利用，或因自身沒有膽量而違背良心，專寫對統治者歌功頌德的文章，特別叫它們為「拍馬屁」文學。

臺灣四百年來，自從荷蘭人統治以後，直到今天，一直都是處於殖民地狀態。環視今日世界，許多被壓迫族群都已經脫離殖民者的壓制。但是在臺灣卻依舊存在著文字工作者，「不敢說真話、慣說人家喜歡聽的話」的現象。因此學校中課綱問題存在、背後罵皇帝的問題也存在。我們常常可以看到許多鄉土作家，只敢一味的罵日本時代族群如何被欺凌，以取悅身旁的霸凌者，不敢罵四百年中，臺灣最殘酷的殖民者「國民黨」所給予的欺凌，真是令人感嘆！

「二二八事件排名二十世紀世界三大慘案」，這是美國高中教科書所記錄的「課綱」。近年來臺灣各地紛紛成立文史協會，可惜很少有勇於痛批國民政府，加諸臺灣人民暴政的事實。本書居於坦白直言為原則，使用小說、報導兩種形式，把發生在臺灣的真實故事，原原本本的呈現在大家眼前。書中借用下淡水溪畔羅家的成員，羅福亮、羅安心、羅景雄祖孫三代為主角，把發生在他們三人身邊的故事說出來。這些故事也等於是荷蘭、鄭王朝、滿清、日本、民國五個殖民時代的歷史縮影。它詳細的述說各代統治者、老百姓和社會民眾間、家族間因貪心所趨，而抿滅人性，顯露出動物本性，進行弱肉強食、以大欺小、使詐騙財、侵佔土地……層出不窮的種種行徑。也報導出不少仗義勇為者，不惜生命保衛家鄉、救助弱者、堅持操守、打擊惡徒……各類勇者的義行。期待這一本「說坦白話」的書本，能夠在今天充斥虛偽的社會中，給讀者聽到一點真心話的喜悅，獲得一股不再被愚弄的尊嚴；另外對於著者來說，本書的完成也算是為自己完成了一本回憶錄。

二〇一六、二、廿一 於九曲堂

附錄

對聯和近體詩（絕句、律詩）的格律

對聯在今日社會中，和民眾的生活已成密不可分的關係。每到舊曆過年，家家戶戶必定張貼對聯。可是一般民眾，對於聯句的認知普遍缺乏。所以很少人自創對聯張貼，只以市面購得者應付了事，而購買者對於所買作品是否合乎「格律」缺乏分辨能力，這是今日學校教育之不可推卸的責任。

對聯分上聯、下聯。上聯就是貼起來後，面對讀者右邊的句子，所以也叫做右聯，另外一邊的叫做左聯。它們的規格是：

一、上、下聯的字數必須相同。

二、上、下聯同處位置的字、詞必須詞性相同（即名詞對名詞、動詞對動詞、數目對數目……）同時平仄必須相反。

三、上聯的最後一字必須仄聲，下聯的最後一字一定是平聲。句中平仄自定，通常以二至三字相連為原則。

四、對聯的字數不限，不像近體詩限定五言（五字）和七言（七字）。

五、對聯可以重複出現相同的字，近體詩則不可（除非疊字）。

六、對聯或近體詩一、三、五……字可以不論平仄，但二、四、六……字要平仄分明。

近體詩（絕句、律詩）起源於隋，而發揚於唐、宋。其後雖經宋詞、元曲爭相興起，但是它受喜愛的程度並未被後兩者所取代，一直流傳至今，從不被人拋棄，甚至在境外的韓國和日本也普遍受喜愛。它可以說是自詩經以後，各種韻文中最受歡迎、流傳最久、地域最廣的韻文。

近體詩在今天一般人都習慣稱它是「唐詩」，也有人稱它叫「傳統詩」。其實在隋唐，當一批文人開始制訂它的規律以後，便稱為「近體詩」。這是因為它有別於原有的韻文不受格律限制的關係，是屬於當時一種新創的韻文體制作品。它之所以能夠流傳久遠又地域廣大，最主要原因也就在於它的具有「格律」限制所致。因為這樣的「格律」把河洛語的最大特色「抑、揚、頓、挫」，表現得非常徹底，使得語句吟唱起來聲調更美、更清晰，也更富音樂性。這一種特色是外國語言所沒有的。例如英語因為沒有如河洛般的七聲（國語四聲）之分，所以如果英國人說「我去花園散步」，他們的發音便是「ㄨㄛ ㄑㄩ ㄏㄨㄚ ㄩㄢ ㄙㄢ ㄅㄨ」一連串的平聲韻。但是若以河洛語發音，便平仄分明、音調優美、韻味十足了。所以在「近體詩」的格律限定之下，使得詩的吟唱更美、更耐人尋味；詞性的對仗，使文句優美：平仄的限定，使音調動聽，不致再有類似「西溪雞齊啼」等的連續平聲和同韻句的出現。這一點是時下部分主張創作「新詩」者，缺乏了解的地方。

近來發現許多頗富「詩才」的人，他們的「作品」很有詩味。但是也許因不知格律，所以寫的「詩」只能說成是「打油詩」或「歪詩」，無法入流，非常可惜。我想他們是因為沒有人為他們指導所致。因此筆者特地在此提供近體詩格式，以便有意創作者參考。

五言絕句

格式一、（仄起，首句無韻）

仄仄平平仄（句）　平平仄仄平（韻）

平平平仄仄（句）　仄仄仄平平（韻）

範例：獨坐敬亭山／李白

眾鳥高飛近　孤雲獨去閒

相看兩不厭　只有敬亭山

格式二、（仄起，首句有韻）

仄仄仄平平（韻）　平平仄仄平（韻）
平平平仄仄（句）　仄仄仄平平（韻）

範例：哥舒歌／西鄙人

北斗七星高　哥舒夜帶刀
至今窺牧馬　不敢過臨洮

格式三、（平起，首句無韻）

平平平仄仄（句）　仄仄仄平平（韻）
仄仄平平仄（句）　平平仄仄平（韻）

範例：玉樹後庭花／張祜

輕車何草草　猶唱後庭花
玉座誰為主　徒悲張麗華

格式四、（平起，首句有韻）

平平仄仄平（韻）　仄仄仄平平（韻）
仄仄平平仄（句）　平平仄仄平（韻）

範例：塞下曲／盧綸

鷲翎金僕姑　燕尾繡蝥弧
獨立揚新令　千營共一呼

七言絕句

格式一、（仄起，首句無韻）

仄仄平平平仄仄（句）　平平仄仄仄平平（韻）
平平仄仄平平仄（句）　仄仄平平仄仄平（韻）

範例：對酒／白居易

百歲無多時壯健　一春能幾日晴明
相逢且莫推辭醉　聽唱陽關第四聲

格式二、（仄起，首句有韻）

仄仄平平仄仄平（韻）　平平仄仄仄平平（韻）
平平仄仄平平仄（句）　仄仄平平仄仄平（韻）

範例：芙蓉樓送辛漸／王昌齡

寒雨連江夜入吳　平明送客楚山孤
洛陽親友如相問　一片冰心在玉壺

格式三、（平起，首句無韻）

平平仄仄平平仄（句）　仄仄平平仄仄平（韻）
仄仄平平平仄仄（句）　平平仄仄仄平平（韻）

範例：法雄寺東樓／張籍

汾陽舊宅今為寺　猶有當時歌舞樓
四十年來車馬散　古槐深巷暮蟬愁

格式四、（平起，首句有韻）

平平仄仄仄平平（韻）　仄仄平平仄仄平（韻）
仄仄平平平仄仄（句）　平平仄仄仄平平（韻）

範例：過華清宮／杜牧

長安回望繡成堆　山頂千門次第開

一騎紅塵妃子笑　無人知是荔枝來

註：由於「國語」無法準確分辨同韻腳的字，也不易分出平仄，所以請儘量使用河洛語發音，以求方便分辨。同時學詩者必須備有工具書「詩韻集成」，藉由它才能更正確的查出字的平仄聲或是否同韻字。另外一點就是絕句可以不必屬對。

五言律詩

格式一、（仄起，首句無韻）

仄仄平平仄（句）　平平仄仄平（韻）
平平平仄仄（句）　仄仄仄平平（韻）
仄仄平平仄（句）　平平仄仄平（韻）
平平平仄仄（句）　仄仄仄平平（韻）

範例：送李中丞之襄州／劉長卿

流落征南將　曾驅十萬師
罷歸無舊業　老去戀明時
獨立三邊靜　輕生一劍知

茫茫江漢上　日暮復何之

格式二、（仄起，首句有韻）

仄仄仄平平（韻）　平平仄仄平（韻）
平平平仄仄（句）　仄仄仄平平（韻）
仄仄平平仄（句）　平平仄仄平（韻）
平平平仄仄（句）　仄仄仄平平（韻）

範例：谷口書齋寄楊補闕／錢起

泉壑帶芳茨　雲霞生薜帷
竹憐新雨後　山愛夕陽時
閒鷺棲常早　秋花落更遲
家僮掃蘿徑　昨與故人期

格式三、（平起，首句無韻）

平平平仄仄（句）　仄仄仄平平（韻）
仄仄平平仄（句）　平平仄仄平（韻）
平平平仄仄（句）　仄仄仄平平（韻）

仄仄平平仄（句）　平平仄仄平（韻）

範例：山居秋暝／王維

空山新雨後　天氣晚來秋
明月松間照　清泉石上流
竹喧歸浣女　蓮動下漁舟
隨意春芳歇　王孫自可留

格式四、（平起，首句有韻）

平平仄仄平（韻）　仄仄仄平平（韻）
仄仄平平仄（句）　平平仄仄平（韻）
平平平仄仄（句）　仄仄仄平平（韻）
仄仄平平仄（句）　平平仄仄平（韻）

範例：題元武禪師畫壁／杜甫

何年顧虎頭　滿壁畫滄洲
赤日石林氣　青天江水流
錫飛常近鶴　杯渡不驚鷗

似得廬山路　真隨惠遠遊

七言律詩

格式一、（仄起，首句無韻）

仄仄平平平仄仄（句）　平平仄仄仄平平（韻）
平平仄仄平平仄（句）　仄仄平平仄仄平（韻）
仄仄平平平仄仄（句）　平平仄仄仄平平（韻）
平平仄仄平平仄（句）　仄仄平平仄仄平（韻）

範例：蓬萊閣道春雨中／王維

渭水自縈秦塞曲　黃山舊繞漢宮斜
鑾輿迴出千門柳　閣道迴看上苑花
雲裡帝城雙鳳闕　雨中春樹萬人家
為乘陽氣行時令　不是宸游玩物華

格式二、（仄起，首句有韻）

仄仄平平仄仄平（韻）　平平仄仄仄平平（韻）

平平仄仄平平仄（句）　仄仄平平仄仄平（韻）
仄仄平平平仄仄（句）　平平仄仄仄平平（韻）
平平仄仄平平仄（句）　仄仄平平仄仄平（韻）

範例：籌筆驛／李商隱

猿鳥猶疑畏簡書　風雲常為護儲胥
徒令上將揮神筆　終見降王走傳車
管樂有才原不忝　關張無命欲何如
他年錦里經祠廟　梁父吟成恨有餘

格式三、（平起，首句無韻）

平平仄仄平平仄（句）　仄仄平平仄仄平（韻）
仄仄平平平仄仄（句）　平平仄仄仄平平（韻）
平平仄仄平平仄（句）　仄仄平平仄仄平（韻）
仄仄平平平仄仄（句）　平平仄仄仄平平（韻）

範例：寄李儋元錫／韋應物

去年花裡逢君別　今日花開又一年

世事茫茫難自料　春愁黯黯獨成眠
身多疾病思田里　邑有流亡愧俸錢
聞道欲來相問訊　西樓望月幾回圓

格式四、（平起，首句有韻）

平平仄仄仄平平（韻）　仄仄平平仄仄平（韻）
仄仄平平平仄仄（句）　平平仄仄仄平平（韻）
平平仄仄平平仄（句）　仄仄平平仄仄平（韻）
仄仄平平平仄仄（句）　平平仄仄仄平平（韻）

範例：秋興（八首之一）／杜甫

蓬萊宮闕對南山　承露金莖霄漢間
西望瑤池降王母　東來紫氣滿函關
雲移雉尾開宮扇　日繞龍鱗識聖顏
一臥滄江驚歲晚　幾回青瑣點朝班

註：律詩三、四句和五、六句必須互相屬對，其餘之一、二和七、八並無屬對之限定。（以上格式和範例錄自恩師龔嘉英《詩學述要》）

國家圖書館出版品預行編目（CIP）資料

下淡水溪風雲 / 羅景川作 . -- 初版 . -- 高雄市 :
高市史博館 , 麗文文化 , 2018.12
面； 公分 . -- (高雄文史采風 ; 第 15 種)

ISBN 978-986-05-7787-7(平裝)

863.57 107021182

高雄文史采風 第 15 種

下淡水溪風雲

作　　者｜羅景川

發 行 人｜楊仙妃
策劃督導｜王御風
行政策劃｜曾宏民、王興安
策劃執行｜莊建華

高雄文史采風編輯委員會
召 集 人｜吳密察
委　　員｜李文環、陳計堯、楊仙妃、
劉靜貞、謝貴文
（依姓氏筆劃）

指導單位｜文化部、高雄市政府文化局
補助單位｜高雄市政府文化局
出版單位｜行政法人高雄市立歷史博物館
地　　址｜803 高雄市鹽埕區中正四路
272 號
電　　話｜07-531-2560
傳　　真｜07-531-5861
網　　址｜http://www.khm.org.tw

共同出版｜麗文文化事業股份有限公司
地　　址｜802 高雄市苓雅區五福一路 57
號 2 樓之 2
電　　話｜07-2265267
傳　　真｜07-2233073
網　　址｜http://www.liwen.com.tw
郵政劃撥｜41423894
麗文文化事業股份有限公司
法律顧問｜林廷隆律師
登 記 證｜局版台業字第 5692 號

責任編輯｜李麗娟
美術編輯｜黃士豪
封面設計｜黃士豪

出版日期｜2018 年 12 月初版一刷
定　　價｜新台幣 380 元整

ISBN ｜ 978-986-05-7787-7（平裝）
GPN ｜ 1010702223

2017 寫高雄 屬於你我的高雄歷史 文史獎助計畫

Printed in Taiwan